日本のインキュベーション

前田啓一
池田 潔 【編】

Incubation in Japan
edited by Maeda Keiichi & Ikeda Kiyoshi

ナカニシヤ出版

はしがき

　バブル崩壊後、わが国経済は長期にわたり低迷を続けてきた。現在はいざなぎ景気を超える戦後最長の景気回復が続いているとされるが、格差社会が拡がり、景気回復の実感が湧かないと感じている地域も多い。そうしたなか、活力を創出するものとして期待されているのがベンチャー企業に代表される新規創業企業である。すなわち、新規創業企業による雇用創出や、なかでもベンチャー企業の有する技術面やビジネスモデル面での革新性などに大きな期待が寄せられており、これら企業群を社会に誕生させる孵化器としての役割を担っているのがインキュベーション施設である。

　このインキュベーション施設が、近年、日本各地でつくられているが、施設そのものは日本に特有というわけではない。インキュベーション施設の原型は、本書でもとりあげているように、アメリカ・ニューヨーク州にあるバタビア・インダストリアル・センターだとされているが、今日では欧米をはじめアジア諸国にも類似するものが数多く見られ、各国で新規創業企業を湧出させようとする機運が高まっている。なお、これら近代的インキュベーション施設とは別に、わが国では東京・大田区や東大阪地域などで数多く見られる貸工場や工場アパートが、地域におけるインキュベート機能を果たしていたことを忘れてはならない。

　さて、わが国のインキュベーション施設は深刻な不況下での雇用創出を目的に、あるいは新産業の創出による地域経済・地域産業振興の拠点として開設されることが多く、その意味では地域産業政策的あるいは雇用政策的な観点が色濃く出たものとなっている。こうした目的を実現するため、インキュベーション施設はたんに施設整備にとどまらず、入居企業が独り立ちするまでの間、施設による濃淡はあるものの、ソフト面でのさまざまな支援を行っている。ここにおいてソフト面での支援を行う「インキュベーション・マネージャー（IM）」の重要性が指摘されるが、入居企業が立派に巣立つかどうかは彼らの手腕によ

るところが大きい。しかし、そうだとすれば、彼ら自身の"個人技"に依存するところが大きいこととなり、組織としてのインキュベート能力を高めるにはどうすればよいかといった課題が生じてくる。

　今回とりあげたイギリスとアメリカについて見ると、例えばイギリス・ケンブリッジ州では、ケンブリッジ大学から世界最高水準の研究内容を有する研究者がスピンオフして起業し、それに引き寄せられるかたちで全世界から企業研究所が立地する「ケンブリッジ現象」が見られ、日米とは異なるかたちでの創業が見られる。また、アメリカはインキュベーション施設の歴史が最も長く、それについての理論的研究も1980年代半ば以降から行われている。今回の研究成果からは、成功しているインキュベーション施設の共通点として、情熱とビジョンのあるIMとそれを支えるスタッフの存在を挙げており、日本とも共通した点が明らかにされている。

　ベンチャー企業に代表される新規創業を増やすことは、成熟した先進国を中心に世界的課題となっているが、どのようにインキュベートするかは各国のもつ歴史・風土・文化、あるいは国民性などの違いにより、それぞれ国ごとに異なることが考えられる。われわれは、本書において、日本のインキュベーション施設の設置事情ならびにその意義、運営上の問題点や課題、そして施設ごとでの成果の違いがいったいどこから生じるかの検討を進めることで、言わば日本型インキュベーションの特徴と今後のあり方を明らかにしようとした。

＊　　＊　　＊

　以下では本論に入る前に、各章の内容を簡単に説明しておこう。

　第1章「日本のインキュベータとその特徴」（前田啓一）は、1980年代に入って以降急増している「インキュベータ」（incubator）の基本的な特徴を概説したうえで、地域産業政策の観点から中小企業集積地に見られる貸工場などの「自生型インキュベータ」（旧インキュベータ）と近年の「外生的インキュベータ」（新インキュベータ）とを区別し、後者の日本ナイズの必要性を強調している。さらに、新インキュベータをタイプ分けしたのち、わが国ではインキュベータのソフト支援体制の拡充が望まれることを指摘している。

　続く第2章「インキュベーション・マネージャーから見たビジネス・イン

キュベーション」(池田潔) は、IM の側からインキュベーション機能を検討している。IM の行う業務内容は入居企業の開業・成長に関わるあらゆる事柄が含まれ、その内容が多岐に及ぶこと、そして属人的要素の強いことが指摘される。最近では IM に、地域活性化の役割も期待されることから、より総合的かつ体系的な IM 研修の必要性が高まっている。さらに、IM 個人が有する各種のスキルを設置者や運営者が共有化することの重要性も強調される。

第3章「ビジネス・インキュベーションと地域経済の活性化」(池田) では、ビジネス・インキュベーション (BI) の活動実態についての分析を踏まえたうえで、地域経済活性化に向けた諸課題が明らかにされる。ここでは、このような観点から BI 入居企業ならびに卒業企業の増加による、地域企業との取引強化、関連機関との連携強化、ポスト・インキュベーション施策の充実、IM の増員とその資質向上などの必要性が検討されている。

第4章「ビジネス・インキュベーションと地域クラスターの形成」(西井進剛) は、インキュベーションの発展を通じた、内発型地域経済発展としての地域クラスター形成への道筋を検討する。すなわち、本章では、インキュベーションの「自立化」、「ネットワーク化」、「クラスター化」という3段階の発展モデルが提示される。そして、そのケースとして神戸医療産業都市構想が検討の俎上に載せられている。

第5章「日本のインキュベーション施設と支援機能」は、日本各地のインキュベータについてその概要ならびに支援機能が具体的に説明される。

ここでは、まず1で近年成功事例として全国的にも注目を集めている＜花巻市起業化支援センター＞を検討する (文能照之)。IM の属人的能力とそれを支えるバックアップ体制 (岩手ネットワークシステム) の存在が高く評価されている。

2は大田区の創業支援施設である＜BIC あさひ＞を説明している (梶川義実)。中小製造業の集積地として知られる東京・大田区ではこのところ工場数の減少など生産機能の低下に見舞われている。BIC あさひは新たなオンリーワン企業の輩出や第二創業の拠点として整備されたものであり、その他の産業振興組織とともに大田区のインキュベーションシステムの一環をなしている。

3では、わが国で都市型サイエンスパークの嚆矢とされる＜かながわサイエ

ンスパーク（KSP）＞が論じられる（秋山秀一）。1986年に民活法第1号の施設として誕生したKSPでは多彩な事業支援の仕組みが整えられ、それはKSPモデルと呼ばれて高く評価される。本節では、KSPモデルの概要と現状、課題について分析を行っている。ここではKSPの発展を通じた自立化プロセスがその公共性と両立しがたいことが問題視される。

4では、＜SOHOしずおか＞について論じている（西井）。現役の銀行員がIMに抜擢されたことで、既成のインキュベーション事業の概念にとらわれずに柔軟な発想で独自のインキュベーション施設運営を行い、インキュベーション施設を核として地域活性化を図っている様子が紹介されている。

5は、民間企業（大阪ガス（株））がその工場跡地を再開発し、1989年にオープンさせた＜京都リサーチパーク（KRP）＞を紹介する（定藤繁樹）。本節では、KRP誕生の社会的背景ならびにそれを設立させた各機関の連携のあり方が中心に述べられる。KRPは、起業家やベンチャー企業を多数輩出させている地域インキュベーション装置と捉えられている。

6では、2004年に大学連携型起業家育成施設として誕生した＜彩都バイオインキュベータ＞を検討する（町田光弘）。この施設は関西圏・北大阪のバイオ・クラスターの研究拠点に位置づけされる彩都ライフサイエンスパークに立地している。ここでは、本インキュベータの特徴を全室がP2レベルでの遺伝子組み換え可能なウエットラボとなっていること、そして公設民営の形態で運営されることに見ている。

7は、＜大阪産業創造館「創業準備オフィス」＞ならびに＜扇町インキュベーションプラザ（メビック扇町）＞を説明している（文能）。早い段階からインキュベーション施設の重要性を認識していた大阪市では、体系だった創業促進策を打ち出している。すなわち、「創業準備オフィス」がプレ・インキュベーション、扇町インキュベーションプラザはプレならびにメイン・インキュベーションの双方に特化した施設であるという特徴をもつ。

8では、中小企業の集積地として全国的に知られる東大阪市内に設置された＜クリエイション・コア東大阪＞について論じる（湖中齊）。ここでは、高度成長期において東大阪地域のなかで地域的なインキュベーションとしての役割を果たしてきた貸工場を評価しつつも、支援機能の有無などの点で、今日のイン

キュベータとは同一視できないとする。クリエイション・コア東大阪には中小企業製品の常設展示場、産学連携オフィス、ワンストップ相談窓口、インキュベーション・ラボなどが設置されており、地域の大規模なものづくり支援機関となっている。

9では、＜さかい新事業創造センター（S-CUBE）＞を説明する（町田）。堺・泉北臨海工業地帯に基礎素材型産業を大規模に立地させてきた堺市の地域経済は産業構造の高度化にともなって近年その活力を大幅に低下させている。また古くから見られた地場産業も経済グローバル化のなかで数多くの問題を抱えている。このような状況のなか、堺市内の交通の要衝に2004年に同施設が誕生した。

最後の事例となる10では、＜神戸市産業振興センター＞について概説している（西井）。同センターでは創業準備、事業開始直後、そして事業拡大を目指すものなど、その事業展開のなかみに応じた3タイプのインキュベーション施設を提供している。ここではビジネス・プランの段階から起業家を発掘し、支援するというKOBEドリームキャッチプロジェクトという包括的な施策が実施されている。

第6章は「イギリスの創業支援と産学連携――「ケンブリッジ現象」を中心に」である（前田）。イギリスのケンブリッジ市を中心とする地域には1960年代からハイテク中小企業やベンチャー企業が多数立地するようになり、このような持続的傾向は「ケンブリッジ現象」と呼ばれる。本章では、ケンブリッジ大学での産学連携姿勢の強化とベンチャー企業への支援体制の拡充ぶりを説明する。そこでの検討を通じて、行政による特別な支援策が存在せずとも、高レベルの研究開発水準ならびにシーズ性が見られるのであればハイテク企業群が大学周辺に多数立地することのメカニズムを明らかにしている。

第7章の「アメリカのベストプラクティスに学ぶ――インキュベーション・マネージャーの実像」は、筆者の4年6カ月にも及ぶ滞米経験を踏まえて執筆されている（田中一史）。ここにあっては、アメリカにおけるインキュベータの歴史を概観したあと、これまでは明らかにされることの少なかったインキュベーション・マネージャーの報酬額についてのインタビュー調査結果を説明した。そして、全米を代表する四つのインキュベータの独自性を論述している。

終章となる第8章「日本型インキュベートの実現に向けて」(池田)では、本書でのこれまでの議論を受けるかたちで、これまでの論述の再整理と問題提起を行っている。すなわち、日本のインキュベータの特徴として、多くが公的施設として設置され、そのなかで成功しているインキュベーション施設では、IMが明確な仕事の範囲を定めないなかで、きめ細かな仕事をしていることがある。こうした特徴をもつインキュベーション施設の今後の課題について、地域との一体化、地域企業による入居企業のインキュベート、地域総合計画のなかでのインキュベート事業を位置づける、という三つの観点から説明している。

＊　　＊　　＊

本書の企画は、近年にインキュベータがわが国でも各地に続々と建設が進められてはいるが、果たしてそこから創業が順調に見られるのか、あるいは(創業がそれほど活発でないのなら)そこでの問題はいかなる点が指摘されるのか。また、わが国の中小企業集積地としてつとに知られる東大阪では貸工場を舞台にまさに旋盤一つで従業員が独立開業を進めるといったサクセスストーリーが地域に豊富に埋め込まれていることはよく知られており、貸工場の果たしてきた役割と近年のインキュベータで期待される事柄とはどこが異なるのかなどという素朴な問題意識を前田と池田の両名が共有したことからスタートしている。この課題を明らかにするためには、実際のケースも詳細に検討する必要があったことから、それぞれの分野で経験豊富な方々に本書執筆に参加をお願いすることとなった。これらの方々が実態をほとんど知らない私たちの企画に快く参画していただいたことにあらためて感謝の意を表したいと思う。皆さんのご協力がなければ本書の刊行はとうてい不可能だったと考えている。また、インタビューやそれについての段取りなどの面で、さらには資料提供の求めに気軽に応じてくださった、多くの方々のご協力にも当然感謝申し上げなければならない。心からお礼を申し上げたい。

われわれの上の問題意識がどこまで成功しているかは読者諸賢のご判断にゆだねなければならないが、今回は東大阪地域での貸工場についての研究を行う余裕がなかった。貸工場からのスピンオフの実態、ならびに支援者の取り組み

などを歴史的かつ実証的に行う必要があると考えている。高度成長期に貸工場をつうじて独立創業した方たちがますます高齢化し、廃業される方たちも多数に及ぶと聞いている。いまを逃せば彼らからの証言を聞くことができなくなるとのあせりの気持ちもある。近いうちに、このテーマについても是非取り組んでいきたいと思う。

　株式会社ナカニシヤ出版にはいつもながらの、当初の曖昧とも言える出版企画案をお聞き届けくださっただけでなく、原稿の提出や校正の遅れなどで多大なご迷惑をおかけした。同社編集部の酒井敏行さんに今回もお世話になった。感謝申し上げる。

　　　　　2008年1月
　　　　　　　編　者　　前田啓一・池田　潔

目　次

はしがき　*i*

第1章　日本のインキュベータとその特徴
前田啓一　*1*

1. インキュベータとは　*1*
2. インキュベータの急増と政策　*2*
3. 「旧インキュベータ」と「新インキュベータ」：地域産業政策の観点　*11*
4. 「新インキュベータ」の分類　*13*
5. 今後のインキュベータ　*15*

第2章　インキュベーション・マネージャーから見たビジネス・インキュベーション
池田潔　*19*

1. IMの実態　*19*
2. IM研修　*24*
3. BI組織のインキュベート能力向上に向けた課題　*27*

第3章　ビジネス・インキュベーションと地域経済の活性化
池田潔　*35*

1. なぜビジネス・インキュベーションが必要か　*35*
2. BIの活動実態と地域経済　*38*
3. 地域経済の活性化に向けたBIの課題　*45*

第4章　ビジネス・インキュベーションと地域クラスターの形成
　　　　　　　　　　　　　　　　　　　　　　　　　西井進剛　51
1. 地域クラスター形成におけるインキュベーションの現状　52
2. 地域クラスター形成における問題　55
3. ケーススタディ：神戸医療産業都市構想　59
4. インキュベーションを核とした地域クラスターの形成に向けて　64

第5章　日本のインキュベーション施設と支援機能
　　　文能照之・梶川義実・秋山秀一・西井進剛・定藤繁樹・町田光弘・湖中　齊　69
1. 地域内の連携で支援を展開：花巻市起業化支援センター　69
2. オンリーワン企業創出の拠点化を目指す：BICあさひ　77
3. KSPモデルの進化と可能性：かながわサイエンスパーク　85
4. 「SOHOしずおかモデル」による独自の施設運営：SOHOしずおか　94
5. 地域インキュベーション集積の拠点：京都リサーチパーク（KRP）　102
6. 大阪北部バイオクラスターの中核施設
　　　：彩都バイオインキュベータ　111
7. 都市産業の創出に挑む大阪市のビジネス・インキュベーション
　　　：大阪産業創造館・創業準備オフィスと扇町インキュベーションプラザ　118
8. ものづくり支援拠点と連結したインキュベーション
　　　：クリエイション・コア東大阪　127
9. 成熟都市の活性化拠点：さかい新事業創造センター（S-CUBE）　136
10. 地域インキュベーションの実現に向けて
　　　：神戸市産業振興センター　144

第6章　イギリスの創業支援と産学連携：「ケンブリッジ現象」を中心に
　　　　　　　　　　　　　　　　　　　　　　　　　前田啓一　163
1. イギリスと「ケンブリッジ現象」　163
2. ケンブリッジ現象の現状と大学内支援組織の充実　164
3. ケンブリッジでの地域インキュベーション機能の充実　169

4. 分析からの若干のインプリケーション：まとめに代えて　*176*

第7章　アメリカのベスト・プラクティスに学ぶ
　　　　　　　　　　：インキュベーション・マネージャーの実像
　　　　　　　　　　　　　　　　　　　　　　　　田中一史　*181*
   1. アメリカにおけるインキュベータの概略　*181*
   2. インキュベーション・マネージャーの報酬　*183*
   3. アメリカ流ベスト・プラクティスとは　*185*
   4. ケーススタディ　*186*
   5. 結　論　*197*

第8章　日本型インキュベートの実現に向けて
　　　　　　　　　　　　　　　　　　　　　　　　池田　潔　*199*
   1. これまでの議論の概要　*199*
   2. 日本型インキュベータの特徴　*201*
   3. 日本型インキュベータとその課題　*204*
   4. 日本型インキュベートを活用した地域活性化の方向
　　　：結びに代えて　*207*

索　引　*211*

第1章
日本のインキュベータとその特徴

前田啓一

1. インキュベータとは

　1980年代以降、日本各地に「インキュベータ」と呼ばれる創業支援施設が誕生している。インキュベータを直訳すると「孵卵器」との意味であり、ある程度の設備を取り揃えた施設のなかに創業者ないし創業希望者が一定の期間入居し、彼らの創業準備や創業前後の事業活動を支援するというものである。これによって、企業の新規開業や第二創業を増加させ、開業率を高めて、既存企業の経営革新を促し、もって地域経済の振興や雇用創出につなげていこうとの思いが込められている。

　インキュベータの具体的な名称はさまざまであり、設置地域・場所、設置・運営の主体とその形態、入居者・入居企業に対する支援の内容、入居資格・入居条件などは千差万別である。例えば、その設置地域について見ても、クリエイション・コア東大阪（大阪府）のように中小企業が集中立地する東大阪市という産業集積地のまんなかに立地しているものから、人口や企業の集積規模もずっと小さい地方都市に設置されている花巻市起業化支援センター（岩手県）のように、大都市のみならず地方都市にまで広範囲に分布している。また、その設置の形態についても、インキュベータとしての単独型のものから、各種の産業支援施設のなかにフロアーや部屋を限って利用されているもの、あるいは商業用ビルのすべてないしその一部がこれに活用されているもの、廃校となった小学校を活用するものなど（例えば、東京都港区のMINATOインキュベーション

センター)、さまざまなタイプが見られる。サービス内容に関しても、会議や打ち合わせに利用する共同スペースをはじめとして、インターネット回線のある机が置かれた個別ブース、最低限の研究室や実験室の仕様になっているところも見られる。これらインキュベータの施設見学をすると、がらんとした部屋が並んでいるだけの印象を受けることが多いが、これはむしろ入居後の利便性を考えてのことである。これらインキュベータの具体的内容に関しては本書の第5章で詳しく述べられている。

2. インキュベータの急増と政策

(1) 地域プラットフォーム事業とインキュベータ
① 80年代中ごろよりインキュベータに関心が集まる

わが国でインキュベータが注目されるようになったのは、1980年代の半ばころからである。1983年にテクノポリス法（高度技術工業集積地域開発促進法）が制定されたのを契機に産業立地政策における地方自治体の役割の重要性が認識されるようになり、86年の民活法（民間事業者の能力の活用による特定施設の整備の促進に関する臨時措置法）はそのなかにおいて「リサーチコア」構想を盛り込んでいた。そこでは地域の頭脳・産業高度化の拠点を形成するための施設開放型企業育成支援施設としてベンチャー・ビジネス・インキュベータが位置づけられていたのである。また、このころから新事業の創出法の一つとしてアメリカでのインキュベーションをモデルとする考え方がわが国で広まっていった。そして、日本でも以後、国・地方自治体や民間ベースなどでインキュベータが続々と建設されるに及んでいる。わが国で、リサーチコア事業の一環としてインキュベータ事業に最初に踏み込んでいったのは後述するかながわサイエンスパーク（KSP）であるとされる。

② 地域プラットフォーム事業と産業クラスター計画

1990年代には、バブル崩壊後の長期不況のなかで、国際的な立地競争力を強化させるために既存産業集積を活性化させようとする地域産業集積活性化法などが制定された。さらに、98年には産業集積や研究集積を活用した新事業

の創出が必要であるとの考え方から新事業創出促進法が制定された。この法律では「創業などの促進」、「中小企業者の新技術を利用した事業活動の支援」、「地域産業資源を活用した事業環境の整備」などが掲げられ、産官学の連携を通じて新事業創出を促進しようとする「地域プラットフォーム事業」に取り組むこととなった。

　地域プラットフォーム事業とは、新事業創出促進法に基づき、各都道府県ならびに政令指定都市に各地域の総合的な新事業創出システムである「地域プラットフォーム」を構築するものである。各地域プラットフォームは中核的支援機関（例えば、大阪府の場合には㈶大阪産業振興機構、また東京都では㈶東京都中小企業振興公社）をはじめとして、これと他の支援機関（インキュベーション施設、大学など研究開発機関、ベンチャーキャピタル・銀行、技術移転機関、企業団体、公認会計士や弁護士等の専門的職業サービスなど）との連携を進めて、研究開発から事業化までをサポートする体制のことである。2004 年 4 月現在で、全国において 57 の中核的支援機関と約 1200 の新事業支援機関が設置された。そして、地域プラットフォームはこれまでに約 1500 件の新規開業を産み出すなど地域における産業振興策として有効に機能していると評価される[1]。

　また 2001 年度に経済産業省が打ち出した施策が「産業クラスター計画」である。それは従来型の企業誘致に代えて内発型の地域経済活性化を実現しようというものであり、地域に集積する中堅・中小企業や大学などが相互に競争・協調することによって、各地域に競争力のある新たな産業集積（産業クラスター）を形成することを目指している。この産業クラスターが苗床になり、中堅・中小企業の新事業展開や大学発ベンチャーの創出が期待されている。具体的には、全国に 19 のプロジェクトが設定され、地域の中堅・中小企業約 5800 社、220 校を超える大学の研究者などが密接な協力関係を構築している。本計画のもとにあって、大学連携型インキュベータなどの整備やインキュベーション・マネージャー（IM）の養成も進められている。また、文部科学省は 2002 年度から「知的クラスター創成事業」を開始し、大学の知的財産などを活用した産業化を目指し、全国で 18 事業が展開されている[2]。

　なお 2005 年 2 月に、新事業創出促進法と中小創造法（中小企業の創造的事業活動の促進に関する臨時措置法）、中小企業経営革新支援法の 3 法が統合されて中

小企業新事業活動促進法（中小企業の新たな事業活動の促進に関する法律）とする閣議決定がなされた。この新法のもとでも、引き続き地域プラットフォームは整備されるが、これについての補助金が2005年度を最後として地方に財源移譲されることになった。今後は、地域産業の振興そして効率的・効果的に新事業を創出するために、産業クラスター、知的クラスター、地域プラットフォームの相互連携の強化が望まれるであろう。

(2) インキュベータの概況
①アメリカのインキュベータ

先進的とされるアメリカでは、1980年代からビジネス・インキュベーションが急増した。80年に全米で十数カ所と言われたものが2000年には800～850カ所へとその数を急速に増し、そのうち96年以降に設置されたものが全体の64％を占めている。そして、インキュベータの約7割が非営利型である。

アメリカのインキュベータはその数・種類の多さに加え、創業支援を目的とする各種のソフト機能が充実していること、また地域の大学との関係が密接であることも特徴的である。全米ビジネス・インキュベーション協会（NBIA）調べでは、これまでの約15年間でおよそ2万数千社が誕生したという。また、卒業企業の87％が卒業後5年を経過してもその事業継続を行っており、さらに卒業企業の84％が地元に定着している。まさに、アメリカのビジネス・インキュベーションは地域経済の活性化に大いに寄与している[3]。

この第1章では以下、わが国における産業支援施設としてのインキュベータの現状を簡単に整理しておこう（とくに断りのない限り、経済産業省地域経済産業グループ［2005］i～viiページ参照[4]。ただし、これらは2004年9月時点の整備状況である）。

②インキュベータの定義

「ビジネス・インキュベーションによるイノベーション促進調査報告書（資料編）」（経済産業省地域経済産業グループ［2005］）は調査対象としてのインキュベータ（ビジネス・インキュベーション：BI）についてそれを以下の4項目のすべてを満たすものと定義している。すなわち、

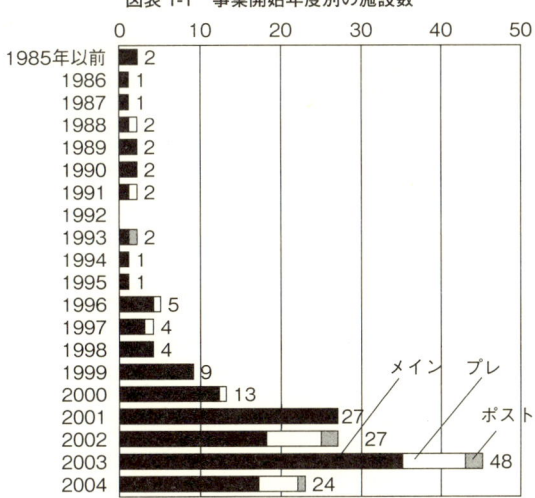

図表1-1 事業開始年度別の施設数

(注1) 2004年は9月までの結果。n＝173施設。
(注2) 支援ステージ未記入を除く。
(出所) 経済産業省地域経済産業グループ[2005] ⅱページを一部修正。

①起業家に提供するオフィスなどの施設を有していること
②起業・成長に関する支援担当者による支援を提供していること
③入居起業を限定していること
④退去企業に「卒業」と「それ以外」の違いを定めていること

である。

この調査に回答のあった354施設のうち、これら四つの項目のすべてに該当するものは半数の177施設であった。残り177施設のうち、155では賃貸スペースをもっているがそのうち101施設には②の支援機能が見られない。しかし、日本新事業支援機関協議会（JANBO）ではBIにおける支援活動などソフト面での充実の必要性が近年に浸透しつつあると述べている[5]。

BIの開設年を見ると（図表1-1）、2000年前後から急増していることが示されている。この原因としては、1999年ころからITネットベンチャー企業がインキュベーション事業に進出したことが挙げられる。そして非営利インキュベーション施設が増えたことについては、先にも述べたように1999年に新事業創

出促進法が施行されたことや経済産業省がビジネス・インキュベーション施設補助金制度（BI補助金）を2000年度に創設した効果が大きいと指摘されている[6]。

③わが国のインキュベータ

前掲の図表1-1では、支援のステージ別にも大要が示されている。それによれば、メイン・インキュベーションとするものが多いが、プレ・インキュベーションやポスト・インキュベーションを主な支援ステージとするものもわずかずつではあるが増える傾向にある。なお、ここでの各支援ステージは次のとおりである。

（1）プレ・インキュベーション……創業準備の段階であり、事業化可能性の見極め、ビジネス・プランのつくり込みなどの支援を行う。

（2）メイン・インキュベーション……創業直後から自立安定までの段階であり、ビジネス・プランにしたがって法人化や初期投資、顧客獲得など自立できる体制を整えるなどの支援を行う。

（3）ポスト・インキュベーション……メイン・インキュベーションを卒業した企業が、自立からさらなる発展を遂げる段階であり、設備投資、事業連携や販路拡大等、企業成長のための取り組みを進めるなどの支援を行う。

都道府県別では（図表1-2）、東京都、大阪府、福岡県などの大都市でその数が多い。また、支援ステージの別ではメイン・インキュベーションを中心にするインキュベータはほぼ全国に見られるがプレならびにポスト・インキュベーション施設は大都市などで結構見られるもののほかの地域ではそれほど多くない。

インキュベーション施設の設置者は、比率の高い順に、市区町村32%、都道府県20%、公益法人15%、第三セクター10%、民間企業8%、独立行政法人等7%、大学等・学校法人6%などである。市区町村と都道府県を合わせると50%を上回っており、BI設置者の半数は地方自治体であることがわかる。また、運営者については、公益法人32%、市区町村20%、第三セクター12%、民間企業10%、都道府県9%であり、あと独立行政法人等や大学等・学校法人がそれぞれ数%ずつを占める。以上のことから、BIは地方自治体が設

第1章 日本のインキュベータとその特徴　7

図表1-2　都道府県別BI施設数

地域	主な支援ステージ			計	構成比	地域	主な支援ステージ			計	構成比
	メイン	プレ	ポスト				メイン	プレ	ポスト		
北海道	5	2	0	7	4.0%	滋賀県	3	0	0	3	1.7%
青森県	0	0	0	0	0.0%	京都府	5	2	0	7	4.0%
岩手県	4	1	0	5	2.8%	大阪府	9	5	2	16	9.0%
宮城県	2	1	0	3	1.7%	兵庫県	2	1	0	3	1.7%
秋田県	2	0	0	2	1.1%	奈良県	1	0	0	1	0.6%
山形県	0	0	1	2	1.1%	和歌山県	0	0	0	0	0.0%
福島県	2	0	0	2	1.1%	鳥取県	1	0	0	1	0.6%
茨城県	2	0	0	2	1.1%	島根県	1	1	0	2	1.1%
栃木県	5	0	0	5	2.8%	岡山県	2	0	0	2	1.1%
群馬県	2	0	0	2	1.1%	広島県	6	1	0	7	4.0%
埼玉県	2	0	0	3	1.7%	山口県	4	0	0	4	2.3%
千葉県	5	0	1	6	3.4%	徳島県	1	0	0	1	0.6%
東京都	14	3	0	19	10.7%	香川県	2	0	0	2	1.1%
神奈川県	7	1	0	8	4.5%	愛媛県	2	0	0	2	1.1%
新潟県	0	1	0	1	0.6%	高知県	2	0	0	2	1.1%
富山県	5	2	0	7	4.0%	福岡県	10	2	1	13	7.3%
石川県	2	0	0	2	1.1%	佐賀県	0	1	0	1	0.6%
福井県	0	0	0	0	0.0%	長崎県	2	0	0	2	1.1%
山梨県	1	0	0	1	0.6%	熊本県	1	0	0	1	0.6%
長野県	2	2	1	5	2.8%	大分県	1	0	0	1	0.6%
岐阜県	3	0	0	3	1.7%	宮崎県	0	0	0	0	0.0%
静岡県	4	2	0	6	3.4%	鹿児島県	0	0	0	0	0.0%
愛知県	4	3	0	7	4.0%	沖縄県	3	1	0	4	2.3%
三重県	4	0	0	4	2.3%	全国計	135	32	6	177	100.0%

(注1) 主な支援ステージに代表させて計上した。
(注2) 都道府県別の計には支援ステージの区別が未記入の施設を含む。
(出所) 同上、iページ。

置する場合が多いものの、その運営に関しては公益法人に委託しているケースがかなり見られる。

　BIの入居企業の業種については（メイン・インキュベータの場合）、それを問わないものが53％と半数をやや上回っている（図表1-3）。また、図表1-4より、業種を限定しているBIについてのその限定業種を見ると（複数回答）、情報・通信関連、電子・機械関連とするものが多い。卒業企業があったのは95施設であり、卒業企業の合計は1437社である。卒業企業[7]の業種（メイン・インキュベーション施設の場合）を図表1-5から見ると、電子・機械関連36％、情報・通信関連24％、医薬・バイオ・アグリ14％、販売・サービス7％、環

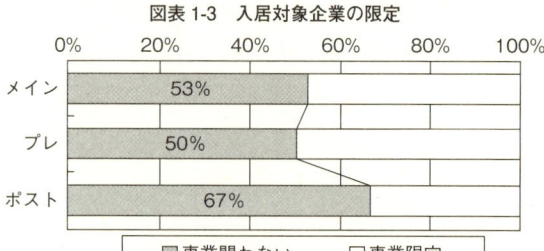

図表1-3 入居対象企業の限定

(出所) 同上、ivページ。

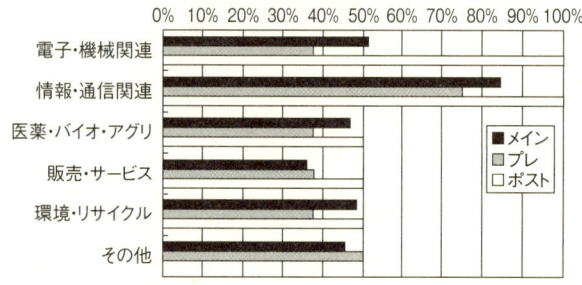

図表1-4 入居対象企業の業種―事業限定の場合―（複数回答）

(注) $n=82$（メイン=64、プレ=16、ポスト=2）施設。
(出所) 同上、ivページ。

境・リサイクル6％、その他14％となっており、IT関連業種の卒業件数の多いことが明らかとなっている。図表1-6は卒業企業の事業分野別の平均入居月数を示している。これによると、医薬・バイオ・アグリが平均48.0カ月と入居期間が長く、ついで電子・機械関連が41.2カ月である。また、入居が最も短いのは情報・通信関連の25.7カ月であった。卒業企業がBIに入居した理由については、賃貸料の安さとBIに入居していることによる対外的な信用力が指摘される（図表1-7）。また、卒業後に受けたい支援を尋ねたところ、公的施設の貸与や継続的アドバイスの比率が高く、ポスト・インキュベーション施設のニーズが高いことが明らかとなった。

本報告書から最後に、卒業企業の現在地を調べてみると（図表1-8）、入居していたBIと同じ市区町村内が59％で、ついで同じ都道府県内（先を除く）32％というように、卒業後も地域で事業（起業）活動を継続するケースが圧倒的に

図表 1-5　業種別構成

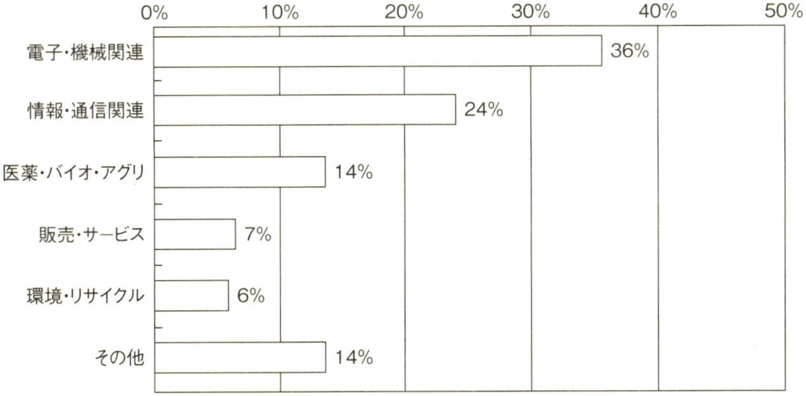

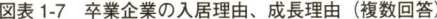

0%
10%
20%
30%
40%
50%
電子・機械関連
36%
情報・通信関連
24%
医薬・バイオ・アグリ
14%
販売・サービス
7%
環境・リサイクル
6%
その他
14%

（注）不明、未記入を除く。$n=774$ 社。
（出所）財団法人日本立地センター「BI／IM 企業支援成果事例集」2006 年 3 月、184 ページ。

図表 1-6　事業分野別平均入居月数

事業分野	平均（月）	企業数
電子・機械関連	41.2	17
情報・通信関連	25.7	27
医薬・バイオ・アグリ	48.0	4
販売・サービス	23.8	11
環境・リサイクル	34.0	5
その他	33.6	17
総平均	32.0	81

（出所）経済産業省地域経済産業グループ[2005] ivページ。

図表 1-7　卒業企業の入居理由、成長理由（複数回答）

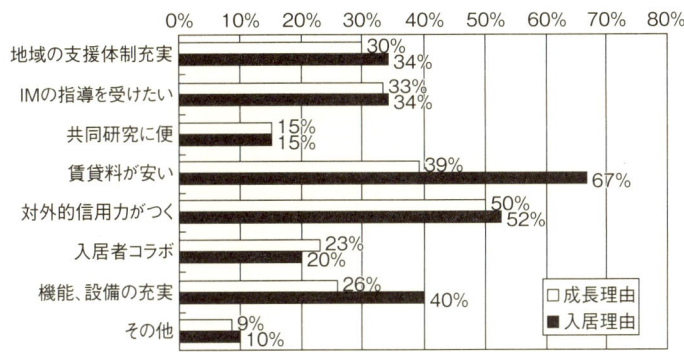

0%
10%
20%
30%
40%
50%
60%
70%
80%
地域の支援体制充実
30%
34%
IMの指導を受けたい
33%
34%
共同研究に便
15%
15%
賃貸料が安い
39%
67%
対外的信用力がつく
50%
52%
入居者コラボ
23%
20%
機能、設備の充実
26%
40%
その他
9%
10%
□成長理由
■入居理由

（出所）同上、v ページ。$n=105$ 社。

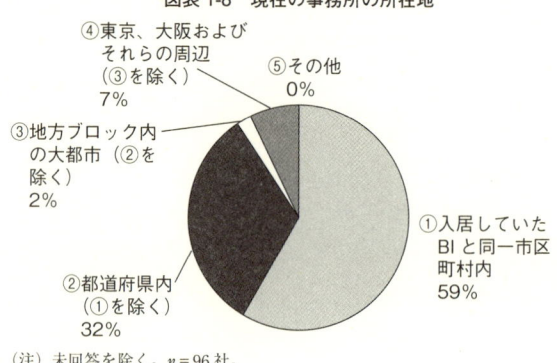

図表1-8 現在の事務所の所在地

(注) 未回答を除く。n＝96社。
(出所) 同上、viページ。

高いことが示されている。支援者や取引先などが数多く近隣に存在することがBIを卒業しても地域で事業（起業）活動を継続する要因になっている。したがって、ポスト・インキュベーション機能を充実させることにより、卒業しても地域で活動する起業家を輩出することが期待できる。ただし、この点については、現在のところ、データがそれほど多くないことと（インキュベータによっては、卒業企業の数が増えるにつれ地元定着率が低くなる傾向が見られる）、卒業企業の成長による経年比較が必要である。

④ BI の課題

このように、新事業を立ち上げるにあたって BI の役割には大きなものがある。とはいえ、現在の BI にはいくつかの克服すべき課題が指摘されている[8]。第1に、施設担当者の多くが賃貸スペースの面積や賃貸料について重視する傾向が強く、支援策の内容に関してはこだわりをもつ傾向があまり見られない。実態としては、依然として施設（ハード）の重視姿勢が窺われる点である。第2には、IM の活動環境が不十分であり、その雇用形態が正職員や正社員でないケースの多いことからくる職務権限の不明確さである。また、IM と施設担当者とのコミュニケーション不足も指摘される。これは、IM が民間出身者で、他方設置者が官のようなケースに多く見られる。IM の側での"カルチャー・ショック"があまりにも大きいのである。第3は、支援策のなかみに関する問

題である。これについては「情報提供」はむろん、「経営支援」や「販路開拓支援」などについても重視されなければ本当の企業（起業）活動支援とは言えないであろう。

　日本新事業支援機関協議会（JANBO）の梶川義実氏は、重要なのはインキュベータという施設の整備ではなく、ビジネスをインキュベートする行為であることを強調しつつ、BIの最近の動きを次のようにまとめている[9]。すなわち、①公設公営型から公設民営型が主体のものへ、②新設から既存施設を改修するタイプに、③設置の目的が施設の賃貸から入居企業の成長支援へ、④業種を限定しないものから業種限定が増えつつある、⑤メイン・インキュベーションからポスト・インキュベーションの重視姿勢への移行。この指摘は上でのBIの現況に関する説明とおおむね合致する。

3．「旧インキュベータ」と「新インキュベータ」：地域産業政策の観点

①地域の自生的存在としての旧インキュベータ

　ベンチャー支援ならびにインキュベータ設置の必要性が強調されるにいたった背景としては、日本の各地で80年代に入って、新規創業が不活発になってきたことが挙げられる。日本経済の発展により、社会が安定・成熟化し若者が冒険心を失ったこと、コンピュータ制御の機械機器が産業活動に不可欠なものとなり加えて地価高騰等によって新規創業に要するコストが膨大になったことなどが一般に指摘されている。さらに、最近では高度成長期に新規開業した人たちの高年齢化や後継者不足などによる廃業の増加も深刻なものとなっている。

　高度経済成長期において大都市部では、例えば「貸工場」などから新規企業が続々と誕生した。そして、これらの言わば「旧インキュベータ」に入居している人や入居しようとしている人たちは周辺に多数立地する中小企業群からの取引情報や各種の紹介・仲立ちなどを得て、まさしく中小企業集積の"海"のなかから、言わば栄養素を抽出しながら、起業活動を展開してきた。その意味では、中小企業従業員の高い独立意識の受け皿としてこれらのインキュベータが重要な役割を果たしていた。そして、創業者・創業予定者と新規の開業企業は地元産業集積のなかで育まれ、地域のなかで成長していった。その意味で、

この時期において創業が積極的に展開されたのは貸工場という"箱"と、それをとりまく地域の産業集積がまさしく地域インキュベータとして有効に機能していたからに他ならない[10]。まさしく、インキュベータが地域のなかに埋め込まれていたのである。そして、新規開業企業は、一定の成長を遂げたのちになって今度は逆にその母体であった地域産業群の成長を牽引し、次なる創業者・同予備軍を支援する存在になっていくというプラスの循環構造を形成してきた。これらの言わば旧インキュベータは、地域全体のインキュベートないしイノベーション機能と密接不可分の、ある意味では不即不離の関係として存在すると同時に、地域の必要性をくみあげるその地域の自生的存在であったとも言える。その意味では、東京大田区の海苔の干場を活用したものや東大阪の貸工場などは旧インキュベータの典型事例である[11]。

②新インキュベータの日本ナイズが必要

これに対し、今日に次々と設立されている新しいインキュベータを貸工場などの旧インキュベータと比べると、そこでは一見して手厚い支援内容が取り揃えられていることは間違いない。しかし、今日の地域中小企業集積は歯槽膿漏的に崩壊し、産業集積としてのインキュベートないしイノベーション機能は昔日より低下していることは否めない。したがって、近年の新インキュベータではこれらの低下した機能を補完する意味合いから、手厚い支援内容と後述するインキュベーション・マネージャーの育成・設置が急務であるとされる[12]。

このように、1960年代に建設された旧インキュベータは地元の産業集積のなかから誕生した言わば地域からの自生的存在であったのに対し、80年代の新インキュベータは欧米のモデルを参考としつつ外から持ち込んだ、そして当該地域との関係はあまり見られない、言わば外生的な存在であるという違いがある。そして、最近のインキュベータの建設がそのような基本的特徴を有するものであるとするならば、入居者や起業家のニーズに応えつつ、その外生的存在を日本ナイズしていく努力が継続的に必要となる。例えば、ハイテクだけでなくローテク・成熟技術をも含んだ幅広い産業・技術分野を対象とすることが重要であるし、周辺中小企業群との相互交流も必要不可欠であると考えられる。欧米での経験に基づいた80年代からのインキュベータ建設は当初、ハイ

テク技術の商業化を念頭においていたものであったが、最近になって地域の産業基盤と密接に関係を有するあるいはもたせようとする、そうしたインキュベータも続々と建設されるにいたっている。今日要請されているのは「新インキュベータ」の日本の産業事情への適応プロセスである。

そして、先からの議論をいっそう展開すると、地域におけるインキュベート機能の充実とそのなかにあってはじめて"箱"としてのインキュベータが有効に機能するとの観点に立つ必要があると思われる。そして、個々のインキュベータが当該地域でどのような役割を果たしているのか、また果たすべきなのかが問われなければならない。つまり、地域産業政策・施策の観点から、インキュベータの果たすべき役割を再検討してみる必要があるようだ。そして、そのような意味からすると、経済産業省のイニシアチブのもと現在各地で展開されている産業クラスター計画との関連もあらためて問われる必要がある。

ここまでの議論は、インキュベータを地域との関わりのなかで分析する、言わば空間軸を重視する視点に立脚していた。同時に、今日のインキュベータでは、すでに述べたように創業予定者を起点に据えた時間軸の観点からも創業支援がなされている。つまり、創業予定者を「インキュベータ」への入居の前後で（プレ→メイン→ポスト・インキュベーションという流れのなかで）支援を行うという考え方が重要視されている。

このように、今日のインキュベータを分析するにあたっては、空間軸と時間軸の双方から多面的に検討を進める必要がある。この双方の視点を欠くならば、それはたんなる施設紹介の域を出ないものとなってしまう。

4.「新インキュベータ」の分類

「新インキュベータ」については、多くの観点から分類が可能である。

その第1は、設置者と運営主体の別である。これに関しては、①公設公営型、②公設民営型（第三セクターも含む）、③民営型などに分けられる。現在では2番目のタイプが多いとされている。

2番目は、IMが常駐しているか否かである。先にも触れたが、今日ではIMによる経営支援が入居者にとって大きな意味をもっている。このような観点

図表1-9　インキュベータの分類

特化のタイプ	ハイテク特化型	IT・映像関連特化型	成熟産業特化型	混合型
立地特性	大都市圏(郊外)地方都市	大都市圏(内部)	大都市圏(郊外)地方都市	大都市圏(内部・郊外)地方都市
有効なIMのタイプ	自生型IMが有効	自生型IMが有効	自生型・養成型とも有効	自生型・養成型とも有効
大学発ベンチャーの可能性	あり	あり	どちらとも言えない	どちらとも言えない
地域産業集積との関係	どちらとも言えない	どちらとも言えない	濃厚	濃厚
生産機能	なし	どちらとも言えない	あり	どちらとも言えない
具体例(大阪府内に立地するもの)	彩都バイオインキュベータ(大阪大学連携型起業家育成施設)	扇町インキュベーションプラザ、メビック扇町(Mebic)	クリエイション・コア東大阪(東大阪新事業創出型支援施設)	大阪産業創造館、創業準備オフィス

(出所)各種資料・ヒアリングなどにより筆者が作成した。

からすると、①IMが常駐しているもの、②IMは常駐していないが週の特定日に来訪してくれるもの、③まったく常駐していないものに分類される。JANBO（日本新事業支援機関協議会）では「インキュベータ」に関してIMをきわめて重要なものと認識している。とはいえ、ハイテク分野でのシーズ性のきわめて高い分野では経営支援（とりわけ営業分野での）という意味でのIMは必ずしも必要としない場合もある。

　第3番目としては、入居者・入居企業の業種別の特化である。これらについては、おおむね、①ハイテクノロジーの開発を進めるハイテク特化型、②IT関連や映像関連事業などのIT・映像関連特化型、③成熟技術や基盤技術を含むローテクノロジー分野が相対的に数多く含まれる成熟産業特化型、そして④以上の各タイプが多種多様に入居する混合型の四つのタイプに分けることができる。もちろん、特定の業種しか入居を認めないインキュベータはむしろ少ない。ただ、IT・映像関連では関連業種しか入居を認めないというインキュベータも少なからず見受けられるし、また研究開発段階の企業に限定しているところも結構存在する。このような意味では、インキュベータの大方は入居率を少

しでも上げたいとの運営者側の意向がはたらいて実態として混合型となることも多いが、それでも入居資格・基準や入居企業の様子から検討を行うと上のような各タイプに分けることができる。

　第4番目に指摘すべきは、入居者・入居企業が、①企業をスピンオフした純粋創業型、②第二創業型、そして③大学発ベンチャー型の三つに分類される。インキュベータ設立当初の本来の意図は①や③にあったが、今日では②も多いと思われる。

　以上、さまざまな観点から、「新インキュベータ」を分類してみたが、これらを一括して表にまとめてみると次のようになる（図表1-9）[13]。なお、ここでは、インキュベータを四つのタイプ——「ハイテク特化型」、「IT・映像関連特化型」、「成熟産業特化型」、「混合型」——に大別したうえで、それぞれ立地特性、有効なIMのタイプ、大学発ベンチャーの可能性、地域産業集積との関係、生産機能上の観点から特徴を整理し、大阪府内での具体例を例示している。

5. 今後のインキュベータ

　星野敏氏は、インキュベータを図表1-10のように、在来型事業、ハイテク事業、急成長事業に3分類し、それぞれの事業分野について日米比較を行っている。本表はきわめて簡略化されているが、わが国でのインキュベータ事業での問題点を端的に指摘している。この図表のなかで、◎がアメリカで優れた実例が見られるセグメント、また△印はわが国で多く見られるソフト面での支援を欠いた要改善事例とされる。これによると、地域経済の活性化や雇用創出を目的に掲げた日本の公共型インキュベータ（とりわけ在来型事業分野とハイテク事業分野において）でソフト面での充実が急務である。また、表に示されていないが、例えばコミュニティ・ビジネスの起業に関しては社会的に必要な事業でありながらも、ほとんど対応が行われていないセグメントが残されているとの指摘がなされている。

　また、2001年に発表された日本新事業支援機関協議会（JANBO）ビジネス・インキュベーション将来ビジョン研究会「ビジネス・インキュベーション将来ビジョン」は、BI整備に関する数値目標を掲げている。それによれば、2010

図表1-10 ビジネス・インキュベーション・モデルのバリエーション

タイプと目的	事業分野	在来型事業	ハイテク事業	急成長事業
公共型	地域活性化 雇用創出	◎△	△	
大学型	技術革新 地域貢献 大学経営		◎	
民間型	上場による収益および その他のサービス提供 による利益			◎

Copy Right S. Hoshino 2001.2

(注)◎：アメリカをはじめ優れた実施例が多く見られる。
　　△：日本で多く見られるソフト支援を欠いた要改善事例。
(出所)日本新事業支援機関協議会(JANBO)ビジネス・インキュベーション将来ビジョン研究会［2001］10ページ。

年には全国で約400カ所のインキュベータそして全インキュベータに1〜2人のIMの配置を目標とした[14]。さらに、経済産業省は2005年になり、ハード面の整備はある程度進んでいることから、今後はIMの配置などのソフト支援面での強化を図っていくことと、そして①産業クラスターの中核拠点としてのBIの位置づけをいっそう明確にすること、②BI同士の連携の促進という2点を新たな方向性として打ち出した[15]。

　こうして見てくると、わが国でのインキュベータの配置はある程度整ったものの、それぞれの地域や入居企業の特性に応じたかたちでのソフト面での支援体制の拡充はいっそう進められなければならない状況にあると言えよう。

【注】
1）梶川義実"地域クラスター政策における地域プラットフォームの役割"、「JANBO Review」2004年12月号、7ページ。なお、「地域プラットフォーム」を構成する各機関をネットワーク化する組織として1999年に日本新事業支援機関協議会（JANBO）が設立されている。
2）産業クラスター計画についての記述は、高畠昌明"地域プラットフォーム事業と産業クラスター計画の連携"、同上、1〜4ページを参照した。
3）JANBOビジネス・インキュベーション将来ビジョン研究会［2001］1〜3ページを参照した。なお、ビジネス・インキュベーションの国際比較に関しては、梶川義実"BIの国際比較"が簡便に整理している（「BI Review」2005年8月号、17〜18ペー

ジ）。また、大阪府［2004］は、大阪府下でのインキュベータの展開についてそれを施設・IM、施設の活用という二つの視点から明らかにしている。
4）本報告書の要旨が"ビジネス・インキュベーション施設の整備状況"、「JANBO Review」2005年7月号、21～22ページに掲載されている。また、財団法人日本立地センター「BI／IM企業支援成果事例集」2006年3月の175～195ページには上記報告書に記載されていないIMについての調査結果が含まれており参考になる。このほか、「BI Review」2005年11月号にインキュベータの対象事業分野、同2006年2月号にその使命、そして「JANBO Review」2006年3月号では大学連携型インキュベータについての調査結果が掲載されている。
5）林聖子"ビジネス・インキュベーションの現況と課題"、日本新事業支援機関協議会（JANBO）編［2003］6ページ。
6）林聖子"最新ビジネス・インキュベーション施設事情──「ビジネス・インキュベーション総覧2003」（JANBO編）より"、「JANBO Review」2003年2月号、16ページ。
7）卒業企業とは、「入居時に定めた目標を達成し、自立できるまでに成長して支援が不要となり退去した企業で、継続して同一事業を営んでいる企業」である。ここには、スペースが狭くなったために他へ移転した企業をはじめ、戦略的な企業合併や事業譲渡の場合についても社名変更や企業消滅が見られることもあるが雇用の継続性を考慮して卒業企業に含めている（経済産業省地域経済産業グループ［2005］xページ）。
8）林聖子"最新ビジネス・インキュベーション施設事情"、18ページおよび同"ビジネス・インキュベーションの現況と課題"、10ページを参照した。
9）梶川義実"ビジネス・インキュベーションの新たな取り組み"、「JANBO Review」2004年12月号、10ページ。
10）「地域インキュベータ」とは地域のなかにインキュベータ機能が内包されているとの意味である。この概念については、関・吉田編［1993］が参考になる。
11）東大阪の貸工場は労働争議により廃業した佐伯工業（のち佐伯興業）が利用しなくなった工場を間仕切りして1963年に貸し出したのがその嚆矢とされる。この貸工場の所有者は経営に精通していたので入居企業に対する経営支援・融資を行った。以後、東大阪ではこれがモデルとなり、農家がオーナーとなって続々と貸工場が誕生した。大田区とともに東大阪でも1960年代の時期に貸工場の建設が開始されていたのである（インキュベーション研究会〈2006年6月24日、於：大阪商業大学〉での湖中齊氏の発言）。
12）JANBOでは、2000年からIMの養成研修を行っており、2004年度末で累計380名が修了している。
13）このほか、例えばJANBO［2001］21ページでは、①知的・ハイテク型、②産業集積地型、③公設試等併設型、④都市活性型（IT活用型）⑤営利目的型に5分類している。
14）同上、18～23ページを参照した。
15）経済産業省地域経済産業グループ産業施設課"我が国の今後のBI施策の方向性と戦略について"、「BI Review」2005年8月号、15～16ページ。

【参考文献】

大阪府［2004］「大阪経済・労働白書　企業家精神と地域産業イノベーション　2004年版」。

経済産業省地域経済産業グループ（委託先：財団法人日本立地センター）［2005］「ビジネス・インキュベーションによるイノベーション促進調査報告書（資料編）」。

関満博［1993］「フルセット型産業構造を超えて——東アジア新時代のなかの日本産業」中公新書。

関満博・関幸子編［2005］「インキュベータとSOHO——地域と市民の新しい事業創造」新評論。

関満博・山田伸顕編［1997］「地域振興と産業支援施設」新評論。

関満博・吉田敬一編［1993］「中小企業と地域インキュベータ」新評論。

日本インキュベーション研究会編［1989］「インキュベータ——企業創造の時代」日刊工業新聞社。

日本新事業支援機関協議会（JANBO）ビジネス・インキュベーション将来ビジョン研究会［2001］「ビジネス・インキュベーション将来ビジョン——忘れてはならない日本の経済構造改革の柱」。

日本新事業支援機関協議会（JANBO）編［2003］「ビジネス・インキュベーション総覧　新事業創出支援施設ディレクトリ　2003」。

星野敏［2001］「ビジネス・インキュベーション」同友館。

このほか、日本新事業支援機関協議会（JANBO）「JANBO Review」ならびに財団法人日本立地センター「BI Review」の各号を参照した。

【追記】

　本章の執筆にあたっては、中小企業基盤整備機構近畿支部　中小企業・ベンチャー総合支援センター、岩手県県南広域振興局、花巻市産業部、花巻市起業化支援センター、岩手大学地域連携推進センター、岩手ネットワークシステム（INS）、日本立地センター、日本新事業支援機関協議会（JANBO）、MINATOインキュベーションセンターなど多くの機関の方々とのインタビュー・資料提供などを通じたご協力に多くを負っている。これらご協力いただいた方々のお名前をここで逐一挙げることはしないが厚く感謝申し上げたい。

第2章

インキュベーション・マネージャーから見た ビジネス・インキュベーション

池田 潔

　近年、ベンチャー企業への期待が高まるなか、ベンチャー企業を数多く創出・育成するためのさまざまな支援策が打出されてきた。ビジネス・インキュベーション施設（以下、BI）もそうした支援策の一つである。このBIのなかで、ヒナが巣立つまで面倒を見る親鳥の役目をするのがインキュベーション・マネージャー（以下、IM）である。事業を始めようとする経験の少ない起業家へ、事業の知識、ノウハウ、経営資源など不足するものを速やかに補うことのほか、事業以外のことにも良き相談相手となるなどして起業家や起業家予備軍を支援している[1]（後述する日本新事業支援機関協議会（JANBO）ではIMになるための研修を行っているが、IM自体は国家資格ではない）。

　第1章でBI側からインキュベート機能について概観していることから、本章では、IM側からその現状を見たあと、本稿での問題意識として、属人的要素が強いIMによる支援を組織としてどう受け止め、BIとしての機能をいかに高めるかについて触れる。

1. IMの実態

(1) 幅広い業務内容と職務経験

　IMはBIのなかにあって起業支援のためのさまざまな活動を行っている。経済産業省の調査によれば、主なIMの支援内容として、回答の多かったものの順に、「事業計画・ビジネスプラン」、「イベント・交流会への参加サポート」、「補助金等公的支援制度の紹介」、「起業準備相談」、「販路開拓・販売営

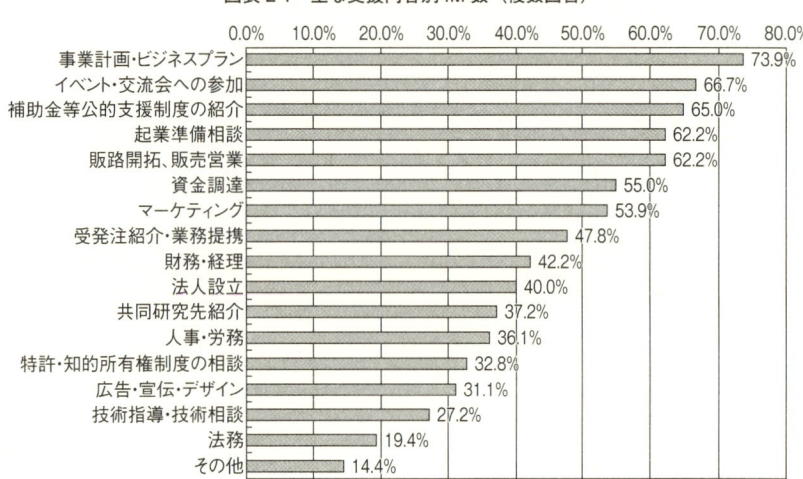

図表2-1　主な支援内容別IM数（複数回答）

(注) $n=180$。
(出所) 経済産業省地域経済産業グループ［2005］。

業」、「資金調達」、「マーケティング」などとなっている[2]（図表2-1）。

　このようにIMの業務は多岐にわたるが、支援を行うには幅広い経験やノウハウ、人的ネットワークが必要となる。したがって、例えば大卒後いきなりIMになるような人は実際にはおらず、なんらかの職務経験を有している人がほとんどである。兵庫県立大学の調査[3]によれば、IMになるまでの職務経験年数として、最短が「1年」、最長が「42年」で、平均は「21.6年」であった。また、その度数分布を見ると、「6～10年」と「31～35年」を山とする"フタコブラクダ型"となっており、前職からの転職や出向組と定年後の再就職組が多い。また、同調査によってIMの職務経験を見ると、「民間企業」が70.7％、次いで「公務員」13.3％、「独立行政法人」と「公益法人」がそれぞれ6.7％となっている。最も長い職務経験としては「製造業」が30.5％、「銀行業」が20.3％、サービス業が18.6％で、以下、「公務員・公益法人」（13.6％）、「商社」（8.5％）、「研究職」（6.8％）、「会社員」（1.7％）などとなっている。

　こうしてIMは前職の経験や知識などを活かしながら支援することになるが、起業家からの要求のすべてに個人で対応できるわけではない。このため、IMは外部の支援ネットワークを把握しておき、頼めば相談にのってくれる人

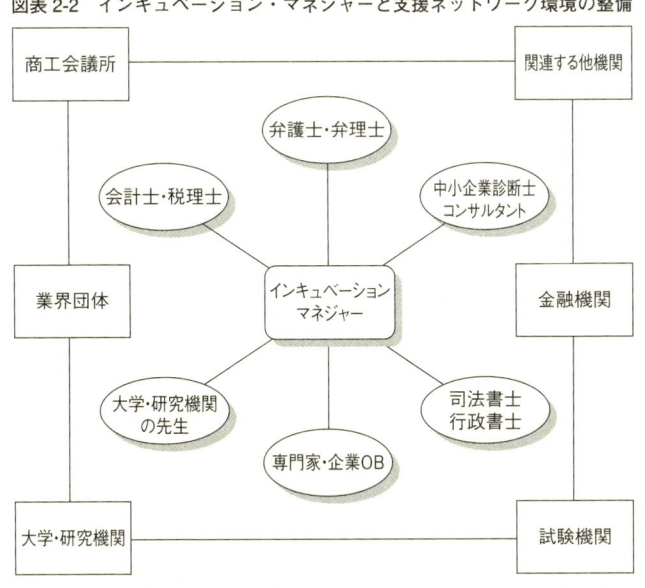

図表 2-2 インキュベーション・マネージャーと支援ネットワーク環境の整備

```
商工会議所 ──────────────────── 関連する他機関
    │      弁護士・弁理士              │
    │          │                      │
    │  会計士・税理士  中小企業診断士   │
    │              \  コンサルタント   │
    │               \ /                │
業界団体 ───── インキュベーション ──── 金融機関
    │               / \                │
    │              /   司法書士        │
    │  大学・研究機関    行政書士       │
    │    の先生   │                    │
    │         専門家・企業OB           │
    │                                  │
大学・研究機関 ──────────────── 試験機関
```

（出所）経済産業省ホームページ（http://www.meti.go.jp/policy/local economy/downloadfiles/Business environment prom div/IM.html）。

脈を重層的に構築しておくことが必要である[4]。経済産業省による図表2-2はこのことを示したものだが、注意すべきはこの図ではIM個人が注目されているが、組織としてのBIは示されていないことである。もちろん、インキュベート機能の大半はIMが行うわけだが、そのIMをバックアップするのが組織としてのBIである。この点についてはあとで触れることとする。

(2) IMの職務権限

　IMの職務権限は、BIの設置者や運営者がIMをどのように管理しようとしているか、組織のガバナンスのあり方で異なると考えられる。第1章で見たように、設置者の多くは都道府県や市町村など自治体だったり、財団法人など公益法人であることが多かったが、このことは、多くのBIにおいて、IMの職務権限が限定されたものになっているのではないか、といった可能性が指摘できる。例えば、設置者や運営者が自治体や公益法人の場合、しっかりとした予算計画が前年度に立てられ、実際に事業を行う翌年は前年度の計画に基づいて

執行されるため、それを逸脱した行動はできないことから、IMの職務も自ずと予算のついた決められた事業に限定されること、またIMのなかにも自治体からの出向で、自治体業務と兼務している場合もあり、先の予算制約とともに"公務員気質"が自らの職務を限定してしまっているのではないか、というのがその理由である。

そこで、兵庫県立大学の調査を見ると、「施設の設置者・運営者の管理下に置かれているが、定められた職務以外も裁量範囲で実施する」(45.9%)が最も多く、次いで「施設の設置者・運営者の管理下に置かれており、基本的には定められた職務をこなす」(31.1%)、また、「専門職として雇用されており、大幅な自由裁量の権限が与えられている」(11.5%)であった。基本的には定められた職務をこなすのが2番目に多かったものの、大幅な自由裁量の権限が与えられているのを合わせ、6割近くが裁量の余地が大きいとしており、予想以上にIM自身の裁量によって職務を遂行していることがわかる[5]。

予想に反した理由として次のことが考えられる。すなわち、多くのBIが設置されて間もないため、どこからどこまでがIMの職務範囲であるかが不透明で、職務内容が規定化されていないこと、入居企業の要望はさまざまで、想定していないようなことが生じるが、その時々の判断で最良と思われる内容のことを提供する必要があること、また、以下に述べる雇用形態とも関係していることがある。

兵庫県立大学の調査では、IMの雇用形態として全体の49.2%が「嘱託(年契約)」であり、それ以外には「正社員・職員」が24.6%、「業務委託」が15.4%、「出向」が4.6%、「経営者」と「その他」がそれぞれ3.1%となっていたほか、期限付き雇用形態である「任期制」を採用する割合が67.2%と高かった。すなわち、任期制が採用されることで、引き続き契約が更新されるかどうかはまさにIMの成果によるところが大きいが(IMが考える成果と、設置者・運営者が考える成果とにズレが生じる可能性があるが、これについては第3章で触れる)、成果を上げようとすると入居企業のためにどんなことでもやろうとして、職務外と思われることも独自の裁量で実施していると考えられる(もちろん、たんなる仕事としてではなく、生きがいとして取り組んでいる人が多いことも事実である)。ちなみに、任期の期間として最も多かったのが「1年」(71.9%)で、次いで「3

年」(15.6%) であった。

　ところで、IM の職務は起業家を叱咤激励しながら早く一人前に育てることにある。しかし、IM としての職務は、IM 個人の性格や前職の職務内容の経験に左右されることが多い。ある IM は元銀行マンだったこともあり、入居企業に対して貸出審査時の粗探しのような対応をしたことから、入居企業からは育てようとする意識が感じられない、といったぼやきにも似た声を聞くことがある。IM の職務は属人的な要素が強いだけに、BI のインキュベート機能を高めるには IM としての適性も問われている。

(3) 属人的要素の強い IM の職務

　IM の職務を見ると、職務権限以外のことも独自裁量で行うなど、入居企業に対するサービスの提供の仕方には IM によって違いがあり、属人的要素が強い。例えば、多くの BI では入居企業に対する「販路開拓」に関する支援をうたっているが、入居企業側が IM のところに相談を持ちかけるまで「待ち」の状態でいるのか、あるいは IM 側が積極的に企業に訪問していくなかでそうしたニーズを聞き出し支援するのか、といったことは IM 任せになっておりマニュアルに書かれているわけではない。また、後者の場合でも IM が独自のネットワークを活用して「お見合い」のようなかたちで販路を見つけ出す場合もあれば、公的支援メニューにある「マッチング制度」や「見本市」を活用する場合など、いくつかのバリエーションが考えられる。いずれのメニューを選択するかは、どれだけの公的メニューを熟知し、人的ネットワークをもっているかといった IM の力量にもよる[6]。

　「SOHO しずおか」(2001 年 2 月開設、詳細については第 5 章参照) の IM だった小出宗昭氏 (取材時) はもともと現役の銀行員で、開設の 1 週間前に辞令をもらい、IM として BI を切り盛りすることになった。当然、どのような業務をすればよいか、といったマニュアルのようなものはなくまったくの手探り状態だったが、まず、人の集まる場にしようと、講演会と交流会がセットになった「ブレークスルーセミナー」を開講した。小出氏の熱意を意気に感じた著名人が手弁当で講師として参加したこともあり、存在を強烈にアピールすることができた。このセミナーは 6 年経った 2007 年 2 月現在で通算 80 回を数えるまで

になっており、平均すると月2回以上開催してきたことになる。また、入居企業のなかには優れたベンチャー企業に贈られる賞を受賞したり、全国展開して順調に売上を伸ばすところも出てきているが、こうした成功企業を輩出するために誰を動かせばよいか、マスコミはどう活用すればよいか、といったノウハウが職務を続けるなかで蓄積され、IMとしての力量がアップした。

(4) IMの活動を補完する取り組み

IMは企業からの要求に対して一義的に対応することを求められているが、より専門的な対応が必要な場合は前掲の図にあるように、IM自身が構築した幅広いネットワークを活用しながら解決を図ることが求められる。ただし、入居企業に対して随時さまざまなサービスを提供するには、入居企業と同居することの方がのぞましい。

MINATOインキュベーションセンター[7]（東京都港区）では、IMのほかに「NAVI（ビジョンビジュアルナビゲータ）」を置き、デザイン面からの支援も随時行っている（同BIでは「2サイドサポート」と称している）。NAVIを設置した背景として、起業家が実際にビジネスプランを作成する段階で、ビジュアル化してアピール度を高めることや、商品のデザインや販促のためのカタログやチラシにデザイン的な要素が重要となるが、これまでこれへの対応が不十分だったことがある。NAVIを配置したことで、事業計画書から販促ツールまで、デザインの切り口から支援を行っており、IMの活動と連動しながら効果的なイメージづくりに貢献している。

2. IM研修

(1) JANBOによる取り組み

IMが行う職務は属人的な要素が強く、IMによってインキュベート能力に差が出ることが予想される。もちろん、インキュベートの仕方はIMそれぞれであり、インキュベートの仕方に違いがあるのは当然である。問題なのは、インキュベートの仕方の違いではなく、インキュベート能力が低い場合である。インキュベート能力を一定レベルまで引き上げるのが研修であるが、経済産

図表 2-3 2006 年度 IM 研修シリーズの体系

研修レベル ↑	IM 実践力強化プログラム（先進インキュベータ滞在型、インストラクター指導型）	（BI）セミナー 海外ビジネス・インキュベーション	全国 IM ワークショップ	BI ステップアップ・プログラム
	IM 養成研修			
	ビジネス・インキュベーション（BI）計画・運営研修			
	ビジネス・インキュベーション（BI）基礎セミナー			

（出所）（財）日本立地センター新事業支援部「BI Review」第 4 号、2006 年 8 月。

業省では日本新事業支援機関協議会（JANBO）を通じて IM 研修を行っており、これまでに 400 人以上の IM を輩出してきた。研修メニューは毎年新しいものが加わっており、ここでは 2006 年度のメニューを見よう（図表 2-3）。

IM 研修は大きく七つのコースに分かれており、基礎から応用までレベルに応じて習得できるようになっている。入門コースが「ビジネス・インキュベーション（BI）基礎セミナー」で、BI や IM に関する基礎知識を習得する。「ビジネス・インキュベーション（BI）計画・運営研修」では、BI 施設の運営計画や経営計画を策定するための基礎を学習することを狙いとしている。次の「IM 養成研修」が IM になろうとする人向けの研修で、座学と OJT からなる 4 カ月の長期研修が用意されている。さらに、「IM 実践力強化プログラム」では IM としての実力をより高めるため、IM の実務経験者を対象に、先進的な BI に滞在したり（先進インキュベータ滞在型）、インストラクターが受講者の BI を訪問して指導に当たる（インストラクター指導型）などのメニューが用意されている。

このほか、海外の BI についての理解を深めるための「海外ビジネス・インキュベーション（BI）セミナー」、起業家成長促進の好事例や方策を参加者同士が提供し合うことで、お互いのノウハウを共有し合うことを目的とした「全国 IM ワークショップ」、既存 BI 施設が抱える課題解決に向けてアドバイザーを派遣する「BI ステップアップ・プログラム」などがある。

図表 2-4　IM 養成研修に関して

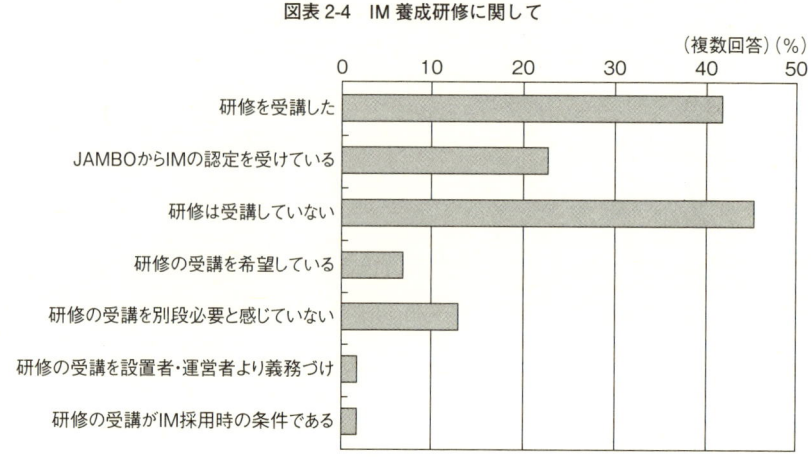

（複数回答）(%)

項目	割合
研修を受講した	約42%
JAMBOからIMの認定を受けている	約22%
研修は受講していない	約45%
研修の受講を希望している	約8%
研修の受講を別段必要と感じていない	約14%
研修の受講を設置者・運営者より義務づけ	約3%
研修の受講がIM採用時の条件である	約3%

（出所）兵庫県立大学経営学部ビジネス・インキュベーション調査プロジェクト委員会「ビジネス・インキュベーションに関する実態調査」2006年3月。

(2) IM 研修の認知度と受講実態

　わが国では JANBO による研修が全国的規模で行われ、数多くの研修修了者を輩出しているが、兵庫県立大学の調査によっても 97％ もの回答者が JANBO による IM 研修を「知っている」と回答している。しかし、実際の受講実態を見ると、「研修を受講した」よりも「研修は受講していない」の方が多くなるなど、認知度の割には実際の受講者は少ない結果となっている（図表 2-4）。

　この理由として、IM が国家資格でなないため、JANBO による研修が IM になるための要件になっておらず、IM 希望者はもとより、研修費用を負担する側の設置者や運営者の理解が不十分なことが考えられる。これには、これまで IM の職務は属人的要素が強かったため、IM 希望者の間にも OJT などでインキュベート能力を高めていかざるをえない、という考えがあり、研修を受けることに二の足を踏んでいることが考えられる。今後、より幅広く研修を受講してもらい、全体として IM スキルをレベルアップしていくことが求められるが、そのためには IM 研修を受けた人の成果を目に見えるかたちでアピールしていくことが重要である。また、詳しくは第 3 章で見るが、個々の BI の目標として、IM は入居企業育成に重点を置いているのに対し、設置者はそれに加え、地域活性化にも重点を置いていることがある。これまで、IM 研修は IM

としてのスキルアップを図ることに重点が置かれてきたが、今後、地域活性化を実践していく役割も期待されることから、より総合的体系的な研修の実施が求められる。

3. BI組織のインキュベート能力向上に向けた課題

　IMの業務はルーチン的に見えるが、実際には、相手の企業は業種、規模、ビジネスモデルなどさまざまであるほか、要求内容も一様ではないなど、どれ一つとして同じではない。そこで、IMはいきおいIMのもつ属人的要素を発揮して対応することになるが、問題は、BIに複数のIMがいた場合、入居企業にとってIMのレベルがあまりに違いすぎると、どのIMの支援が受けられるかで成功までの道のりが長くなったり、極端にはうまくいかないケースが出てくることである。また、いくら優れたIMであってもいずれは任期が終了したり、定年など退職する場合が出てくるため、一定のスキルをIM間で共有化する必要がある。IMのスキルはどちらかというと「暗黙知」的な要素も強いが、これを「形式知」化することが求められている。

　ここでは、IM個人のもつスキルをBI全体のインキュベート能力にまで高めるためにどのようなことをすればよいかを、野中のSECIモデルを用いて考察する。

(1) 野中のSECIモデル

　野中編[2002]によると、新たな知は「共同化（Socialization）」、「表出化（Externalization）」、「連結化（Combination）」、「内面化（Internalization）」の四つの変換モードによって生成される（以下、それぞれの語の頭の文字をとってSECIモデルと呼ぶ）。第1のモードは、暗黙知と暗黙知をつなぐ「共同化」であり、典型的には徒弟制度のもとで親方のノウハウを観察・模倣・訓練によって弟子が技能を体得するプロセスに見られるように、経験を共有することで個人の暗黙知から暗黙知を獲得することである。第2のモードは、暗黙知から形式知に変換する「表出化」であり、暗黙知を第三者にもわかりやすいように言語化・図像化するプロセスである。第3のモードは「連結化」だが、表出化によって明ら

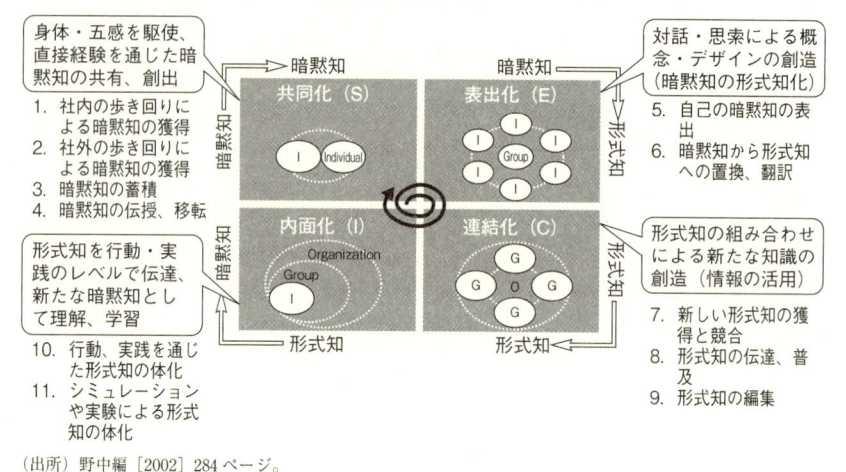

図表 2-5　SECI モデル

- 身体・五感を駆使、直接経験を通じた暗黙知の共有、創出
  1. 社内の歩き回りによる暗黙知の獲得
  2. 社外の歩き回りによる暗黙知の獲得
  3. 暗黙知の蓄積
  4. 暗黙知の伝授、移転

- 対話・思索による概念・デザインの創造（暗黙知の形式知化）
  5. 自己の暗黙知の表出
  6. 暗黙知から形式知への置換、翻訳

（共同化(S) / 表出化(E) / 内面化(I) / 連結化(C)）

- 形式知を行動・実践のレベルで伝達、新たな暗黙知として理解、学習
  10. 行動、実践を通じた形式知の体化
  11. シミュレーションや実験による形式知の体化

- 形式知の組み合わせによる新たな知識の創造（情報の活用）
  7. 新しい形式知の獲得と競合
  8. 形式知の伝達、普及
  9. 形式知の編集

（出所）野中編［2002］284 ページ。

かとなった言語や概念をより抽象度の高い組織のレベルの形式知に変換することが重要となる。ここでは分散した情報の断片を収集、分類、体系化することで、新たな形式知を生み出すことが可能となる。第4のモードは形式知を個人の暗黙知にスキル化する「内面化」のプロセスである。

　こうして、知の創造とは、個人の側面から見れば「不断なる自己超越のプロセス」であるとし、「共同化」、「表出化」、「連結化」、「内面化」の四つの変換プロセスを経ることで最初に個人がもっていた暗黙知は集団や組織に共有・正当化されて増幅され、より高次の次元で新たに展開されるとしている（野中編［2002］281～285ページ）。

(2) IM の暗黙知とその形式知化

　SECI モデルの要諦は、「暗黙知」と「形式知」がそれぞれに活動するのではなく、連動しながらより高次のものを目指していくところにある。これを IM と BI の活動に当てはめてみよう。

　IM の活動は属人的で「暗黙知」的要素が強い。例えば、IM には入居企業の販売促進を支援する業務があるが、どのように支援していくかはその IM の人的ネットワークや地元企業を含むさまざまな企業とのネットワークの広がり

とつながりの密度、行政やメディアとのパイプの有無やつながりがある場合の太さ、行政の支援メニューの有無、販売促進という職務に対するこれまでの経験などさまざまな要素が絡んでくるが、それをIM自身が最適と考える組み合わせを選び実施している。しかし、多くの場合、これらはIMの個人的なスキルとして暗黙知であり、表面に出てくることはない。

　SECIモデルで見た暗黙知を共同化するには、IM間でOJTを取り入れることがある。JANBOの「IM養成研修」においてもOJTが取り入れられているが、まさにこの共同化の作業に該当する。例えば、花巻市起業化支援センターの佐藤利雄氏は全国的にも有名なIMだが、彼のもとにはIM志望の人が"かばん持ち"として訪れ、佐藤氏の暗黙知であるノウハウを吸収して帰っている。

　次にSECIモデルでは共同化されたものを形式知として表出する作業に移るが、多くのBIではこれ以降の作業が実行されていないか、実行されているとしてもあまり効果的には行われていない。BIのなかでの現状を見ると、IMのもつスキルが個々人のスキルとして終わっており、暗黙知を形式知化するための努力がIM側はもとより、BIの設置者や運営者側にも不足しているのである。もちろん、IMも"日報"のようなものに活動記録を記載することがあるが、それは暗黙知としてのノウハウを伝授するための視点で書かれたものではなく、たんに出張旅費を請求するためのものだったり、管理者がIMを管理するための道具としての意味合いが強い。この点、他業界のケースだが、セブン・イレブンの取り組みは参考になる。同社は毎週火曜日に全国のスーパーバイザーを東京の本部に集め、各地でうまくいった取り組みを発表し合うことで、他の店舗でも採用することを企図して情報の共有化を図っている。暗黙知を形式知として表出し、それを組織として共有するには、言葉や文字を使って可視化することが重要で、そのためには費用を惜しまず、時間をかけて実施していることがわかる。

(3) BI側の形式知化に向けた課題

　IMを任期制で採用しているBIが多いことや、IMのなり手に前職を定年退職してなった人が多いことからも、いずれ次の人にバトンタッチする必要が生じる。そこで、SECIモデルをもとに、BIのインキュベート能力をいかに高め

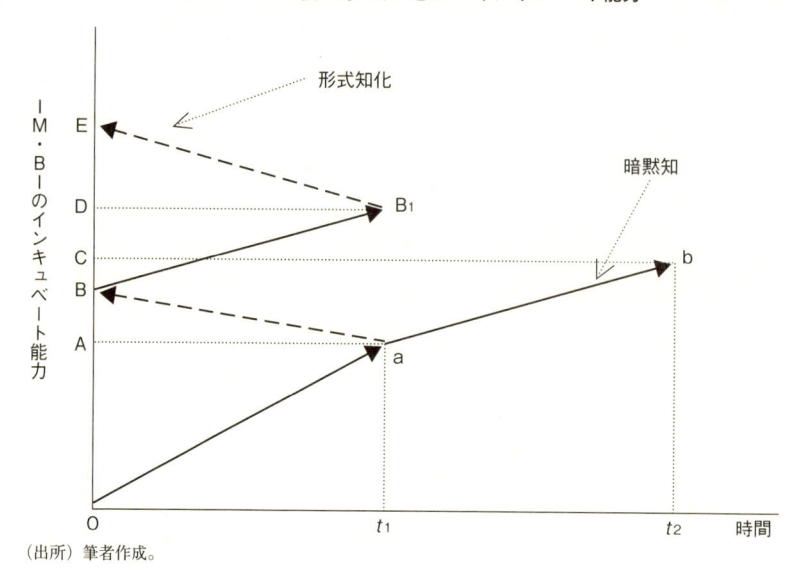

図表2-6　IMの個人的スキルとBIのインキュベート能力

　るかについて考えてみよう。

　図表2-6では、IMがBIでの経験を積むにしたがい、IMとしての能力が高まることを想定している。横軸はt期のIMのスキルを、縦軸はIMの能力とBIとしてのインキュベート能力を示している。IMとしての1期目の能力はOAで記されている。IMのもつスキルが個人の暗黙知としてのみ発揮されるのであれば、BIのインキュベート能力も同じくOAである。しかし、IMの暗黙知がBI組織のなかで翻訳・理解されることでIMの職務が理解され、やがてIMの活動を組織として支援する体制が形成されると、BIのなかで事務職であってもIM的な活動をしたり、IMに対する積極的な情報提供やIMの活動を支援することが期待される。そうすると、BIのインキュベート能力は、IM個人のインキュベート能力に加え、組織で対応する部分（AB分）が高くなり、OBとなる。

　IMの暗黙知を形式知化するための方策としては、BIの設置者や運営者がIMの活動に同行し、設置者や運営者がIMの活動を記録することが考えられる。これは、IM自身が記録すれば、あたりまえのこととして記録されないよ

うなことでも、第三者の視点で見ればそこがポイントであるというようなことが出てくることが考えられるからである。また、設置者や運営者がIMの仕事を実際に行動を共にすることで、より深いところで理解することができ、BI組織としてインキュベート能力を高めることが期待される。

次に、2期目のIMの軌跡はa→bで示しているが、1期目よりも傾きが緩やかになっていることに注意する必要がある。新しく獲得される能力は年数が増えるにしたがい逓減すると考えられるからである（もちろん、実際に逓減するのは2期目などの早い時期ではなく、もっと遅い時期になると考えられる）。この2期目において、もし、1期目と同様、IM個人の能力だけに頼るのであれば、BIとしてのインキュベート能力はOCで示される。

ここでも、1期目のIMのスキルがBIで翻訳されたあとの2期目について考えてみよう。1期目が終わった時点でBIのインキュベート能力はすでにOBとなっていることから、2期目はBを起点としてIMの活動（B→B_1）が加わる。ここで1期目と同じように、t_2期のスキルをBIで翻訳できれば、BIのインキュベート能力はOEとなる。2期目の段階で、IMだけのインキュベート能力に頼っているのであれば、BIのインキュベート能力はOCであるのに対し、BIで翻訳して周囲もIMの職務を補完したり支援を行えば、BIのインキュベート能力はOEとなり、より高いインキュベート能力が形成されることになる。

この図はまた、IMが定年などで代わった場合のことにも適用できる。すなわち、1期目と2期目でIMが異なっている場合を想定すればよい。1期目のIMのスキルが次のIMに継承されれば、次のIMによってもたらされるBIのインキュベート能力はOCとなるか、あるいは1期目のIMのスキルをBI組織がすでに翻訳しており、それらを引き継ぐかたちで次のIMが職務を実行すれば新たなIMによってもたらされるBIのインキュベート能力はOD（あるいは、それを組織で形式知化することができればOE）として示される。しかし、新しいIMにまったく継承されることなしに、一からスタートするのであれば、再びOから始めることになる[8]。

こうして、暗黙知であるIMのスキルをBIの設置者や運営者が共有することで、BIはより高いインキュベート能力を発揮することが可能となることから、BIにおいてはIMのもつ暗黙知を形式知化する努力が求められる。

【注】
1) 経済産業省地域経済産業グループ［2005］。なお、経済産業省の調査によれば、2004年現在、わが国には 332 の BI 施設が存在しているが、このなかには、インキュベーションマネジャー（以下、IM）のいない施設も 101 含まれている（経済産業省地域経済産業グループ［2004］）。
2) 経済産業省地域経済産業グループ［2005］。
3) 兵庫県立大学経営学部ビジネス・インキュベーション調査プロジェクト委員会が 2006 年 3 月に実施した調査（「ビジネス・インキュベーションに関する実態調査」）。調査対象は、経済産業省が 2004 年に調査した「ビジネス・インキュベーションによるイノベーション促進調査」において対象とした BI 施設のうち、①企業家に提供するオフィスなどの施設を有していること、②起業・成長に関する支援担当者（例えばインキュベーション・マネージャーなど）による支援を提供していること、③入居対象を限定していること、④退去企業に「卒業」と「それ以外」の違いを定めていることの四つの特徴をもつ 177 の BI 施設担当者とその BI で働く 279 人の IM。それぞれ宛先不明があったため、有効回答数は BI 施設担当者が 58 人（有効回答率 37.2％）、IM は 68 人（同 27.1％）であった。
4) 経済産業省ホームページ http://www.meti.go.jp/policy/local_economy/downloadfiles/Business_environment_prom_div/IM.html（採録、2007 年 1 月 29 日）。
5) 兵庫県立大学経営学部ビジネス・インキュベーション調査プロジェクト委員会「ビジネス・インキュベーションに関する実態調査」2006 年 3 月。
6) この結果、どこそこの BI には誰々の IM がいるといったように、IM の個人名が情報発信されることにもなっている。
7) 同 BI のビジョンには「The Incubator of Incubators」を、また、ミッションには「日本版ビジネスインキュベーションシステムの確立およびノウハウの全国発信」を掲げている。
8) 小出氏はヒアリングの際に、「入居者のためにどういうことをすれば、どういう結果が出るか、インキュベート事業を進めるなかで習得することができた。こうして確定された戦術は、忠実に履行すれば人が代わっても 6 割の成果は出る。あとの 4 割は 1 人で無理であれば複数ですればよい。また、新しい人のキャラクターで新しいことが生まれる可能性がある」といった主旨の発言をされた（2006 年 2 月 23 日の小出宗昭氏に対するヒアリングメモより）。

【参考文献】
経済産業省地域経済産業グループ［2004］"ビジネス・インキュベーションによるイノベーション促進調査報告書"「平成 16 年度経済産業省長期エネルギー技術戦略策定調査」。
─── ［2005］"高度技術産業集積地域状況等調査──インキュベータにおける企業支援実態調査編"「平成 16 年度経済産業省工業立地適正化等調査」。
小出宗昭［2006］「あなたの起業成功させます」サイビズ。
関満博・吉田敬一［1993］「中小企業と地域インキュベータ」新評論。

関満博・関孝子［2005］「インキュベータとSOHO」新評論。
(財)日本立地センター新事業支援部［2005・2006］「BI Review」No.1～No.4。
野中郁次郎編［2002］「イノベーションとベンチャー企業」八千代出版。
藤末健三・板倉宏昭・藤原善丞［2004］「イノベーション創出の経営学――ブランド・マネジメントからベンチャー・インキュベーションまで」白桃書房。
星野敏［2006］「ビジネス・インキュベーション」同友館。
三井逸友編著［2005］「地域インキュベーションと産業集積・企業間連携――起業家形成と地域イノベーションシステムの国際比較」御茶の水書房。

【追記】
　本稿は、文部科学省科学研究費助成金（基盤研究（C）：2005～2006年度課題番号17530292、研究課題名「インキュベーションを核とした自律的発展による産業クラスター形成に関する研究」、研究代表：岡本久之）の成果の一部である。本稿をまとめるにあたり、JAMBO、SOHOしずおか、花巻起業家支援センターの方々にお世話になった。あらためて御礼申し上げたい。ただし、本稿の内容に関してはすべて筆者の責任である。

第3章
ビジネス・インキュベーションと地域経済の活性化

池田 潔

1. なぜビジネス・インキュベーションが必要か

(1) 地域経済の現状と期待される新産業・企業の創出

わが国産業は、1985年のプラザ合意による円高以降、グローバル化対応を急速に進めた。すなわち、海外からの安価な製品輸入に対抗するため、自らも海外に生産拠点を移す動きを進展させたのである。その結果、多くの地域では、いわゆる産業の空洞化が生じた。また、この円高とほぼ時期を同じくして、開業率を廃業率が上回る状態が生じ、現在もその傾向が続いている。こうして、わが国経済を支える地域経済は、この間のグローバル化の進展によりダメージを受けたところが多かった。

ここで、地域経済が発展するにはどうすればよいかを地域とそれを構成する産業の視点から見てみよう（池田[2002]）。まず、地域に立地する産業を大きく「地域を形成する産業」と「地域に奉仕する産業」とに分ける。前者には製造業、卸売業、物流業、対事業所サービス業、農業、観光業などが属し、後者には小売業、対個人サービス業などが属する[1]。地域経済において、例えば、製造業は仕入れた原材料を加工・組立して部品や製品を造っている。このとき、原材料を仕入れたり、他の地域や国に販売したりする役割を担っているのが卸売業や物流業である。こうして、製造業、卸売業、物流業は他所から仕入れた原材料を、地域内で加工・組立をすることによって付加価値を高め、他所に販売することで域外からカネを稼ぐ。域外から流入したカネのいくらかは、

図表3-1 地域と産業

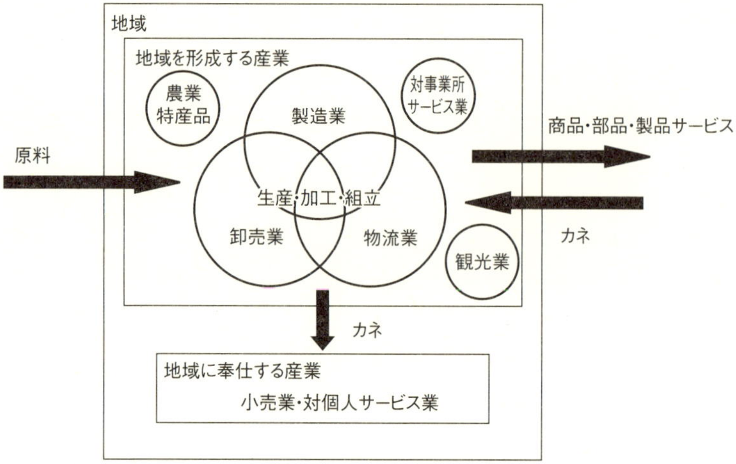

地域
地域を形成する産業
農業・特産品
製造業
対事業所サービス業
生産・加工・組立
卸売業
物流業
観光業

原料 →
← カネ
→ 商品・部品・製品サービス

↓ カネ

地域に奉仕する産業
小売業・対個人サービス業

（出所）筆者作成。

地域を形成する産業に従事する人たちの賃金となり、生活を支えるために地域に奉仕する産業に流れることになる（図表3-1）。

　為替レートが日本経済の実力に比べて円安気味に推移していたころ、わが国が加工貿易立国として栄えたことは記憶に新しい。それは取りも直さず、製造業が製品を海外に輸出することで、海外から多くの外貨を稼いでいたからに他ならない。それが、回りまわって小売業や対個人サービス業なども潤う図式が成り立っていたのである。近年の問題は、多くの地域において、「地域を形成する産業」が疲弊していることである。すなわち、大手の製造業のなかには、海外からの輸入品に押されリストラを余儀なくされたり、また自らの生産拠点を海外に移すところも多く見られた。その結果、「地域を形成する産業」に従事する人たちが人員削減などのリストラにより減少したり、賃金を切り下げられたりすることで「地域に奉仕する産業」に対する購買力が弱まり、多くの商店街で"シャッター通り"と呼ばれる状況を作り出すこととなった。

　こうした状況下で考えられる方策は、活力を失いつつある既存の「地域に奉仕する産業」に代わる「"新たな"地域に奉仕する産業・企業」の創出である。これには二つの考え方がある。一つは企業誘致であり、もう一つは内発的発展

である。企業誘致というと、三重県のシャープ（液晶テレビ）や北部九州のトヨタ、ニッサン、ダイハツなどの自動車産業の誘致が想起されるが、学研都市づくりの手法も人材の招聘という点で企業誘致に通じるところがある。例えば、北九州学術研究都市では、生命体と環境に関わる研究がシステムLSIと手を組み、新しい事業の可能性を探ることをうたっている。そのため、九州工業大学など地域内の研究者に加え、斯界の第一人者を東京など外部から招聘し、それによって要素技術の開発、およびシステム開発を通じて半導体製造関連や計測・環境対策などの地域の産業集積に作用させることで付加価値の高い製品やサービスを次々に生み出す地域システムの構築を目指している[2]。

一方、内発的発展では、地域中小企業や地場産業の育成・強化がこれまでの大きな方策であったが、本書でとりあげているビジネス・インキュベーション（以下、BI）もまた、地域内企業の第二創業や新規創業を支援する機関として、まさに「地域に奉仕する新たな産業・企業」を創出させる機能を担っているのである。すなわち、BIのインキュベータ事業により、これまでの地域を形成する産業に代わり、新たな地域を形成する新たな産業の育成を図ろうとしているのである。

(2) 新産業・企業に期待される売上・雇用増とイノベーションの活発化

新産業や企業が叢生すると、それらから売上が計上されたり、雇用創出が期待される。例えば、神戸市産業振興財団では「企業育成室」という初期成長段階の創業期企業や個人を支援するBI施設（室数10室）を93年度に開設した。06年度7月現在の卒業企業は34社で、現在の入居企業を合わせた売上高は約75億円、市内雇用数は418人にのぼっている。これは、前年度に比べ、売上高で約2.3億円増、雇用数で66人増となっており、着実な増加となっている。

また、かながわサイエンスパーク（KSP）は、工作機械メーカーの工場跡地に建設されたBI施設だが、工場操業時の雇用者数は200人程度であったとされ、それが現在では入居企業数約140社、従業者数約4200人と、約20倍の雇用を創出している。

このように、新産業・企業の創出は、地域内での売上の発生や雇用創出に大きな役割を果たしているが、これら産業・企業の創出により、技術革新にも大

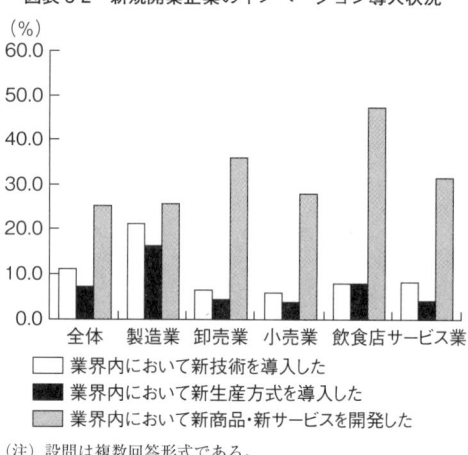

図表3-2 新規開業企業のイノベーション導入状況

(注) 設問は複数回答形式である。
(資料) 中小企業庁「創業環境に関する実態調査」2001年。
(出所) 中小企業庁「2002年版中小企業白書」。

きな貢献をしている。例えば、2002年版中小企業白書によれば、新技術や新生産方式の導入、新商品・新サービスの開発などのイノベーションの多くは新規開業企業によってもたらされている(図表3-2)。

2. BIの活動実態と地域経済

(1) BI設置の背景と目的

日本新事業支援機関協議会(以下、JANBO)によると、2004年現在のわが国のビジネス・インキュベーション施設(以下、BI)は177施設である。第1章で示されるように、設置数の多い都府県として、東京都(19施設)、大阪府(16施設)、福岡県(13施設)があり、逆に一つもない青森県、福井県、和歌山県、宮崎県、鹿児島県といった県も見られる[3](前掲の図表1-2を参照されたい)。また、BI事業の開始年は、99年以降が148カ所と全体の83.6％と大半を占めているが、これは98年10月に「新事業創出促進法」が制定されたこと、また、2001年5月に当時の平沼赳夫経済産業大臣が提唱した「大学発ベンチャー1000社構想」によるところが大きい。新事業創出促進法は、バブル崩壊後の

経済の閉塞感を打破し、雇用機会を確保するために新事業の創出に向けて制定された法律で、そのなかには新事業支援施設（本書で取り扱っているBI）を整備するものに対し、地域振興整備公団が出資を行うとある。したがって、同法施行後に多くのBI整備が進められたことがわかる。また、大学発ベンチャー1000社構想を受け、2005年度までに16の大学と連携した11の大学連携型起業家育成施設が整備されている[4]。

99年以前に設置されたものは、新事業創出促進法に則ったものではないが、システムハウスを育成するために、82年の「システムハウスセンター神戸」や、83年の「マイコンテクノハウス京都」のほか、各地のサイエンスパークがある[5]。サイエンスパークには、リサーチパークやテクノパークと呼ばれることもあり、そのなかにBIを有しているものが多い。例えば、89年12月に設置された「かながわサイエンスパーク」は、わが国で最初の都市型サイエンスパークとして知られるが、その設置にあたり86年に制定された民活法（「民間事業者の能力活用による特定施設整備促進に関する臨時措置法」）の認定を受けている。70年代までに、日本最大の工業県として発展した神奈川県は、80年代の産業構造の大きな変化を受け、重化学工業の衰退、産業の空洞化などの問題を抱えていた。課題解決のために推進されたのが、産業構造の高度化、いわゆる地域・技術集約型の産業構造への転換で、それに向けた戦略プロジェクトがかながわサイエンスパークであった[6]。このかながわサイエンスパークのなかに、BI機能を担う㈱ケイエスピーが立地している。㈱ケイエスピーのホームページを見ると、同社はかながわサイエンスパークの運営中核をなし、インキュベータとしてベンチャー企業を対象にインキュベーションを展開、創業から事業成長、株式公開までの各ステージにおいてハンズオン支援を行い、これまでに260社以上の新しい企業を生み育ててきた。1997年には、投資ファンドも組成し、ファンドをもつインキュベーションとして、国内でも数少ない成功プロジェクトの一つとして注目を集めている、とある[7]。

したがって、「システムハウスセンター神戸」や「マイコンテクノハウス京都」が設置された82、83年ごろは、プラザ合意前の本格的円高を迎える前であったこと、当時の開業率は廃業率を上回る健全な状態であったことなどとも重ね合わすと、それぞれ地域において当時勃興しつつあったシステムハウス

などの都市型産業の積極的振興のためにBIが設置されたことがわかる。これに対し、民活法が制定された86年以降は、技術革新、情報化および国際化といった経済環境の変化に対応するため、民間活力を活用してBIなどの基盤整備を図ろうとしたのである。

(2) 2種類の設置理由

ここで、自治体が設立に関与しているBIを中心に、設置理由をホームページから拾ってみると、「島屋ビジネス・インキュベータ」(大阪市)は、「技術開発とその実用化の推進、新分野開拓にチャレンジする研究開発企業の振興と創業まもない企業を支援するため」とある[8]。また、「メビック扇町」(大阪市)は、「単にオフィスを提供するにとどまらず入居者一人ひとりと密接なコミュニケーションをはかり、将来へのビジョンをカタチにするお手伝いをします。経営相談はもちろんのこと、地域企業との連携・交流を積極的に促進することにより、さまざまなメディアやネットワークにおける新たなビジネスチャンスを創出し、入居者の成長をトータルかつ強力にサポートしていくことをめざします」[9]とある。

一方、これとは別に、「花巻市起業化支援センター」(花巻市)では、「高度な技術を保有する「研究開発型起業」と、新たに事業を展開しようとする「ベンチャー企業」を育成し、特色ある地域企業の創出と地域産業の発展に資する」[10]とある。また、「北九州テレワークセンター」(北九州市)は、「北九州地域における情報関連系ベンチャー企業の創業及び成長を支援する。情報関連産業における新事業創出を通じて、北九州地域の雇用創出、地域経済活性化に寄与する」[11]とある。

これら設置理由にあえて違いを見ると、前者は入居企業の育成を目的として捉えているのに対し、後者は、ベンチャー企業の育成は手段として捉え、その結果としての地域経済の活性化を目的としている点に違いがある。前者、後者ともに自治体が関与しているBIだが、どこまでをBIにおけるインキュベート事業の目的とするかで、所属IMへの期待と役割、さらにはIMに対する評価の面で違いが生じると考えられる。なぜなら、インキュベート事業を実際に中心となって行うのがIMであり、また、第2章で見たように、任期制で雇用

されているIMが多いが、その評価にも影響を与えると見られるからである。

(3) インキュベート事業の成果と問題点
①入居、卒業企業の売上と雇用

BIからの成果として、入居企業の売上と雇用面から見よう。2004年のJANBOの調査によれば、BI入居時にすでに売上を計上していた企業を対象に、直近の売上高と入居時の売上額との年平均増加率を見ると、「増加」している企業が61.3％、「減少」している企業が25.0％と、増加している企業が減少している企業を大きく上回っている。また、増加企業のうち、増加率が30％以上ある企業が42.5％あり、支援活動の成果が現れているとしている[12]。

雇用創出についても、一般の新規開業企業が1.1人であったのに対し、BIのなかでIMの支援を受けた企業は2.0人と約2倍になっている[13]。

ちなみに、「神戸市産業振興財団」（施設などの詳細は第5章）は「創業準備オフィス」、「スモールオフィス」、「企業育成室」の3タイプの創業支援施設を有する機関だが、このうち、企業育成室に入居・卒業企業の直接的な経済効果は、2006年7月末現在の入居企業9社、卒業企業34社の合計で、売上高合計が約75億円、雇用創出数が418人となっている。これは、3年前の2003年7月現在が売上高約65億円、雇用創出数277人であったから、同施設のインキュベート事業の成果は着実に上がっていると言える。

②卒業企業数と地元定着率

第1章で見たBIとして四つの特徴を満たす177施設のうち、卒業企業があるのは95施設で、卒業企業数の累計は1437社である。それら企業の平均入居率は32カ月で、地元定着率は85.9％となっている[14]。先の神戸市産業振興財団によると、卒業企業34社のうち、市内定着企業が29社（79％）で、市外は7社となっている。

これら数値が高いか低いかは議論の分かれるところではある。卒業企業の地元定着率といっても、もともと入居から卒業までの年数が3年とか5年といった比較的短い期間であり、企業のライフサイクルからすると成長の初期段階にしかすぎない。本格的に成長するのはこれからということもあり、地元でしば

らく力を蓄えたあと、どこかに移転する可能性もある。また、もともとの入居企業にはそもそも第二創業企業も含まれていることにも注意する必要がある。それらのことを差し引いて議論する必要があるが、約8割が地元に定着しているという事実は、行政などの設置者側からすると評価される数値であろう。

③ BI事業の掲げる目標と達成度とのギャップ

兵庫県立大学の調査によれば、インキュベータ施設の目標（重要度）として、設置者とIMが上位（5段階評価で4以上と評価の高かったもの）に掲げた項目に、「入居企業の売上高の増大」、「入居企業同士のネットワーク構築の促進」、「新規産業の育成」、「新規ベンチャーの起業の促進」、「入居企業の外的ネットワーク構築の促進」、「卒業企業の卒業後の存続率」、「卒業企業の地元への定着率」などがある（図表3-3）[15]。一方、達成度という点で見ると、実際の達成度が重要度を上回ったものは「インキュベータ事業としての採算性」だけで、他の項目ではすべて下回っていた。また、重要度というでは高い目標を掲げていたにもかかわらず、実際の達成度との間に大きな乖離があったものに、「新規産業の育成」、「入居企業の売上高の増大」、「新規ベンチャー企業の起業の促進」、「地域における税収の増大」、「地域における新規雇用者数の増大」、「入居企業同士のネットワーク構築の促進」といった項目が挙げられている。

唯一、「インキュベータ事業（例：テナント事業）としての採算性」の項目の達成度が重要度を上回ったが、インキュベータ事業には多くの課題があることを示している。そうしたなか、インキュベータ事業の採算性だけが重要度を上回るほどに達成できたことは、BI事業を一つの営利活動として見れば満足いく回答ともとれる。しかし、一方でこの回答の対象には公的なBI施設も含まれていることからすれば、この項目の達成度だけが重要度を上回ったという結果に対して、それでは単なる貸しオフィス業とかわらず、インキュベータ事業としては不十分との批判は免れないことにもなる。

④設置者とIMとの間の評価軸に関する齟齬

BIの設置者を見ると、自治体が出資しているケースが多いが、税金を投入している以上、将来的な税金の還元、雇用増を期待してのことである。この点

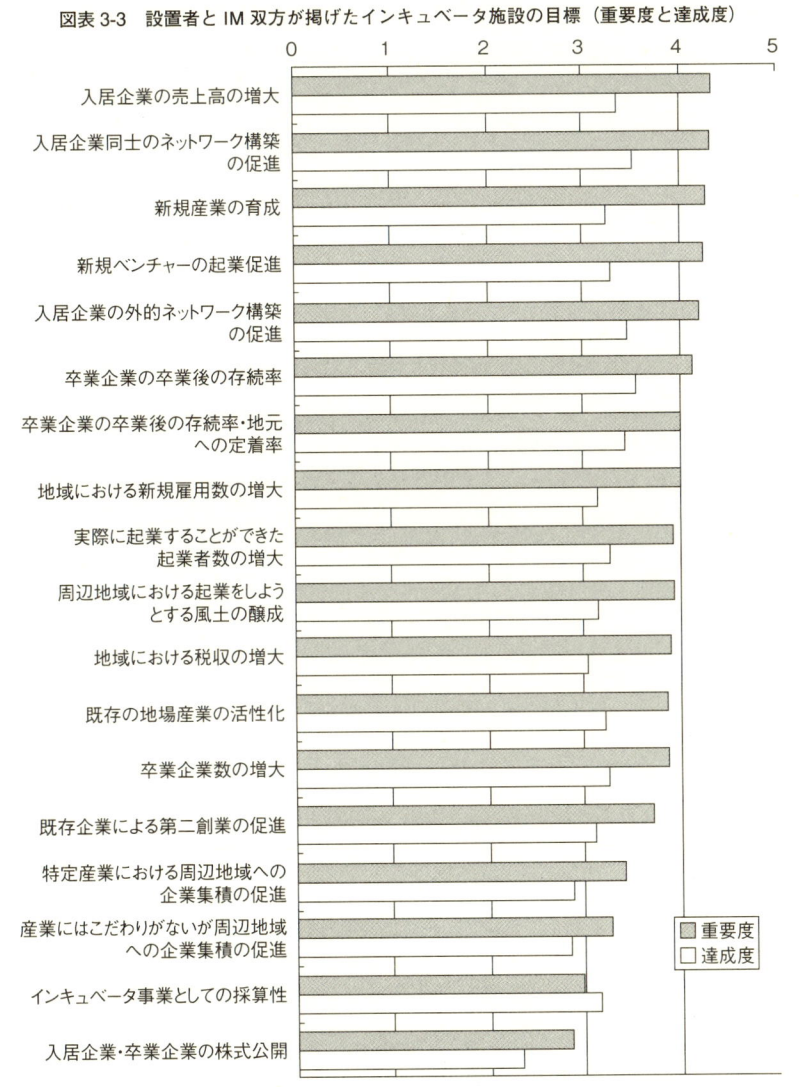

第3章 ビジネス・インキュベーションと地域経済の活性化　43

図表3-3　設置者とIM双方が掲げたインキュベータ施設の目標（重要度と達成度）

項目	重要度	達成度
入居企業の売上高の増大	4.4	3.5
入居企業同士のネットワーク構築の促進	4.3	3.5
新規産業の育成	4.3	3.3
新規ベンチャーの起業促進	4.2	3.4
入居企業の外的ネットワーク構築の促進	4.2	3.3
卒業企業の卒業後の存続率	4.1	3.3
卒業企業の卒業後の存続率・地元への定着率	4.1	3.2
地域における新規雇用数の増大	4.0	3.0
実際に起業することができた起業者数の増大	3.9	3.3
周辺地域における起業をしようとする風土の醸成	3.9	3.1
地域における税収の増大	3.9	2.9
既存の地場産業の活性化	3.8	2.8
卒業企業数の増大	3.8	3.0
既存企業による第二創業の促進	3.7	2.9
特定産業における周辺地域への企業集積の促進	3.5	2.8
産業にはこだわりがないが周辺地域への企業集積の促進	3.4	2.9
インキュベータ事業としての採算性	3.2	2.8
入居企業・卒業企業の株式公開	3.0	2.3

（注）重要度（達成度）の評価は5段階で（1＝まったく重視（満足）していない、3＝どちらとも言えない、5＝非常に重視（満足）している）で、3が中立の回答である。したがって、3を基準としたときのそれぞれのスコア、重要度と達成度が重要な指標となる。
（出所）兵庫県立大学経営学部ビジネス・インキュベーション調査プロジェクト委員会「ビジネス・インキュベーションに関する実態調査」2006年9月。

図表3-4　IMと設置者（行政）による重点項目・評価基準の違い

	IMの視点	設置者（自治体）の視点
重点項目	・入居企業育成	・入居企業育成 ・地域活性化
評価基準	・入居企業の売上増、雇用増	・入居企業の売上増、雇用増 ・入居率の上昇、卒業者数の増加 ・地域定着率、地域企業との取引の高まり

(出所)筆者作成。

からすると、先の調査結果にもあるように、卒業企業の地元定着率が8割であったり、実際の雇用も増加したというのは自治体としてもかなり満足がいく成果と言える。問題は、設置者のインキュベート事業に対する評価軸とIMの評価軸との間の齟齬に関してである（図表3-4）。

つまり、多くのIMにとって入居企業の育成こそが重点項目であり、設置者が考える地域活性化といったものにはそれほど関心がないのではないか、仮にあったにしてもそれは二義的なものにすぎないのではないか、また、インキュベート事業を一つの事業として捉えた場合、設置者側は入居率や卒業者数など「施設の効率的利活用」といった点を重視しがちであるが、IM側の関心は低いのではないか、というのがそれである。例えば、入居企業の有するシーズやニーズに対するマッチングを考えてみよう。シーズとニーズがどちらも同一地域にある場合、地域経済の活性化に直接的に寄与すると言える。しかし、同一地域にない場合（むしろ、地方に行けばこの割合の方が高いと思われる[16]）、熱心なIMであれば、地域外の企業ともマッチングを図ろうとするが、取引によるメリットは地域外にも及ぶ。

もちろん、地域外の企業にもメリットが及んだからといって、設置者がそれにめくじらを立てなければ問題はない。実際、多くの設置者はそのことに関して寛容である。その場合でも、"地域経済の内発的発展"という視点で見た場合、すべての取引が域内で完結するわけではないが、"道州レベル"のような広域的地域を設定し、そのなかでのマッチングが行われることが今後の課題として挙げられる。

3. 地域経済の活性化に向けたBIの課題

(1) 地域の既存企業との取引拡大

　地域経済活性化のルートとして、①入居企業が利益を増やすことによる納税額の増加、②新規雇用創出のほか、③地域既存企業と入居企業・卒業企業との取引の増加、④入居企業・卒業企業が生み出したイノベーションを基礎に新産業の形成、といったことが考えられる。

　ここでは地域の既存企業との取引について見る。既存企業との取引を活発化して地域経済の活性化を図るには、単に入居企業の支援だけを行っていたのでは片手落ちである。BIの活動（実際にはIMの活動）として、積極的に地域既存企業と入居企業とのビジネスマッチングを行う必要がある。例えば、「SOHOしずおか」では入居企業の商品を全国区の商品とするため、地域既存企業と組んで企画を練り、情報発信することで数多くの成功実績を上げている。また、「メビック扇町」でも周辺地域に多く立地するITやメディア関係の企業と、入居企業に多いそれら業種の卵である起業家とを結び付けることで、入居企業の起業と地域の活性化を結び付けようとしている。さらに、「彩都バイオインキュベータ」の入居企業が地元企業に製造装置の開発を依頼する話が第5章で紹介されているように、実際にBI入居企業と地域企業との取引が見られる。

　こうした入居企業と地域企業との取引が拡大することには二つの意味がある。一つは、そうした入居企業と複数の地域企業とが取引を行うようになれば、入居企業はその地域を離れがたくなる。すなわち、地域の産業構造にビルトインされるのであり、入居企業の活躍が地域経済の浮揚につながる。もう一つは、それら取引がその地域で拡大していくことで、クラスターの形成が期待される。例えば、彩都バイオインキュベータは「バイオ」が名称に含まれているように、バイオ産業の育成によってクラスターの形成を目指しているのである。また、メビック扇町もBI周辺の情報関連産業の集積と結び付くことで、クラスターの形成が期待される。

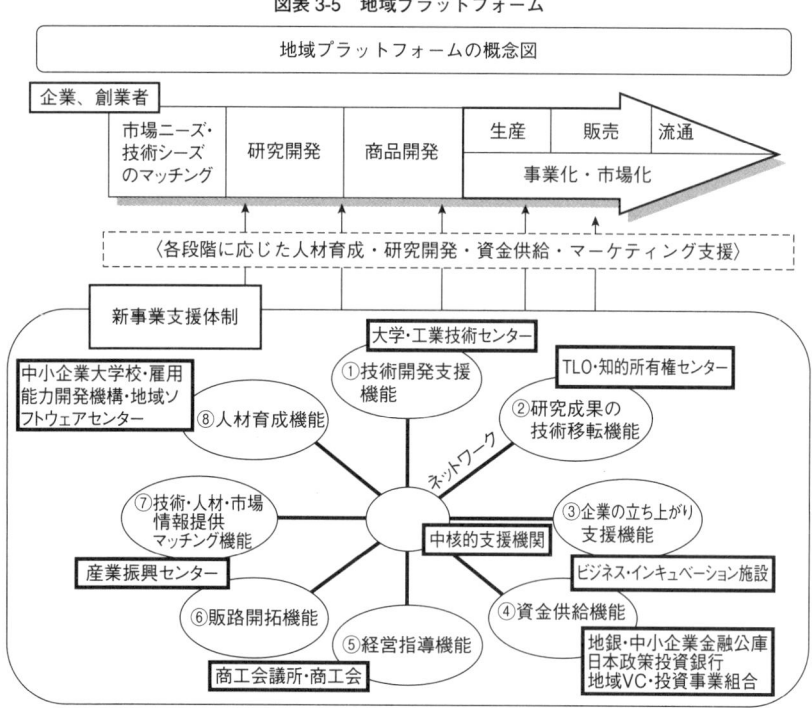

図表 3-5　地域プラットフォーム

地域プラットフォームの概念図

企業、創業者　市場ニーズ・技術シーズのマッチング　研究開発　商品開発　生産　販売　流通　事業化・市場化

〈各段階に応じた人材育成・研究開発・資金供給・マーケティング支援〉

新事業支援体制

- 中小企業大学校・雇用能力開発機構・地域ソフトウェアセンター
- ⑧人材育成機能
- 大学・工業技術センター
- ①技術開発支援機能
- TLO・知的所有権センター
- ②研究成果の技術移転機能
- 中核的支援機関（ネットワーク）
- ⑦技術・人材・市場情報提供マッチング機能
- 産業振興センター
- ③企業の立ち上がり支援機能
- ビジネス・インキュベーション施設
- ⑥販路開拓機能
- ⑤経営指導機能
- ④資金供給機能
- 商工会議所・商工会
- 地銀・中小企業金融公庫　日本政策投資銀行　地域VC・投資事業組合

（出所）経済産業省ホームページ（http://www.meti.go.jp/local_economy/downlodfiles/Business_enviroment_prom_div/PLATFORM.html）。

(2) 関連機関との連携

地域経済の活性化を考えるときにさまざまなスキームがあるが、上で見たクラスター形成もその一つである。このほか、「新連携」なども地域経済の活性化を図る一つのスキームと捉えることができる。このように、地域経済の活性化を考える際に、いくつかのスキームが用意されており、以下で述べる「地域プラットフォーム」もその一つである。これは、1999年2月に施行された「新事業創出促進法」のなかで、「地域プラットフォームの体制づくり」として盛り込まれたもので、自治体が主体となってテクノ財団、中小企業振興公社などを中心に、産業支援機関を統合・ネットワーク化し、中核となる支援機関に政策資源の投入を図ることで、地域のポテンシャルを活用しながら、新事業の創出を図るとある。図表3-5にも、新事業支援体制の一員としてBIが位置づけ

られるなど、よく考えられた構成となっている。

ここでの問題は、各機関がそれぞれの業務に忙殺され、また、構成メンバーの数がかなりの数になることもあり、実質的な連携体になっていないことがある。それぞれの機関はそれぞれの目的のもとに設立され活動してきたが、地域経済を活性化させるという一大目標が画餅にならないよう、中核的支援機関のリーダーシップの発揮と各機関の協力による連携強化により、地域プラットフォーム事業を実効あるものにしていくことが求められる。これには第2章でも触れたように、地域活性化に向けたIMの新たな役割が期待される。

(3) ポストBI政策の拡充

インキュベート事業は、第1章でも見たように、大きく「プレ・インキュベーション」、「メイン・インキュベーション」、「ポスト・インキュベーション」に分けられるが、これまでのところ、問題・課題はあるにせよ、前2者についてはかなりの程度進められてきた。問題はBIの卒業企業に対するポスト・インキュベーション事業の取り組みが遅れていることである。地域経済の活性化を考えるには、卒業後も地域での活動を続けてもらう必要がある。このためには、卒業企業が操業できるような立地場所の整備など、ハード面の充実を図るほか、卒業間もない企業に対しては経営指導や販路開拓などのソフト面でも引き続き支援していくことが望まれる。

こうした支援は、現行の既存中小企業に対する支援メニューの活用と重なるところも多く、行政との連携強化が重要な課題となる。

(4) IMの拡充

第2章で見たように、IMの職務内容は多様であり、多くの経験を必要とする。入居企業側からすると、必要なときに必要なアドバイスが得られるのは当然として、入居企業が思いもしなかったことを気づかせてくれるような存在が求められる。入居企業に対する支援を機械的に処理することが職務なのではなく、常日頃の活動において時間を割いて構築した人間関係が信頼を生み、腹を割って話ができるからこそ、思わぬ"気づき"が生まれるのである。

現在、常駐のIMがいるBIは約6割である。もちろん、なかには複数のIM

がいる BI もあるが、1人の IM で対応している BI が多い。したがって、IM 1人が担当する入居企業の数は多くなり、IM の拡充が求められる。この不足を埋める人材として、2007 年問題としてとりあげられている団塊の世代に大きな期待が寄せられる。

【注】
1）小売業のなかでも大型ショッピングセンターや百貨店などは、他地域から顧客を呼び寄せるため厳密には「地域を形成する産業」に属するが、ここではそこまでの区別をしていない。
2）http://cluster.ksrp.or.jp/sub/page/contents.asp？id=0002&key=&rdoOtion=（2006年9月24日）
3）もっとも、これらの県にもインキュベーション施設がまったくないかというとそうでもない。本文中に記した四つの特徴を満たしているものの数が 177 施設ということで、例えば、和歌山県には「スタートアップオフィス」が存在する。
4）法律の根拠は「新事業創出促進法」である。
5）関満博［2005］13 ページ。なお、日本で最初のインキュベート施設は 82 年に設置された「システムハウスセンター神戸」や 83 年の「マイコンテクノハウス京都」とされる。前者は阪神淡路大震災により消失し、詳細は不明であるが、後者は京都市が戦略産業としてのシステムハウスに注目し、その育成のため、京都の久世工業団地の宿舎を改装して提供したものである。なお、このマイコンテクノハウス京都は別に新たな BI が設置されたこともあり、2007 年に閉鎖されることとなった。
6）KSP ホームページ http://www.ksp.or.jp/about_ksp/about.html（2006 年 9 月 24 日）
7）http://www.ksp.or.jp/about_ksp/ksp.html
8）http://toshigata.ne.jp/sbi/outline.html
9）http://www.mebic.com/concept/
10）http://www.incubate.city.hanamaki.iwate.jp/info/info_01.html
11）http://www.k-twc.gr.jp/about/index.html
12）日本新事業支援機関協議会　事務局長代理梶川義実氏とのインキュベーション研究会時の資料「わが国における BI の現状と展望」（2006 年 9 月 29 日、於：大阪商業大学）による。
13）同上。
14）経済産業省地域経済産業グループ「我が国の今後の BI 施策の方向性と戦略について」2005 年 6 月。
15）第 2 章の注 3）を参照のこと。
16）これについては、地方の BI にてヒアリングした結果による。地方ではその地域内で調達先が見つからない場合も多く、調達先や販売先は域外に向けられる。

【参考文献】

池田潔［2002］『地域中小企業論』ミネルヴァ書房。
経済産業省地域経済産業グループ［2005］"高度技術産業集積地域状況等調査――インキュベータにおける企業支援実態調査編"「平成16年度経済産業省工業立地適正化等調査」。
―――［2004］"ビジネス・インキュベーションによるイノベーション促進調査報告書"「平成16年度経済産業省長期エネルギー技術戦略策定調査」。
関満博・吉田敬一［1993］『中小企業と地域インキュベータ』新評論。
関満博・関孝子［2005］『インキュベータとSOHO』新評論。
㈶日本立地センター新事業支援部（2005・2006）『BI Review』第1号～第4号。
野中郁次郎編［2002］『イノベーションとベンチャー企業』八千代出版。
藤末健三・板倉宏昭・藤原善丞［2004］『イノベーション創出の経営学――ブランド・マネジメントからベンチャー・インキュベーションまで』白桃書房。
星野敏［2006］『ビジネス・インキュベーション』同友館。
三井逸友編［2005］『地域インキュベーションと産業集積・企業間連携――起業家形成と地域イノベーションシステムの国際比較』御茶の水書房。

【追記】

　本稿は、文部科学省科学研究費助成金（基盤研究（C）：2005～2006年度課題番号17530292、研究課題名「インキュベーションを核とした自律的発展による産業クラスター形成に関する研究」、研究代表：岡本久之）の成果の一部である。

第4章

ビジネス・インキュベーションと
地域クラスターの形成

西井進剛

　これまで考察してきたように、日本におけるビジネス・インキュベーション（以下、インキュベーションと略記する）の特徴の一つは、地域産業政策、およびその上位目標としての国家レベルでの産業政策との関連性の高さにある。

　そして、その政策の背景にある考え方は、首都圏から地方への産業再配置の促進を果たし、所得や雇用機会の地域間格差の解消を狙いとする「産業立地」から（江見・関［2005］、二神［2005］）、各地域における人的ネットワークの形成を核としてイノベーションを創出する環境を整備し、内発型の地域経済活性化を狙いとする「地域の自律的発展」へと大きな変化を遂げた（西井［2006b］）。

　その結果、現在では、インキュベーションは、個々の施設単位の活動に留まらず、地域インキュベーション・システム（星野［2006］；以下、地域インキュベーションと略記する）として、地域クラスター[1]形成における重要な構成要素として位置づけられるようになった[2]。インキュベーションの「点から面」への拡がりである。

　したがって、インキュベーションを核とした自然発生的な地域クラスターが形成され、地域の自律的発展が達成されることが望ましい。

　インキュベーションが個々の施設単位の活動の枠を超え、地域全域へと拡がりを見せ、地域にアントレプレナーシップが深く埋め込まれるようになる。創業に果敢に挑戦する起業家が輩出される。同時に、既存企業も経営革新、第二創業に取り組むことで新たな価値を創造しようとする。こういった企業が、やがて群（房）を成し、地域固有の特殊的な優位性を構築するようになり、自然発生的な地域クラスターの形成につながる。こうして、内発型の地域の自律的

発展が達成される。

これは、インキュベーションの発展、地域クラスターの形成における一つの理想型であり、その実現に至る道筋の検討が、本章での問題意識でもある[3]。

しかし、現実的には、地域の置かれている実状に則して、上記のようなシナリオの実現を阻害するさまざまな要因があると考えられる。例えば、当該地域における、インキュベーション事業の成熟度、既存産業や産業集積の存在、地域クラスター形成のための取り組み方の違い、などである。

以下、本章の目的として、「どうすればインキュベーションの発展と地域クラスターの形成が有機的に結び付くことができるのか」、という点について考察していきたい。

1. 地域クラスター形成におけるインキュベーションの現状

(1) クラスター計画におけるインキュベーションの位置づけ

インキュベーションをとりまく政策的な系譜において、大きな転換点を迎えたのが、新事業創出促進法の制定（1998年）、同法に基づいて着手された地域プラットフォーム事業であった（第1章、第3章参照）。この事業によって、インキュベーション施設単体ではなく、その他支援機関も含めたネットワーク化による地域インキュベーションのあり方が示され、かつそれが一定の効果をもつことが実証されたと言える[4]。

同事業は、「プレ産業クラスター計画」（江見・関［2005］、二神［2005］）、「初期の産業クラスター計画」（松島・坂田・濱本［2005］）として位置づけられ、その後、より直接的な地域クラスター形成政策として、「産業クラスター計画」（2001年）、「知的クラスター創成事業」（2002年）へと引き継がれていった。

現在、産業クラスター計画は、第Ⅱ期（2006〜2010年度）が進行中であり、大きく八つの政策メニューがその骨子となっている（図表4-1参照）。その一つに、「起業支援（ビジネス・インキュベーション）との連携」が掲げられている。インキュベーション・マネージャーを核として、起業家、卒業企業などの間でネットワークが形成、強化され、これが起業、創業に積極的な効果をもたらすこと、形成されたネットワークをクラスターのコア／拠点として組み込んでい

第4章　ビジネス・インキュベーションと地域クラスターの形成　53

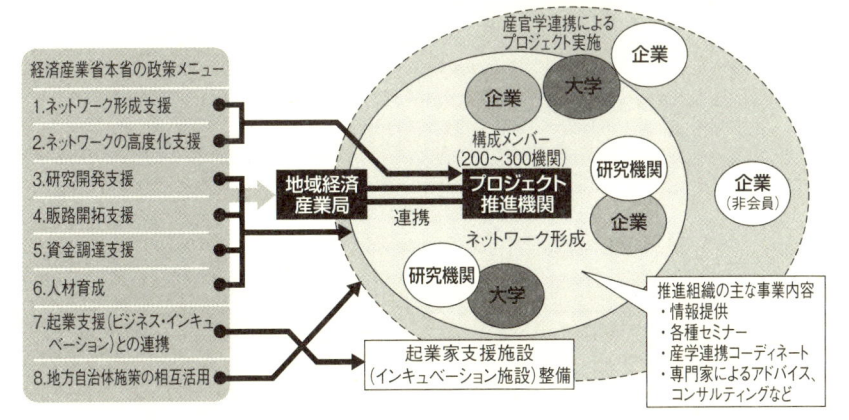

図表4-1　産業クラスター計画における事業の構図

(出所) 産業クラスター計画のポータルサイト (http://www.cluster.gr.jp/plan/promote.html) より筆者作成。

くこと、が目指されている。

　一方、知的クラスター創成事業においても、事業策定の当初より、基本的な考え方として、国や自治体、あるいは民間資本等により整備されたインキュベーション施設やリサーチコア、地域プラットフォーム、国立大学の共同研究センターなどの既存の施設や政策を有効活用することが明記されていた。対象地域の選定においても、産業、自治体、大学、市民などとの協働体制の存在として、地域プラットフォームの存在の有無、インキュベーション施設などの創業インフラの存在が評価基準とされていた[5]。

(2) インキュベーションの現状

　このように、現在進行中のクラスター計画において、インキュベーションは、その構成要素の一つとして重要な役割を担っている。しかし、実際には、個々のインキュベーション施設、ならびに地域インキュベーションが、クラスター計画とうまく連携がとれているか、あるいは自らが積極的に地域クラスター形成に取り組んでいるか、といえば、なかなか難しいのが現状のようである。

　兵庫県立大学の調査[6] (第3章参照) によれば、インキュベーション施設の

図表4-2　インキュベーション施設の地域産業政策的な目標（重要度）

	度数	平均値
周辺地域内にある大学・研究機関との連携	56	4.09
地域のインキュベーション施設以外の支援機関との連携	56	4.00
地域の産業ビジョンと連動したインキュベーション施設の運営	56	3.75
地方自治体単位の産業クラスター形成計画との連携	56	3.70
周辺地域外にある大学・研究機関との連携	56	3.59
周辺地域内にある他インキュベーション施設との連携	55	3.58
産業クラスター計画（経済産業省主導）との連携	56	3.50
周辺地域外にある他インキュベーション施設との連携	55	3.36
知的クラスター計画（文部科学省主導）との連携	56	3.29
地域プラットフォーム体制（都道府県）の構築	52	3.17

（注）評定には5件法（1＝まったく重視していない、3＝どちらとも言えない、5＝非常に重視している）を用いている。
（出所）兵庫県立大学調査（西井［2005］）より筆者作成。

　目標については、「入居企業の売上高の増大」、「卒業企業の卒業後の存続率」、「卒業企業の地元（施設が所在する都道府県内）への定着率」といったような、具体的に定量化できる目標が重視されていることがわかる。また、インキュベーション事業の基本的な業務として、入居企業のネットワーキングの促進が位置づけられていることがわかる。

　一方、達成度を見てみると、4点台の項目はなく、なかなか目標が達成できない現状が窺われる。とくに「入居企業の売上高の増大」は、重要度では1位であり4.35という高い数値となったが、達成度では3.34と1ポイント以上の開きが見られる。また、注目すべきは、「特定産業における周辺地域への企業集積の促進」、「産業にはこだわりがない周辺地域への企業集積の促進」という地域クラスター形成に関わる項目である。それぞれ、重要度においては、3.40、3.28、達成度においても、2.87、2.85と低いポイントとなった。

　インキュベーション施設が重視している地域産業政策的な目標については、すべての項目において3点を超えており、一様に重視されていることがわかる（図表4-2参照）。上位3項目は、「周辺地域内にある大学・研究機関との連携」（4.09）、「地域のインキュベーション施設以外の支援機関との連携」（4.00）、「地域の産業ビジョンと連動したインキュベーション施設の運営」（3.75）となった。

　達成度が高かった上位3項目は、「地域のインキュベーション施設以外の支援機関との連携」（3.60）、「周辺地域内にある大学・研究機関との連携」（3.38）、

第4章　ビジネス・インキュベーションと地域クラスターの形成　55

図表4-3　インキュベーション施設の地域産業政策的な目標(達成度)

	度数	平均値
地域のインキュベーション施設以外の支援機関との連携	55	3.60
周辺地域内にある大学・研究機関との連携	55	3.38
地域の産業ビジョンと連動したインキュベーション施設の運営	55	3.33
周辺地域内にある他インキュベーション施設との連携	54	3.15
地方自治体単位の産業クラスター形成計画との連携	55	3.13
産業クラスター計画(経済産業省主導)との連携	55	3.13
周辺地域外にある大学・研究機関との連携	55	3.04
知的クラスター計画(文部科学省主導)との連携	55	3.02
地域プラットフォーム体制(都道府県)の構築	51	2.98
周辺地域外にある他インキュベーション施設との連携	54	2.98

(注)評定には5件法(1＝まったく満足していない、3＝どちらとも言えない、5＝非常に満足している)を用いている。
(出所)兵庫県立大学調査(西井[2005])より筆者作成。

「地域の産業ビジョンと連動したインキュベーション施設の運営」(3.33)となった(図表4-3参照)。達成度が最も低かった項目は、「周辺地域外にある他インキュベーション施設との連携」(2.96)、次いで「地域プラットフォーム体制(都道府県)の構築」(2.98)となり、この二つの項目だけが、平均値が2点台の項目となった。とくに、「地方自治体単位の産業クラスター形成計画との連携」が、重要度では上位4位であったにもかかわらず、重要度と達成度の差では、2番目に大きな開き(0.56ポイント)を見せた。

2. 地域クラスター形成における問題

(1) インキュベーションの発展段階モデル

　このように、インキュベーションの現状としては、個々のインキュベーション施設にとっては、「入居企業の売上高の増大」といった具体的な目標が重視され、地域クラスター形成に関する目標は優先順位が低いことがわかる。地域産業政策的な目標は、全体的には重視されていると言えるが、地域インキュベーションの実現、クラスター計画との連携はなかなか進捗していない様子が窺われる。

　こういったインキュベーション施設の現状、地域クラスター形成における問題は、次のような地域クラスター形成へ至るためのインキュベーションの発展

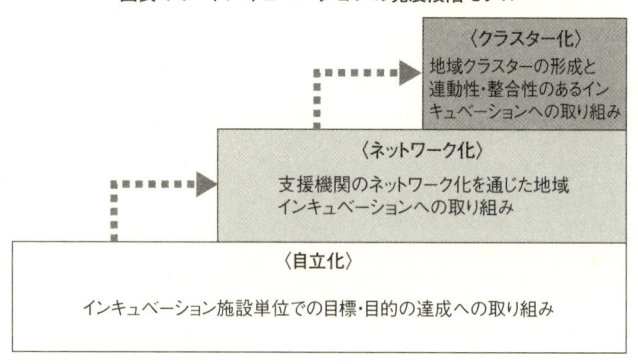

図表4-4　インキュベーションの発展段階モデル

〈クラスター化〉
地域クラスターの形成と連動性・整合性のあるインキュベーションへの取り組み

〈ネットワーク化〉
支援機関のネットワーク化を通じた地域インキュベーションへの取り組み

〈自立化〉
インキュベーション施設単位での目標・目的の達成への取り組み

(出所) 兵庫県立大学による調査結果 (西井 [2006b]) を踏まえて、筆者作成。

段階モデル[7]を想定すると理解しやすいだろう (図表4-4参照)。

　第1段階は、「自立化」の段階である。これは、個々のインキュベーション施設が自らの定める具体的な目標・目的を達成しようとする段階である。調査結果からも示唆されるように、「入居企業の売上高の増大」、「卒業企業の卒業後の存続率」といった定量化が可能な目標、「入居企業のネットワーキングの促進」といった基本的なインキュベーション事業における業務の充実を達成しようとする段階である。

　第2段階は、「ネットワーク化」の段階である。これは、個々のインキュベーション施設が自立化を達成した次の段階である。インキュベーション施設が、他のインキュベーション施設や他の支援機関などとネットワーキングを行うことで、個々のインキュベーション施設の活動の枠を超えた地域インキュベーションを実現しようとする段階である。

　第3段階が「クラスター化」の段階である。これは、地域クラスターの形成と連動性・整合性のあるインキュベーションへの取り組みの段階である。この段階では、ネットワーク化を果たし、地域インキュベーションを実践するだけでは十分ではない。特定の産業における企業集積を目指した方向性のあるインキュベーションへの取り組みが求められる。

(2) 発展段階における阻害要因

　地域クラスター形成における問題は、これらの発展段階を移行する際のプロセスにおける阻害要因として捉えることができる。第1に、自立化からネットワーク化へと移行する段階においては、インキュベーション事業の部分最適の問題が存在している。多くの場合、インキュベーション事業に携わる組織は、その設立趣意として、組織目標として、地域産業政策との連動性や整合性を重視している（星野［2001］［2006］、西井［2006b］）。

　しかし、インキュベーション事業だけを切り離して考えた場合、今そこにある問題とは、「いかに高い入居率を維持するのか」、「いかに入居企業の売上高の増大を達成するのか」、という部分最適化の達成が優先されるだろう。したがって、部分最適化が達成できていない組織においては、地域インキュベーションの実現は、二義的な問題となってしまう。地域クラスターの形成はなおさらであろう（西井［2006b］）。

　第2に、ネットワーク化からクラスター化へと移行する段階においては、地域クラスター形成に対してどのようなアプローチをとるのか、という選択の問題が存在している。地域クラスター形成のためのアプローチは、「自然発生的」な地域クラスターの形成を目指すのか、あるいは「計画的」な地域クラスターの形成を目指すのか、という二つのアプローチに大別できる。

　まず、自然発生的な地域クラスターの形成を目指す場合には、ネットワーク化からクラスター化の段階へと移行するのは比較的実現しやすいかもしれない。例えば、地域プラットフォーム事業に既に取り組んでおり、一定の成果を収め、経験、ノウハウの蓄積が進んでいる場合である。この場合、拠点機関を中心にして、ボトムアップ方式によるクラスター形成に向けた産業の特定化を進めることができるかもしれない。これが、実現できれば、冒頭で述べたような、理想型としての地域クラスターの形成につながるかもしれない。

　一方、計画的な地域クラスターの形成を目指す場合には、さまざまなケースが想定される。例えば、既存産業集積を前提として、それを発展させることで、クラスターの形成を図る場合である。これは、第5章において紹介される扇町インキュベーションプラザ・メビック扇町の事例が該当するだろう[8]。メビック扇町の周辺には、もともとマスコミ企業や映画館、ギャラリーなどの

アートスペースが点在しており、音楽や映像、演劇、広告デザイン、印刷関連、ソフト系IT企業など、多くのクリエイティブな職種の企業集積が存在していた。

そこで、メビック扇町では、これらの企業集積の存在を踏まえ、クリエイターと呼ばれる職種に焦点を合わせ、彼らの事業化を積極的に支援することで、「扇町クリエイティブ・クラスター」の創生を目指した取り組みが目指されている。

あるいは、当該地域において、クラスター計画が、進行中の場合である。この場合、クラスター計画と連動したインキュベーション施設が新設される場合が多い。第5章で紹介する彩都バイオインキュベータもその一つである。こうしたインキュベーション施設は、クラスター形成に特化した役割を担っている。インキュベーションの発展段階で見れば、自立化、ネットワーク化という段階を経ずに、最初からクラスター化の段階に位置づけられる活動が期待されている。したがって、自立化、ネットワーク化の各段階において求められる能力を遡って構築しなければ、その役割を十分に果たすことは難しいことが考えられる。

加えて、当該地域における既存インキュベーション施設の動向も重要となる。クラスター計画の多くは、ナノテクノロジー産業、バイオテクノロジー産業など次代を担う新産業の創出に焦点が合わせられる傾向にあり、既存産業とは構造的に連関性をもたない場合が少なくない（今井［2005］、西川・今井・二神［2005］）。その結果、クラスター計画の問題点として、地域特有の既存産業や中小企業によるイニシアティブを促すような地域の自律的発展からは大きな隔たりが生じる恐れがあることが指摘されている（西井［2006a］［2006b］）。

このため、既存インキュベーション施設は、どうしてもクラスター計画とは接点が薄くなり、その活動は、基本的にはクラスター計画、クラスター形成に特化したインキュベーション施設とは切り離されてしまう傾向が強くなる。上述の調査結果もこの点が反映されているかもしれない。したがって、既存インキュベーション施設にとっては、クラスター計画にどうやって参画を果たしていくのか、という問題が現実的な課題となるだろう。

このように、地域の置かれている実状に則して、さまざまなケースが想定さ

れるが、いずれにせよ、インキュベーションの発展が地域クラスターの形成へとうまく結び付いていくためには、インキュベーション施設が、自立化、ネットワーク化、クラスター化という発展段階を意識し、各段階を移行する際の問題を認識し、それを解決し、段階的な発展を遂げていくというプロセスが重要になると考えられる。

3. ケーススタディ：神戸医療産業都市構想

それでは、実際の事例に則して、このプロセスがどのようなかたちで展開され、インキュベーションの発展が地域クラスター形成に結び付いていくのか、という点について考察したい。とりあげる事例は、兵庫県神戸市において現在進行中のクラスター計画である「神戸医療産業都市構想」である[9]。

神戸市内には、広義のインキュベーション施設を含めると10数カ所の施設があるが、大きく分けると、地域経済振興を目的とした施設、クラスター形成に位置づけられている施設、の2種類に分けることができる[10]。

前者の代表は、第5章でも紹介する、神戸市における中小企業振興事業の拠点である神戸市産業振興センター、同センターの運営主体である神戸市産業振興財団である。1993年に開設されて以来、これまで多くの卒業企業を輩出してきた実績をもつ。一方、後者の代表が、以下で紹介する神戸医療産業都市構想に位置づけられるインキュベーション施設である。

(1) 神戸医療産業都市構想の概要

1998年より神戸が推進している「神戸医療産業都市構想」は、神戸港の沖合を埋め立てた海上都市ポートアイランド第2期に医療関連産業を集積し、先端医療技術の研究開発拠点として整備を進めようというものである。

中核施設として先端医療センターをはじめ主だった拠点はすでに稼動している。再生医療など世界最高レベルの研究機関や企業も続々と進出し[11]、本格的な研究開発に約1500人が従事している。これらの取り組みは、文部科学省の「知的クラスター創成事業」にも選ばれているほか、大阪北部地域とともに政府の「都市再生プロジェクト」にも選定され、国家的なプロジェクトとして

推進されている。

　また、たんに医療関連産業の拠点とするだけでなく、基礎研究から臨床応用、産業化までの一体的な仕組みをつくることで、既存産業の高度化と雇用確保による神戸経済の活性化、医療サービス水準と市民の健康・福祉の向上、アジア諸国の医療技術の向上など国際社会への貢献を目指している。

(2) 構想におけるインキュベーションの位置づけ

　同構想の特徴は、基礎研究から臨床への展開研究、事業化・産業化までの一体的な仕組みづくりを当初より視野に入れている点にある（図表4-5参照）。その事業化・産業化において期待されているのが、医療ビジネス支援機能としての各種インキュベーション施設である。同構想の拠点地域であるポートアイランド2期内には、現在5種類のインキュベーション施設が開設されている。

　神戸国際ビジネスセンター（2001年6月開設）、神戸バイオメディカル創造センター（2004年3月開設）、神戸インキュベーションオフィス（2002年11月開設）、神戸健康産業開発センター（2006年11月開設）、神戸医療機器開発センター（2005年11月）である。

　これら設立趣意が異なるインキュベーション施設が、個々の目標・目的を達成することで、全体として、医療産業のクラスター形成を加速することが期待されている。ただし、インキュベーション事業の実績としては、まだまだこれからというのが現状であり、いくつかの課題を抱えていると考えられる。

　例えば、各インキュベーション施設が設置されてからまだそれほど年数が経過していないという時間的な問題がある。最も開設年度が古いインキュベーション施設である神戸国際ビジネスセンターでも、活動実績は6年余り（2007年4月現在）である。最も新しい神戸健康産業開発センターでは、まだ開設されてから半年程度（2007年4月現在）しか経過していない。

　加えて、前者の施設は、通常のインキュベーション施設というよりも、誘致企業の受け皿的役割を担っていると考えられる。目下のところ神戸医療産業都市構想においては、その核となる企業群の形成にあたって、企業誘致という手段に力点が置かれているためである。こういったことから、インキュベーション事業における経験・ノウハウの蓄積がまだまだ十分でないことが考えられ

第4章 ビジネス・インキュベーションと地域クラスターの形成　　61

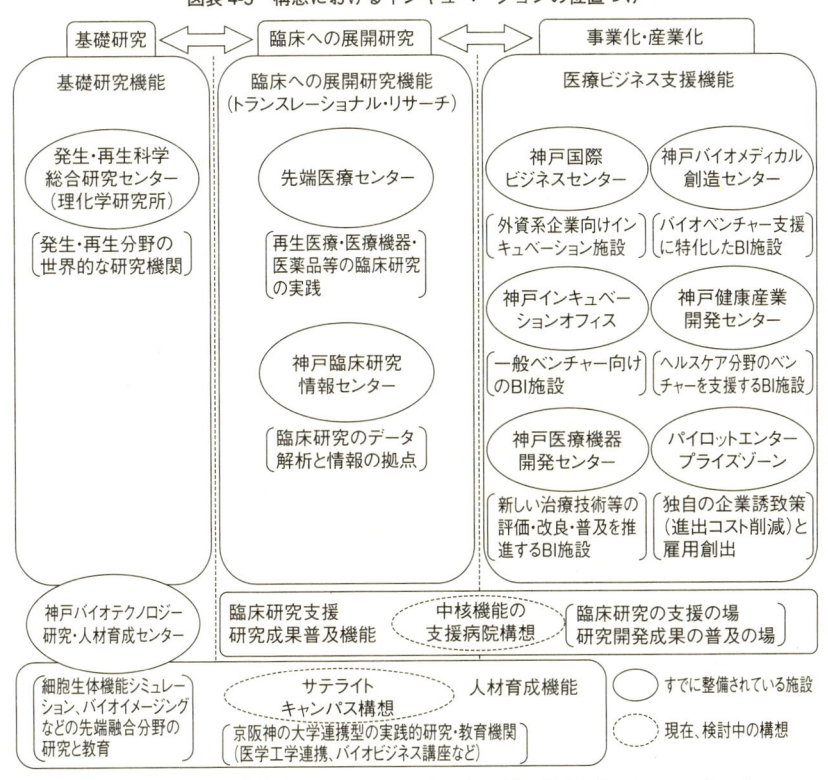

図表 4-5　構想におけるインキュベーションの位置づけ

基礎研究 ⇔ 臨床への展開研究 ⇔ 事業化・産業化

【基礎研究機能】
- 発生・再生科学総合研究センター（理化学研究所）
- 発生・再生分野の世界的な研究機関

【臨床への展開研究機能（トランスレーショナル・リサーチ）】
- 先端医療センター
- 再生医療・医療機器・医薬品等の臨床研究の実践
- 神戸臨床研究情報センター
- 臨床研究のデータ解析と情報の拠点

【医療ビジネス支援機能】
- 神戸国際ビジネスセンター
  - 外資系企業向けインキュベーション施設
- 神戸バイオメディカル創造センター
  - バイオベンチャー支援に特化したBI施設
- 神戸インキュベーションオフィス
  - 一般ベンチャー向けのBI施設
- 神戸健康産業開発センター
  - ヘルスケア分野のベンチャーを支援するBI施設
- 神戸医療機器開発センター
  - 新しい治療技術等の評価・改良・普及を推進するBI施設
- パイロットエンタープライズゾーン
  - 独自の企業誘致策（進出コスト削減）と雇用創出

- 神戸バイオテクノロジー研究・人材育成センター
- 細胞生体機能シミュレーション、バイオイメージングなどの先端融合分野の研究と教育
- 臨床研究支援 研究成果普及機能
- 中核機能の支援病院構想
- 臨床研究の支援の場 研究開発成果の普及の場
- サテライトキャンパス構想
- 京阪神の大学連携型の実践的研究・教育機関（医学工学連携、バイオビジネス講座など）
- 人材育成機能

○ すでに整備されている施設
（破線）現在、検討中の構想

（出所）神戸市が公表している資料（http://www.city.kobe.jp/cityoffice/06/015/iryo/contents/img/j_purezen.pdf）より一部修正を加えて筆者作成（URL 最新確認年月日：2007 年 11 月 22 日）。

る。

　あるいは、神戸医療産業都市構想が目指す新産業とこれまでの神戸における地域経済を支えてきた既存産業との間の不連続性の存在である。これまで、神戸の地域経済は、重厚長大型産業（造船、鉄鋼、機械）を中心に発展を遂げてきたが、石油危機等による構造転換の必要性から、生活文化関連産業（ファッション、食品）など軽薄短小型産業へも幅を広げようと模索していた。

　そういったなかで、次代を担う新産業の創出ということで、先端医療産業が注目されたのである。ただし、神戸医療産業都市構想において目指される新産業は医療産業のなかでも既存の医療産業には属さない再生医療という分野であ

る。そのため、これまで地域経済を支えてきた産業とも、既存の医療産業との間にも、不連続性が存在する（西井［2006a］）。したがって、インキュベーション施設の入居者、運営者双方にとって、事業化に向けての不確実性が高いと言える。

(3) インキュベーション施設の発展段階

5種類のインキュベーション施設の発展段階は、いずれもまだ自立化の段階に留まっていると予想される。しかし、位置づけ的にはクラスター化の段階の役割を担っている。そのため、本来であれば、自立化、ネットワーク化の段階において求められる能力の構築を図る必要があるだろう。

実際に、入居企業からは、企業間連携を進めるための内覧会の実施や再生医療における事業創出促進のための関連企業、異業種間における各種研究会・勉強会の創設を求める声が寄せられている[12]。上述のように、こういった取り組みは、自立化段階を達成しているインキュベーション施設の基本的なインキュベーション事業の一つとして考えられる。

その他、ネットワーク化段階における他の施設・支援機関とのネットワーキングのノウハウの蓄積も必要である。現在のところ、5種類のインキュベーション施設の運営主体が複数機関にまたがっていることもあり、施設間での連携やクラスター形成への統合された取り組みが十分にはなされていない。

もっとも、こういった課題を含め、クラスター形成を促進するための部局として、先端医療振興財団内に、クラスター推進センターが設置されている。同センターを中心に、入居企業に対して継続的な訪問調査を実施し、入居希望の要望を吸い上げ、具体的な支援として還元を図っている。今後、こういった地道な努力により、各インキュベーション施設の機能強化が達成されることが大きく期待される。

一方、神戸市産業振興センター、神戸市産業振興財団であるが、すでに自立化を超え、ネットワーク化の段階に到達しており、地域インキュベーションの拠点機関としての役割を担っている。ただし、基本的には、神戸医療産業都市構想との接点は薄いと考えられる（図表4-6参照）。同財団は、これまで神戸市内におけるインキュベーション事業の拠点として活躍を続けてきたが、それ

第4章 ビジネス・インキュベーションと地域クラスターの形成　63

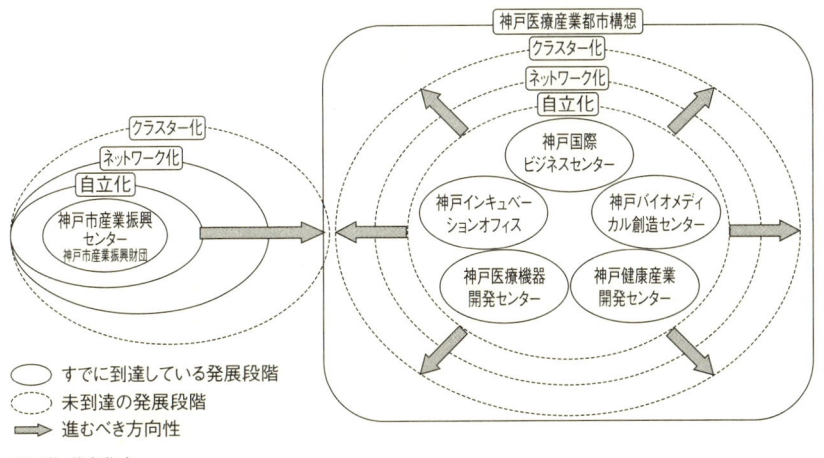

図表4-6　神戸市産業振興センターのクラスター化への取り組み

（出所）筆者作成。

は、産業クラスターの形成を目指したものではなかった。

　しかし、現在では、神戸医療産業都市構想との連関性も見られるようになってきた。それが、第5章でも紹介しているKOBEドリームキャッチプロジェクトである。同プロジェクトは、支援対象となる業種には優先枠を設けてはいない。しかし、「成長分野」として、医療や航空といった神戸医療産業都市構想との連関性を考慮に入れた起業家の掘り起こしが視野に入れられるようになった。

　実際に、メッセユニバース（地域密着型介護サービス）、スディックスバイオテック（数個の糖が結合した重合体である糖鎖の機能解析を行うツールの開発・販売と受託研究）といった医療関連ビジネスでの認定企業が登場してきている。ちなみに、メッセユニバースは、ポートアイランド第2期内にある神戸キメックセンタービル、スディックスバイオテックは神戸国際ビジネスセンターへの入居を果たしている。

　今後の展望であるが、神戸市医療産業都市構想に位置づけられる5種類のインキュベーション施設に関しては、まず自立化、ネットワーク化の段階に必要とされる能力の構築が重要であろう。それによって、クラスター化に特化したインキュベーション施設としての役割を担うことが期待される。

一方、神戸市産業振興センター、神戸市産業振興財団においては、神戸医療産業都市構想との連動性を重視したインキュベーション事業の展開が期待される。このように、地域経済振興を目的としたインキュベーション施設、クラスター形成に位置づけられているインキュベーション施設の互いが共創的に地域クラスター形成に向けた取り組みを行うことが、地域の自律的発展をもたらす地域クラスターの形成へと結び付いていくものと考えられる。

4. インキュベーションを核とした地域クラスターの形成に向けて

以上、本章では、どうすればインキュベーションの発展と地域クラスターの形成とが有機的に結び付くことができるのかという点について考察してきた。

考察の結果、インキュベーションの発展が地域クラスターの形成へと結び付いていくためには、インキュベーション施設が、自立化、ネットワーク化、クラスター化という発展段階を意識し、各段階を移行する際の問題を認識し、それを解決し、段階的な発展を遂げていくというプロセスが重要になる、というインキュベーションの発展段階モデルの提示を試みた。

そして、ケーススタディとして、地域クラスター計画の一つである神戸医療産業都市構想をとりあげ、地域経済振興を目的とした施設、クラスター形成に位置づけられている施設の発展が、どのようにすれば、クラスター形成へと結び付いていくことができるのか、という点について、考察を加えた。

今後の課題としては、まず、本章における考察をより精緻化することが挙げられる。本章で提示を試みたインキュベーションの発展段階モデルについても、まだまだ試案としての位置づけにある。先行研究のレビュー、統計的な分析を踏まえ、より妥当性のあるモデルの提示を目指したい。

次に、ケーススタディでとりあげた神戸医療産業都市構想に対する継続的な調査を実施する必要がある。同構想は、先端医療産業における地域クラスター計画として国内外から注目を集め、高い評価を得ている（西川・今井・二神[2005]）。

しかし、近年では、福祉や健康といったより裾野の広い産業も視野に入れたクラスター化へと拡がりを見せている。これは、既存企業にとっては、同構想

へ参画するための参入障壁を下げるはたらきをすると思われる、これまでとはまた異なったクラスター化のプロセスが進展していくかもしれない。このプロセスにおいては、ここでの問題意識である、インキュベーションを核とした自然発生的な地域クラスターの形成への可能性が高まるかもしれない。

【注】
1) 一般的に、産業クラスターの定義は、「特定分野における関連企業、専門性の高い供給業者、サービス提供者、関連業界に属する企業、関連機関（大学、規格団体、業界団体など）が地理的に集中し、競争しつつ同時に協力している状態」（Porter [1998]）となる。しかし、前田ら [2003] によれば、日本における産業クラスター形成のための取り組み（産業クラスター計画：知的クラスター創生事業）においては、Porter の定義にイノベーティブな要素を加味し、日本の産業構造を急速に変えるはたらきの一助となるような「イノベーティブなクラスター」として狭義の定義づけをしており、「地域クラスター」という概念を用いることによってポーター流の産業クラスターの概念と差異化している。この概念は、奇しくも山﨑 [2002] [2003] が指摘するように、産業クラスターは、本来的には産業概念であり、一定の産業集積水準、関連産業との関連からして、県境を越える広域的なエリアが設定される必要があるが、日本においては、アメリカの州のような広域的行政組織が存在していないため、県単位の部分最適を目的とした各県政策を超越した広域的なクラスター戦略の構築は容易ではないとし、結果として、地域概念として産業クラスターが捉えられている現実を反映したものであると考えることができる。このような現状を踏まえ、以下、本章では「地域クラスター」という概念を用いることとする。
2) 例えば、三井編 [2005] を参照されたし。
3) 本章での問題意識とは、「地域の固有の強みを活かしながら既存産業や中小企業、ベンチャー企業が中核となったクラスターの形成に向けて、あるいは新産業と既存産業が断絶することなく互恵的、相即的に発展できるようなクラスター形成がどのようにすれば実現できるのかという点について、理論・実践の両側面から考察を加え、その解決策を得ること」にあり、その核となる概念が「ビジネス・インキュベーション」にあると考えている（西井 [2006b]）。
4) 地域プラットフォーム事業の成果は、事業開始年度の 1999 年度から 2004 年度における新規開業数合計として 2962 社が計上されている。また、その効果的な支援手法の共有化を進めるため、支援事業概要や支援手法、支援事業を活用した企業などの成果事例についても紹介されている。詳しくは、JANBO（日本新事業支援機関協議会）のウェブサイト内の資料「地域プラットフォームの概要」（http://www.janbo.gr.jp/pf/platform_jirei/pdf/gaiyou.pdf）を参照されたい。
5) 文部科学省「知的クラスター創生事業の具体的推進方策について」（http://www.mext.go.jp/a_menu/kagaku/cluster/030201a.pdf）より。
6) 兵庫県立大学による調査の詳細については、西井 [2006b] を参照されたい。
7) 同様の趣旨として、独立行政法人 中小企業基盤整備機構では、インキュベーショ

ン・マネージャーの機能とそのレベルについて4段階の発展段階モデルを想定している（中小企業基盤整備機構、内部IM研修資料より）。レベル1は、「丁寧な支援、持続的運営（内部管理型）」として、入居企業の募集、入居企業に対する経営支援、関係機関との調整といった基本的なインキュベーション事業を着実に遂行することを規定している。レベル2は、「相対位置の構築と展開（戦略経営型）」として、レベル1から一歩踏み込み、入居企業の成功を積極的に後押ししたり、施設としての戦略的なポジショニングを重視したりといった、インキュベーション施設の戦略経営を意識した事業運営を行うことを規定している。レベル3は、「地域でのハブ機能（外部経済型）」として、立地先における地域資源（例：大学などの研究機関、公設試）との垂直的、水平的な関係を構築するといったネットワーク化を実現することを規定している。レベル4では、「中小・ベンチャー支援機能と統合（他星雲融合）」として、他の支援政策との連携、産学官・医農工連携といった、他の政策との融合、イノベーションの創出を狙いとする事業運営を実現することを規定している。本文における発展段階モデルに当てはめれば、レベル1・2が「自立化」、レベル3が「ネットワーク化」、レベル4が「クラスター化」の段階に相当するものとして捉えることができる。

8) 以下、扇町インキュベーションプラザ・メビック扇町の記述については、メビック扇町のウェブサイト（http://www.mebic.com/）を参考にしている。

9) 以下、神戸医療産業都市構想についての記述は、神戸市のウェブサイト（http://www.city.kobe.jp/cityoffice/27/kigyo-yuchi/project/iryo/index.html；http://www.city.kobe.jp/cityoffice/06/015/iryo/index.html）を参照している。

10) 神戸市内における地域経済振興を目的としたインキュベーション施設（運営者）には、神戸市産業振興センター（神戸市産業振興財団）、ITクリエイティブビレッジ（ひょうご中小企業活性化センター）、インキュベーションルーム（神戸商工会議所）、ベンチャービレッジ（神戸ファッションマート）、チャレンジオフィス（神戸市産業振興局工業課）、パルオフィス（甲南チケット）の6施設がある。一方、クラスター計画に位置づけられるインキュベーション施設には、神戸国際ビジネスセンター（神戸市都市整備公社）、神戸バイオメディカル創造センター（神戸都市振興サービス株式会社）、神戸インキュベーションオフィス（神戸市都市整備公社）、神戸健康産業開発センター（中小企業基盤整備機構）、神戸医療機器開発センター（中小企業基盤整備機構）の5施設がある。

11) 同構想公表以降、ポートアイランド（第2期）への医療関連企業の進出および進出決定は101社である。詳しくは、神戸市の医療産業都市構想のポータルサイト（http://www.city.kobe.jp/cityoffice/06/015/iryo/）を参照されたい。

12) 以下の記述については、先端医療振興財団、クラスター推進チームの担当者の方へのインタビュー調査（2006年3月8日）、およびクラスター推進チームによる「ポートアイランド2期医療関連企業訪問調査報告（内部資料）」の内容を参考にしている。

【参考文献】

Porter, Michael E. ［1998］ *On Competition*, Harvard Business School Press. 竹内弘高訳「競争戦略論Ⅱ」ダイヤモンド社、1999 年。

今井康夫［2005］"産業政策としての産業クラスター計画"、二神恭一・西川太一郎編著「産業クラスターと地域経済」八千代出版。

江見和明・関千里［2005］"プレ産業クラスター計画の実像——アンケート調査結果からの考察"、二神恭一・西川太一郎編「産業クラスターと地域経済」八千代出版。

関満博・関幸子編［2005］「インキュベータと SOHO」新評論。

西井進剛［2005］"クラスター戦略としての「神戸ホスピタリティ都市構想」の意義"、「神戸ホスピタリティ都市構想シンポジウム事業総合報告書」神戸ホスピタリティ都市構想シンポジウム実行委員会。

―――― ［2006a］"産業クラスター形成における地域企業の戦略行動——ケーススタディ：神戸バイオメディクス株式会社"、「研究年報第 36 号」兵庫県立大学経済経営研究所。

―――― ［2006b］"ビジネス・インキュベーションに関する実態調査——アンケート調査の集計結果と分析"、「商大論集」第 58 巻第 1・2 号、兵庫県立大学。

西川太一郎・今井康夫・二神恭一［2005］"座談会：産業クラスター時代をむかえて"、二神恭一・西川太一郎編著「産業クラスターと地域経済」八千代出版。

二神恭一［2005］"産業クラスター——理論と現実"、二神恭一・西川太一郎編「産業クラスターと地域経済」八千代出版。

星野敏［2001］「よくわかるビジネス・インキュベーション——こうして創業・成長を支援します」同友館。

―――― ［2006］「最新ビジネス・インキュベーション——世界に広がった地域振興の智恵」同友館。

松島克守・坂田一郎・濱本正明［2005］「クラスター形成による地域新生のデザイン」東大総研。

前田昇・向山幸男・計良秀美・杉浦美紀彦・岡 精一・俵裕治［2003］"地域イノベーションの成功要因及び促進政策に関する調査研究——欧米の先進クラスター事例と日本の地域クラスター比較を通して（中間報告）"、「Discussion Paper」No.29、文部科学省科学技術政策研究所。

三井逸友編［2005］「地域インキュベーションと産業集積・企業間連携——起業家形成と地域イノベーションの国際比較」御茶の水書房。

山崎朗［2002］"地域戦略としての産業クラスター"、山崎朗編「クラスター戦略」有斐閣選書。

―――― ［2003］"産業政策とクラスター計画"、「経済學研究」第 70 巻第 1 号、九州大学経済学会。

【謝辞】

本章は、科学研究費補助金（基盤研究（C）：2005 ～ 2006 年度；課題番号 17530292；研究課題名「インキュベーションを核とした自律的発展による産業クラスター形成に関

する研究」、研究代表：岡本久之）の助成を受けて行われた研究成果の一部である。ご多忙にもかかわらず、調査にご協力を賜った先端医療振興財団（クラスター推進チーム）、神戸市産業振興財団、中小企業基盤整備機構 近畿支部の方々には、感謝の念に耐えない。記して感謝したい。ただし、本章の内容については、筆者の個人的な見解に負うところが大きく、すべてのありうべき過誤は筆者の責任である。

第5章
日本のインキュベーション施設と支援機能

文能照之、梶川義実、秋山秀一、西井進剛
定藤繁樹、町田光弘、湖中　齊

　本章ではわが国のビジネス・インキュベーションのうち、いくつかをケースとして検討を進めていく。ここでは花巻市起業化支援センター、大田区創業支援施設 BIC あさひ、かながわサイエンスパーク（KSP）、SOHO しずおか、京都リサーチパーク（KRP）、彩都バイオインキュベータ、大阪産業創造館「創業準備オフィス」・扇町インキュベーションプラザ「メビック扇町」、クリエイション・コア東大阪、神戸市産業振興センター、さかい新事業創造センター（S－CUBE）の順に説明する。

　以下では、その特徴および活動内容の検討を通して、他地域におけるビジネスインキュベーションへの設置・運営上の参考となるべき点、ならびに今後におけるBIの課題について見ていくことにする。

1. 地域内の連携で支援を展開：花巻市起業化支援センター[1]

　わが国の産業政策を見ると、中央政府で作成された施策が予算をともなって地方に移管・実施されるものが多い。これら全国一律的な施策に加え、地方政府は地域の事情を考慮して独自の政策を決定し、地域の産業振興に努めている。だが、それら施策が真の意味で地域の産業振興に寄与しているのかといえば、疑問を抱かざるをえない。費用対効果の観点で見れば成功している事例が少ないからである[2]。そうした状況にあるなかで、近年、成功事例として注目されているのが、花巻市起業化支援センター（以下、「センター」と表記する）である。

本節では、センターの特徴および活動内容を通して、他地域におけるビジネスインキュベーションへの参考点、ならびに今後のセンターの課題について見ていくことにする。

(1) 地域課題への対応として誕生した花巻市起業化支援センター（構想から設立まで）

1970年代中ごろから、東北地方には安価な労働力を求めた大手企業が、組み立て工場を設立し進出する動きが見られた。この流れをうまく活かした誘致政策を展開し地域の産業振興に結び付けたのが北上市であった。一方、センターが立地する花巻市は、産業振興の流れに乗ることができず、その当時は低迷が続いていた。

東北地方への工場進出は、研究開発部門などの知的部門を有しない、単純な組み立て作業が主な業務であったことから、85年のプラザ合意による円高を機に、大手企業はさらなる人件費の安さを求めて国内から海外に製造拠点を移転するようになった。その結果、大手企業が東北地方から撤退すると、地域住民の雇用の場が消滅するだけでなく税収の減少などの影響が現れ、企業誘致による産業政策に陰りが見られるようになった。

こうした状況に鑑み、地域の企業や人々の力を結集することにより、地域内から産業振興を図ることの必要性が指摘されるようになり、花巻市は新たな方式で活路を見出そうと考えたのである[3]。

(2) 花巻市起業化支援センターの沿革（設立から現在まで）

そこで花巻市では、地域企業の技術水準の向上を図るとともに新規開業者を増加・育成し、既存企業とのコラボレーションによる地域産業のダイナミズムを生み出すため、市内に拠点をもつ花巻市技術振興協会を中核支援機関と位置づけた、企業の技術水準高揚策が検討されることになった。その一環として1994年に設置されたのが、センターである。当初のセンターは、企業が使用しなくなった工場アパートを改装したため、とくに際立った設備はなく、たんに入居希望者に対して貸し出すスペースが確保されたものであった。その後、センターの機能強化が打ち出され、企業に提供する施設の拡充、さらには施設

図表5-1-1　花巻市起業化支援センターの施設概要

整備主体	花巻市
所在地	岩手県花巻市二枚橋5-6-3
施設運営主体	花巻市技術振興協会(花巻市より委託運営)
敷地面積	12,840.37㎡（約3,885坪）
賃貸開始年月	1994年7月
賃貸居室	①貸研究室(8室・各室約50㎡) ②貸工場(13棟) 　タイプA（3棟・各棟97㎡） 　タイプB（7棟・各棟162㎡） 　タイプC（3棟・各棟315㎡）
賃貸料(月額)	①貸研究室：61,000円、光熱費：5,000円(11～4月) ②貸工場 　タイプA：53,000円 　タイプB：92,000円 　タイプC：171,000円
共用施設	開放試験研究室(精密測定室、環境試験室、電子開発室、CAD研究室、材料試験室)、技術交流室、会議室

(出所)花巻市起業化支援センターホームページなどより作成。

　入居者へのきめ細やかな支援を実施する必要から、専門的な能力を有する人材をコーディネーターとして雇用し、施設に常駐させることとなった。このようなハード面の設備の充実にともなって、ソフト面からも支援の行える体制が確保されたことが、今日のセンターに対する評価を高めた要因の一つと考えられている。

(3) センターの目的と活動内容

　センターは、「高度な技術を保有する『研究開発型起業』と、新たに事業を展開しようとする『ベンチャー企業』を育成し、特色ある地域企業の創出と産業の発展に資する」ことを目的に設置された。現在は『花巻地域における工業施策の中核施設』」[4]として位置づけられ、経済・生産環境に応じた施策が総合的に実施されている。センターの敷地面積は1万2840.37㎡（約3885坪）あり、主な支援内容は、①貸研究室（8室）・貸工場棟（13棟）の提供、②各種試験機器の開放（5室）、③研究開発目的に応じて産学官の専門家のアドバイス、④公的機関の各種融資、補助金制度活用などの最新情報の提供、⑤先端技術情報の交流、企業・製品PRなどインタラクティブな情報受発信、⑥専任コー

図表5-1-2　コーディネート活動促進のために重要となる機能

（1）マッチング機能：適切な研究者やビジネスパートナーを紹介する
（2）信頼補完機能：連携に参加する主体間の信頼を補完する
（3）翻訳機能：連携においてニーズやシーズの理解を促す
（4）事業化機能：新製品を事業として立ち上げる

（出所）佐藤［2005］203ページに加筆。

ディネーターの配置による各種コーディネートとなっており、入居する企業の支援に留まらず、地域の発展に向けた活動が展開されている。

　これらセンターの業務は、花巻市役所から委託を受けた花巻市技術振興協会が運営を担っている。センターに常駐する職員は、所長以下7名（2006年9月現在）で、そのうち4名がコーディネート活動に携わっている。個別企業の成長のためには、事業展開に必要な補助金の紹介から、企業間および産学連携のコーディネート、販路開拓などにいたるまで、彼らが保有するノウハウやネットワークを駆使し、徹底した支援を実施することがセンターの特徴となっている。このような個別企業に対する重点的な支援が全国から注目を浴び、センターは日本新事業支援機関協議会（JANBO）より、インキュベーションの部門において平成18年度優秀賞に選定されるにいたっている。

　当センターの支援が他の地域のそれと大きく異なるのは、コーディネート活動のなかでも、とくに優れた「翻訳機能」を有することである。これまで企業が大学との共同研究を希望しても、目の前に立ちはだかる専門用語という言葉の壁が存在するため実現にいたらないことが多かったが、両者のなかに入ってお互いの理解を深める役割を担うことで、共同研究の実現が達成されている。センターで総括コーディネーターを務める佐藤利雄氏は、「商品の評価が数字などで評価する『デジタル的商品』と、曖昧な評価しかできない『アナログ的商品』の二種類の性格を持つ商品構成がある（中略）。デジタル的商品にはアナログ的商品の要素、また、アナログ的商品にはデジタル的商品要素を盛り込むことにより、他社との差別化が出来る」[5]との考えに基づき、企業と大学などが互いに得意とする分野で連携する際の仲介役となり、その触媒機能を果たしている（図表5-1-2を参照してほしい）。

　今一つの大きな相違点は、企業の有する技術や商品のPRが必要と判断され

図表5-1-3　入居企業の状況

	施設数(室・棟)	空室	入居企業数(うち市外企業数)
研究室	8	2	6 (6)
工場	13	3	10 (9)

(注)同一企業が複数のスペースを利用しているときは、複数でカウントした。
(出所) http://www.incubate.city.hanamaki.iwate.jp/info/info_31.html#fac をもとに作成
(2007年1月31日採録)。

れば、マーケットの大きい東京へ出かけ販路開拓に努めるなど、企業の実態にあったきめ細やかな支援活動が展開されていることである。また、支援の対象を花巻市内に拠点を構える企業に限定せず間口を広く受け入れていることも特筆される。こうしたセンターの活動は、花巻市に立地する企業よりもむしろ地域外の企業に高く評価され、センターが有するコーディネート機能に期待し、賃研究室や貸工場棟に入居する企業も少なくない。2007年1月現在の入居企業について見ると、研究室利用企業のすべてが、また貸工場利用企業の10社中9社が市外に拠点を有する企業となっている（図表5-1-3参照）。

(4) 地域資源との関連性

　センターの活動が高く評価されるようになったことについては、上述のようにコーディネーターの活動が優れていたことに加え、彼らの活動を後押しするかのごとく地域に存在する支援機関が有機的に連携し、一つの目標に向かってベクトルを合わせ活動していることが看過できない。図表5-1-4 に示すようにセンターは、花巻市、花巻工業クラブ、岩手県、岩手大学、東北経済産業局などと密接な関係を構築するとともに、これら機関が組織の垣根を越え横のつながりを重視して活動する INS（岩手ネットワークシステム：Iwate Network System）[6] とも積極的に関与することで、企業支援活動の効果を高めてきたのである。

　通常、ほぼどの府県または地域にも、規模の大小はあっても INS を除く上記支援機関は存在する。しかし花巻のように成果を上げるにはいたっていないのが現実である。このことから、INS の活動が有益であることは想像に難くないが、INS とはどのような組織であり、いかなる役割を果たしているのかについて少し触れておこう。

図表 5-1-4　岩手県における企業支援のための有機的なネットワーク

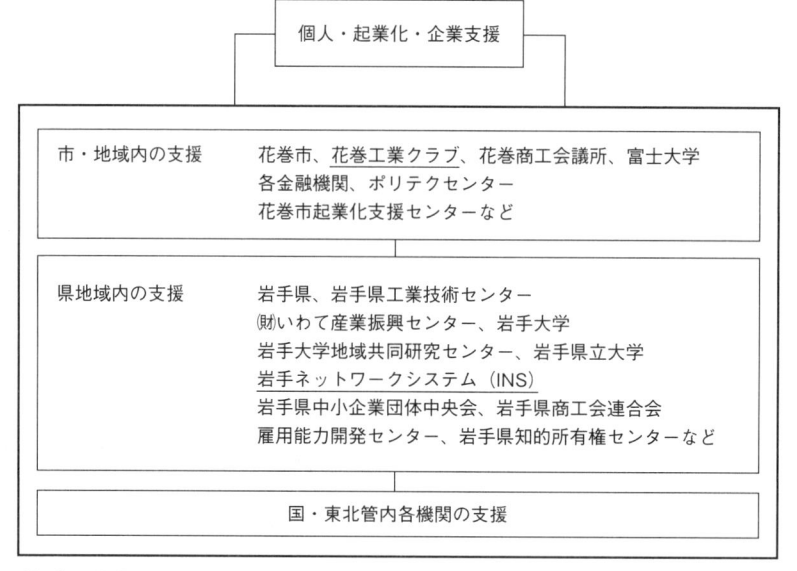

```
┌─────────────────────────────────────────────────┐
│              個人・起業化・企業支援              │
└─────────────────────────────────────────────────┘
┌─────────────────────────────────────────────────┐
│ ┌─────────────────────────────────────────────┐ │
│ │ 市・地域内の支援　花巻市、花巻工業クラブ、花巻商工会議所、富士大学 │ │
│ │                  各金融機関、ポリテクセンター                     │ │
│ │                  花巻市起業化支援センターなど                     │ │
│ └─────────────────────────────────────────────┘ │
│ ┌─────────────────────────────────────────────┐ │
│ │ 県地域内の支援　岩手県、岩手県工業技術センター                   │ │
│ │                (財)いわて産業振興センター、岩手大学               │ │
│ │                岩手大学地域共同研究センター、岩手県立大学         │ │
│ │                岩手ネットワークシステム（INS）                    │ │
│ │                岩手県中小企業団体中央会、岩手県商工会連合会       │ │
│ │                雇用能力開発センター、岩手県知的所有権センターなど │ │
│ └─────────────────────────────────────────────┘ │
│ ┌─────────────────────────────────────────────┐ │
│ │              国・東北管内各機関の支援                             │ │
│ └─────────────────────────────────────────────┘ │
└─────────────────────────────────────────────────┘
```

(出所) 佐藤［2005］209 ページより。

　INS は岩手大学工学部の教員が中心となり、自らの研究成果をもとに共同研究する企業を求めると同時に、地域産業への貢献を意図して自主的に形成された組織である。メンバーは大学の教員以外に、企業経営者、支援機関の担当者など、新しいことに挑戦する意欲をもつ者なら誰でも参加できる。その活動はフォーマルなものだけで終わらず、インフォーマルな飲み会もあわせて行われ、会合ではメンバーの自由で率直な意見が飛び交っている。このようななかから、新たな共同研究や商取引も開始されている。INS の活動で重要な点は、支援機関で働く担当者の多くがこの INS に加入し、企業支援や地域の発展に寄与しようと、支援対象者と同じ目線で行動しているところにある。つまり、メンバー各々が所属する組織の壁を乗り越え、休日や夜間に開催される INS の活動に積極的に参加し地域に貢献しようとしているのである。また、こうした組織の壁を乗り越えて構築されたネットワークの有効性や将来性に期待を寄せ、行政機関が積極的に関与し、行政と民間による一体となった支援を展開すべく乗り出している。このことが、INS の活動に対する求心力を高めている。

今ひとつ重要な役割を果たしているのが、花巻工業クラブである。センターで開業した企業や、新規事業に参入した企業が開発した製品について、同クラブに加入する企業が評価を行い、その結果を企業にフィードバックすることで、製品の品質の向上および市場投入後の成長に貢献している。

(5) 他施設への参考と今後の課題

このように花巻市では、大企業を誘致する政策に頼らず独自の産業支援に乗り出し、全国から注目を集めるほどインキュベーション活動が円滑に展開されるにいたっている。ここまで到達できたのは、コーディネーター[7]の属人的能力と、地域の特色を活かした新事業育成のために構築されたバックアップ体制がうまくつなぎ合わさったからである。この発見事実から、産業の活性化に向けて取り組もうとする他地域が花巻から学ぶ点について考えてみよう。

①コーディネーターの業務が情熱・生活を懸けられるものとなっているか

全国の支援機関では、今やインキュベーション・マネージャーとしてコーディネート活動に従事する者の数は少なくない。重要なことは、彼らがやりがいをもち、自分の人生を懸けてその仕事ができているかということである。センターは花巻市が設置した公的機関でありながら、そこでの事業は毎日の始業時間から終業時間内に完結することなく、コーディネーターが満足のいくまで仕事ができる体制がとられている。コーディネーターは、平日はセンターの職員として勤務するかたわら、休日や平日の勤務時間後はINSのメンバーとして東京や関西まで企業PR等のために出向くなど、企業の成長のために必要と思えば骨身を惜しまず活動をすることは珍しくないのである。このように、コーディネーター自身が企業支援に真剣に取り組むと同時に、彼らの活動が阻害されないような体制づくりと、必要に応じて予算措置を講じることも重要となる。

②支援に対するコーディネーターの姿勢におごりは見られないか

「支援」という言葉から、力関係で立場的に上位の者が下位の者の手を引いて導く、あるいは資源を有する者がそれの乏しい者に便宜を図るということが

推測される。とくに公的支援の場合は、この傾向が端的に見てとれる。

　万一、コーディネーターの心の奥底に、こうした考えが潜んでいるようでは決して支援事業は成功しないであろう。公的支援の顧客は企業者であり、彼らの満足度を高めるには、直接対話し課題や問題点の抽出を行うコーディネーターが非常に大きな役割を担う。企業の相談内容に対して、「それはできません」とコーディネーターが回答することは簡単であるが、その言葉を聞いた企業者からは、「役に立たない組織」という烙印を押されることになりかねない。企業の要望は千差万別で、コーディネーターが有する能力で対処できるものばかりではないであろう。仮に対処が困難な場合、できないことをどのようにすればできるようになるのかを企業と同じ目線で考え、企業と一緒に汗をかき行動できるか否かが重要で、この過程を通して企業との信頼関係が構築されるのである。花巻では、こうしたことがコーディネーターに備わっており、「支援させていただく」という気持ちと「常に明るく、元気に、笑顔で、そして早い対応」で企業と接していることが利用者からの評価を高めている重要な要因であると考えられる。

③顔の見える関係で支援体制が構築できるか

　センターの貸研究室・貸工場への入居希望者には、審査が実施されるが、そのときに支援機関が審査に関与し、入居希望者が抱える問題、入居後にその問題をどのように解決していくのがよいのかという支援活動にいたるまで情報が共有される。実際に支援が始まると、横のネットワークを活用した活動が展開されるが、そのときに支援者同士が顔見知りであることが効果を高める。企業支援は一つの機関が単独で完結できるものではなく、さまざまな特徴を有する機関が一つの目標に向かって互いの得意とする分野で力を発揮する必要があるからである。

　花巻が立地する岩手県の場合、人口密度が低く、昔ながらの地縁、血縁が重視される土地柄から、顔の見える関係の構築が比較的容易であったと推察される。万一、人からの頼まれごとを疎かにしてしまうと、そのことが自分自身の評価を低くし、極論すれば、地域社会から「信頼できない人物」と評価される危険がある。地方都市の場合、こうした烙印を押されてしまうと、その地域で

生活することが難しくなる恐れがあることから、お互いの顔が見えることにより、横のネットワークを活かした活動が促進されるのであろう。

　最後に、センターの今後の発展に向けた課題について見ておこう。センターが今後発展していくにはいくつかの選択肢が存在するが、これまで培ってきた強みを活かすことが最善策であると考えられる。センターの特徴は、起業や研究開発のために他地域から訪れる者や企業にも手厚く支援を展開してきたことにある。このような開かれた創業環境と支援内容が外部から高く評価されており、この点を今後も維持し、花巻での支援活動を期待して全国から訪れる起業家・企業を受け入れることが大切である。これが現時点における当センターの強みであり、全国を見わたしてもほかに類似の事業ができない程度にまで、そのレベルを高めることが地域の発展につながると考えられる。

　とはいえ、センターは公的機関であり、他地域からの来訪者ばかりに支援活動が集中することは、地域内企業から問題視されることにつながりかねない。そのため、地域内に外部から新しい企業が参集してくることは、地域にすぐれた魅力があることの証左であると同時に、外部から新しい技術動向や市場情報がもたらされ、それをうまく活用することが地域の発展につながることを地域内の企業者に理解・納得いただくように努めることも重要な役割である。また、こうした理解が促進されるように、外部からの流入企業と地域内企業とが自由に情報交換ができる場として、INSの機能をなお一層活用することが望まれる。

（文能）

2. オンリーワン企業創出の拠点化を目指す：BICあさひ

　大田区創業支援施設BICあさひは、2001年度で閉校となった羽田旭小学校の校舎を活用して整備されたインキュベーション施設である。BICとは、Business Incubation Centerの略である。大田区は京浜工業地帯、さらには日本のものづくりを支えている中小企業の一大集積地として世界的に知られているが、近年の産業構造の変化で事業所数や製造品出荷額の減少に見られるように、機能低下の恐れが出てきた。

BICあさひは、大田区において新たなオンリーワン企業の輩出や既存企業の新分野進出を促進する拠点として整備された。

(1) 設立の背景と地域経済
①大田区工業の特徴

東京都品川区と川崎市との間に位置する大田区の工業化は品川区が明治期から工業化されたのに比べ比較的遅く、関東大震災以降本格化した。とくに1930年代以降、戦争の拡大とともに大田区工業も拡大していった。このため、戦争末期の空襲による被害も大きなものがあった。

大田区工業の復興は、わが国経済の復興と軌を一にしており、朝鮮特需、その後の高度経済成長とともに、工業生産が拡大していった。1955年には製造業従業者数で都内1位、製造品出荷額で3位、工場数（事業所数）で4位を記録しており、東京を代表する工業地域となった。出荷額で1位となったのは1960年である。

1960年代に入ると、既存工業用地だけでは不足してきたため、かつての主要産業であった海苔養殖のための干し場や埋め立てによる工業用地の拡大がなされ、より一層工業集積が進んだ。その一方で公害問題も激化し、工場等制限法などもあり、大規模工場の区外移転が進んだ。

大田区工業の大きな転換点は、大規模工業の区外移転に加え、1970年代のオイルショックにより大企業依存体質からの脱却を迫られたことにある。それまでに蓄積されていた熟練工がもつ高度な加工技術をベースに試作品開発、多品種少量生産、短納期など、競争力をもつ企業の集積地へと変化した。

2003年の工業統計によると、大田区の工場数は5040であるが、1983年には9190あったことを考えると大幅な減少である。1990年以降は製造品出荷額、工場数、従業者数とも継続して減少している。2000年と比べると、工場数は1125（18.2％減）、従業者数は1万2924人（23.8％減）、製造品出荷額は3513億円（30.7％減）減少しており、産業活性化施策の強化が急務となっていた。

② BICあさひ整備の目的

大田区工業をとりまくこのような状況のなかで、これまでの高度工業集積を

図表5-2-1　BICあさひの施設概要

整備主体	大田区　※整備費1.3億円(国1億円、大田区3,000万円)
所在地	東京都大田区羽田旭町7番1号
施設運営主体	(財)大田区産業振興協会
敷地面積	7,964.17㎡
延床面積	3,046.73㎡（うち賃貸面積は約1,441.00㎡）
使用開始年月	2003年5月
規模構造	鉄筋コンクリート造　地上3階建(駐車場は27台収容可能)
室仕様	オフィス27室(33～115㎡) シェアードオフィス9ブース(3.24㎡)
使用料	オフィス月額400円／㎡、シェアードオフィス月額2,000円 例）最も多い33㎡のオフィスでは月額13,000円となる
共用施設	商談室、交流室、事務室、ロビー、駐輪場、駐車場、コピー機

(出所)(財)大田区産業振興協会資料より作成。

活かして研究開発型の新規創業や既存企業の新分野進出を促進するためインキュベーション施設を整備することとなった。

施設整備にあたっては、

ⅰ）工業集積の進んだ地区で、研究開発などの支援施設設置にふさわしい環境にある。

ⅱ）羽田空港に隣接し、鉄道、道路などの移動・輸送手段が充実している。

ⅲ）既存の施設の有効活用が可能である。

の3点（(財)大田区産業振興協会資料より）から、旧羽田旭小学校校舎を利用することとなった。なお、都内には、廃校になった校舎を活用したインキュベーション施設として、港区の旧南海小学校校舎を利用したMINATOインキュベーションセンター（2004年）、台東区の旧小島小学校校舎を利用した台東デザイナーズビレッジ（2004年）などが整備されている。

(2) 施設の概要

BICあさひは、大田区において新事業創出を促進するための施設として整備され、

ⅰ）リーディング産業の創出につながるような創業支援

ⅱ）オンリーワン企業を輩出するための研究開発支援

ⅲ）スペースや人材を欠く区内中小企業の研究開発支援

図表5-2-2　開設当初の応募状況および入居状況（2003年5月）

		応募数	入居決定数
オフィス	新規創業・新分野進出	60	23
	支援専門家	1	0
共同研究室		1	1
シェアードオフィス		2	6*
大学機関		4	3
合計		73	33

(注) ＊オフィス入居希望者でシェアードオフィスを第2希望とした者を含む。
(出所) (財)大田区産業振興協会資料より作成。

　　ⅳ）技術移転、新製品開発などの促進を図るための研究機関、異業種交流
　　　　グループなどに対する支援
を行う施設である（施設概要は図表5-2-1を参照してほしい）。
　公共交通機関による交通アクセスとしては、羽田空港駅から電車でわずか5分の京浜急行空港線穴守稲荷駅より徒歩8分である。
　施設は、2003年5月から入居が開始された。その概要は以下のとおりである。
　入居資格は居室タイプにより異なるが、オフィスの使用期間は3年以内、シェアードオフィスは6カ月で審査のうえ、6カ月を限度に延長が可能である。
○オフィス
　　ⅰ）研究開発型産業（ファブレス）、情報関連産業などで創業を予定または創
　　　　業後おおむね3年以内の企業または個人
　　ⅱ）新分野進出を計画している企業または企業グループ（企業グループは大学
　　　　など研究機関を含む場合も可）
　　ⅲ）入居企業や地域の起業家を支援することのできる専門家（弁理士、税理
　　　　士、技術士、デザイナーなど）
○シェアードオフィス
　　ⅰ）現在事業を営んでおらず、区内でおおむね6カ月以内に創業予定があ
　　　　り、具体的な事業計画を有している方
　　ⅱ）シェアードオフィスを創業の活動拠点とすること
　　ⅲ）区内の事務所などをもつための準備（6カ月以内に拠点の開設予定あり）を
　　　　しており、具体的事業計画を有していること

○共同研究室
　ⅰ）構成員の2分の1以上が中小企業者または個人であること
　ⅱ）具体的な共同開発計画を有していること（グループまたは大学など研究機関を含む場合も可）

　入居企業の応募は2003年1月より開始された。ものづくりの集積地大田区での創業支援施設ということもあり、全国から募集居室数を大幅に上回る73件もの応募があった。この点では、成長可能性が高く、大田区の産業活性化に寄与しうる起業家を選択しうるので上々の滑り出しと言えよう（応募の状況については図表5-2-2を参照）。

(3) BICあさひの特徴
①充実した入居企業育成体制
　BICあさひでは、図表5-2-3に示すように「大田インキュベーションシステム」が構築されており、インキュベータ単体での入居企業育成ではなく、㈶大田区産業振興協会や東京都の施設である城南地域中小企業振興センターなどが、入居企業が必要とする支援メニューを提供している。とくに、区内に集積している機械金属加工業などとの交流や連携を促進するため情報提供をはじめとする、さまざまな事業を行っている。

②インキュベーション・マネージャーによる支援
　BICあさひには、IM研修を修了したインキュベーション・マネージャー（以下、IMと略）が2名配置され、シェアードオフィスに入居している起業者の育成、オフィスに入居している企業の事業化促進にあたっている。2名が常駐しているのではなく、図表5-2-4に示す役割分担のもとで入居企業の育成にあたっている。月に2日は両IMの勤務が重なる日を設けており、情報の共有化や支援方針の確認を行っている。勤務時間は10～16時がコアタイムとなっており、企業の状況に応じて柔軟に対応できる体制となっている。
　2人のIMは、担当企業を決めているわけではなく、すべての企業の支援にあたっている。支援にあたっては、入居時に彼らがじっくり企業と話し合い、①36カ月後の企業の成長目標、②目標達成のため行うIMの支援内容の2点

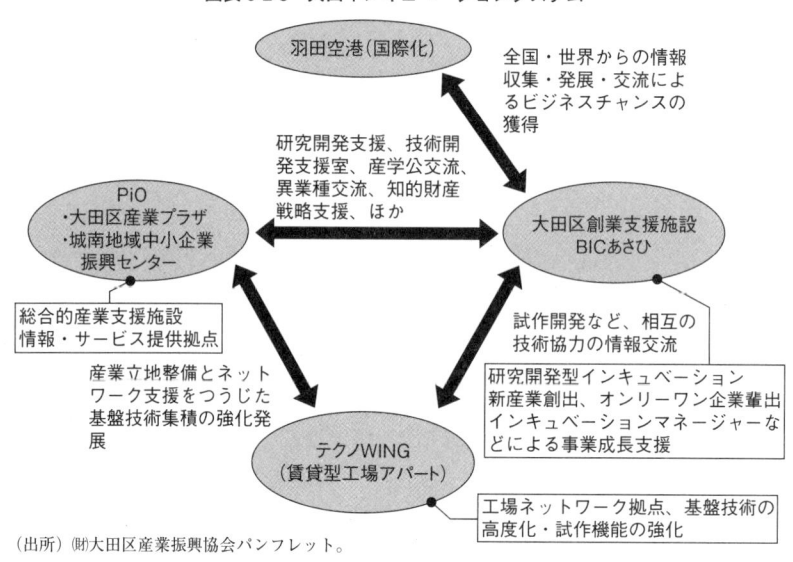

図表 5-2-3　大田インキュベーションシステム

```
                    羽田空港(国際化)
                                        全国・世界からの情報
                                        収集・発展・交流によ
         研究開発支援、技術開          るビジネスチャンスの
         発支援室、産学公交流、        獲得
  PiO    異業種交流、知的財産      大田区創業支援施設
・大田区産業プラザ  戦略支援、ほか       BICあさひ
・城南地域中小企業
  振興センター
         
  総合的産業支援施設              試作開発など、相互の
  情報・サービス提供拠点            技術協力の情報交流

  産業立地整備とネット           研究開発型インキュベーション
  ワーク支援をつうじた           新産業創出、オンリーワン企業輩出
  基盤技術集積の強化発           インキュベーションマネージャーな
  展                          どによる事業成長支援
                テクノWING
              (賃貸型工場アパート)
                              工場ネットワーク拠点、基盤技術の
                              高度化・試作機能の強化
```

（出所）㈶大田区産業振興協会パンフレット。

について企業と IM が署名捺印した確認書を取り交わしている。企業からの決算報告は、これまでは決算期のみしか提出を求めていなかったが、これまでの支援経験から現在では四半期ごとに提出を求めており、よりきめ細かな企業育成体制を構築している。

③入居企業のその後と成果

　2003 年 5 月に入居した企業などのうち、15 社が新規創業および第二創業でありインキュベーション・プログラムの主たる利用者である（図表 5-2-5）。2008 年 5 月には 3 年間の入居期限を終え、卒業した。途中退出企業は 3 社であり、12 社は入居時の目標を達成し BIC あさひを卒業している。新規創業 9 社のうち 6 社は大田区内で操業を続けており、うち 4 社は 2006 年 8 月に開設された産学連携施設に入居している。また、大田区外に立地した企業は区内に適当な工場やオフィスがなかったため、川崎市などで操業している。このほか、既存企業の新分野進出のために入居した企業が 8 社あり、4 社は区内で操業している。

　BIC あさひの IM は、卒業企業の現状について当然のことながら把握に努め

図表5-2-4 IMの役割分担

	主な支援内容	勤務日数
経営担当IM	経営、マーケティングなど	3日／週
技術担当IM	技術全般	2日／週

（出所）BICあさひへのヒアリングから作成。

図表5-2-5 BICあさひ入居企業の卒業後立地

	卒業企業		途中退出	計
	新規創業	第二創業		
大田区内に立地	6（4）	2（1）	2	10
大田区外に立地	3	1	1	5
計	9	3	3	15

（注）（ ）内の数値は、BICあさひ卒業後、産学連携施設に入居した企業数。
（出所）BICあさひへのヒアリング結果から作成。

ている。その調査結果によると、インキュベーション・プログラム対象15社の卒業時の売上は23億4600万円であり、入居時に比べ1.23倍となっている。同じく経常利益は約7700万円であり、1.41倍である。企業により増減があり、売上の増加が必ずしも経常利益の増加に結び付いているわけではないが、IMを中心とする大田区BIシステムの企業育成の効果が現われつつあると考えられる。

(4) 地域企業に与えた効果

BICあさひは新規創業および既存企業の新分野進出を促進し、もって区内産業を活性化するために整備された。オープンしてから2006年までの3年間で新分野進出も含め23社を育成し、そのうち19社は卒業までにいたっている。区外に本社がある企業も入居したことから、卒業企業の区内定着は3分の2であるが、区外立地企業も入居時に構築した大田区内企業との取引関係を継続している。

入居期間中も含め、BICあさひ卒業企業15社からの区内企業への発注額は、54件約5400万円であり、逆に区内企業からの受注は17件2300万円であった。BICあさひの存在により、7700万円の直接取引が発生した。これらの取引は、スタートアップ期3年間での実績であり、大田区全体の経済活動規模に比べると微々たるものである。しかし、15社の成長とともに、この規模は拡

大していくことが期待される。

　間接的な効果として、BICあさひに中央大学やものつくり大学が入居したことがある。これまでにも区内企業と大学との産学連携事例はあったが、わが国全体として産学連携による新事業創出の機運が高まっていたこともあり、BICあさひに入居した大学と区内企業との産学連携の動きが活発になってきた。例えば、BICあさひ卒業企業で今では産学連携施設に入居している㈱環境保全は、東京海洋大学との共同研究を活発に行い、事業拡大を進めてきた。そして、このような姿を区内企業が見てBICあさひのIMに、大学との共同研究や技術課題についての相談が寄せられるようになった。こうした区内企業のニーズを踏まえ、大田区では2006年8月に旧北蒲小学校を「大田区産学連携施設」として整備した。ここには、ものつくり大学および山形大学が入居し、今後、入居企業や区内企業への産学連携がさらに活発になることが期待されている。

(5) 今後の展開と課題

　BICあさひは、2006年までの3年間で23社の企業を育成し、入居企業の成長や区内企業との取引拡大など、当初の設置目的は達成されたと言えよう。しかし、約5000社の大田区製造業企業数の約0.5％にすぎない。BICあさひのIMは、㈶大田区産業振興協会と一体となり常に、「区内企業から納税された予算を使って入居企業を育成している」との意識で活動している。このため、区内企業の発展のためIMのネットワークを活用して広域的な企業間交流を進めている。

　今後は、BICあさひの活動が、大田区産業全体の活動に対し、どのように貢献していくのかの具体的姿を示していくことが求められよう。カオス理論のなかに、「北京で蝶がはばたくと、ニューヨークでハリケーンが起こる」というバタフライ効果と呼ばれるものがあるが、まさに、「BICあさひのBIプログラムから新規創業企業などが生まれると、大田区企業全体が活性化する」という状況を作り出すことが望まれる。

　これまでの3年間の経験をもとに、BIプログラムの改善にも着手しているとのことであるが、わが国に未だに見られる"公的インキュベータは安価な家賃で創業予定者に部屋を貸すことが支援の中心"との誤った理解を正す象徴と

なる BI プログラムの構築・実行を期待したい。

(梶川)

3. KSP モデルの進化と可能性：かながわサイエンスパーク

　かながわサイエンスパーク（以下、KSPと略す）は、1986年に民活法[8] 第1号施設として誕生した、日本の都市型サイエンスパークの嚆矢として知られている（関・関編［2005］、西口編［2003］）[9]。創業以来、KSPは試行錯誤のなかで技術・事業開発を支援するシステムを構築し、260社を超える新しい企業を輩出、今なお多くの企業や企業家を支援し続けている。すなわち、KSPが歩んだ20年は、わが国におけるビジネス・インキュベータの歴史そのものであると言ってもよいであろう。

　KSPの事業支援の仕組みは、関・関編［2005］において「KSPモデル」として詳細に紹介されている。本節では最近の状況を踏まえつつあらためて「KSPモデル」の中核となるインキュベート事業について概観し、その進化と課題について検討する[10]。

(1) KSP の概要

　KSPが立地する川崎市は京浜工業地帯の一角をなす産業都市であり、周辺にはハイテク産業をはじめとする多くの研究開発型産業が立地している[11]。1978年、こうした地域特性を背景に、当時の長洲一二知事が「頭脳センター」構想[12]を提唱、科学技術立県を目指す神奈川県の産業政策を方向づけるとともに、KSP設立プロジェクトのきっかけとなった[13]。また、当時のわが国としては斬新な試みであった創業支援は、KSPの導入をきっかけとしてその後全国各地の自治体でさかんに取り組まれることになる（西口編［2003］198ページ）。

　施設としてのKSP（図表5-3-1）は、敷地面積5万5362㎡、建物延面積14万6336㎡という国内屈指の規模を誇る。建物は、創業者や研究開発型企業の支援施設である「イノベーションセンター」西棟・東棟、民間の研究所や研究開発型企業を対象としたテナント・ビルである「R＆Dビジネスパーク」の3棟からなる。その中心となるイノベーションセンター・ビルには、開放型

図表5-3-1 かながわサイエンスパーク概要

所在地	神奈川県川崎市高津区坂戸3-2-1
施設運営主体	株式会社ケイエスピー
設立	1986年12月19日（施設オープン1989年12月）
資本金	45億円 公的セクター　約15億円（神奈川県、川崎市、日本政策投資銀行） 民間セクター　約30億円
代表取締役社長	山田長満
敷地面積	55,362㎡
建物延面積	146,336㎡ 　イノベーションセンター・ビル　46,290㎡ 　R＆Dビジネスパーク・ビル　　100,046㎡
インキュベータ	名称：区画数／広さ／期間／賃料 ・夢オフィス：13／デスク／1年／無料 ・シェアードオフィス：30／12～43㎡／1年（最長3年）／5,250円・月㎡ ・スタートアップルーム：62／37～75㎡／5年（最長通算8年）／5,460円・月㎡ ・KSP-Think*：29／33～108㎡／2年（最長5年）／2,750円・月㎡
併設施設	ホール、ギャラリー、貸会議室、オフィス、ホテル、郵便局、銀行ATM、クリニック、レストラン、店舗など

(注)　KSP-Thinkは川崎市川崎区「テクノハブイノベーション川崎」(Think)内にある。
(出所)㈱ケイエスピー［2006d］および同社資料より作成。

試験研究施設（ラボ）と研究開発型企業支援施設（シェアードオフィス／スタートアップルーム）のほか、郵便局、銀行ATM、書店、コンビニエンスストア、飲食店、クリニック、ホテル、ホール、貸会議室などが設置され、一般の利用者にも開放された複合型産業施設ともいうべき機能を有している。2006年3月末の施設全体の入居事業所数は140社、うち研究開発型企業118社、入居率は91.1％となっている[14]。

(2)「KSPモデル」とは

　KSPの事業は大きく、研究開発型企業の支援を行う「インキュベーション事業」と、交流事業や不動産賃貸など施設関連の「ネットワーク支援事業」とに分かれており、その事業企画・運営主体は、公共および民間セクターの出資により設立された株式会社ケイエスピーが担っている。関・関編［2005］において「KSPモデル」と呼ばれたのは、これら二つの事業のうち「インキュベーション事業」についてのもので、株式会社ケイエスピー、同時期に設立さ

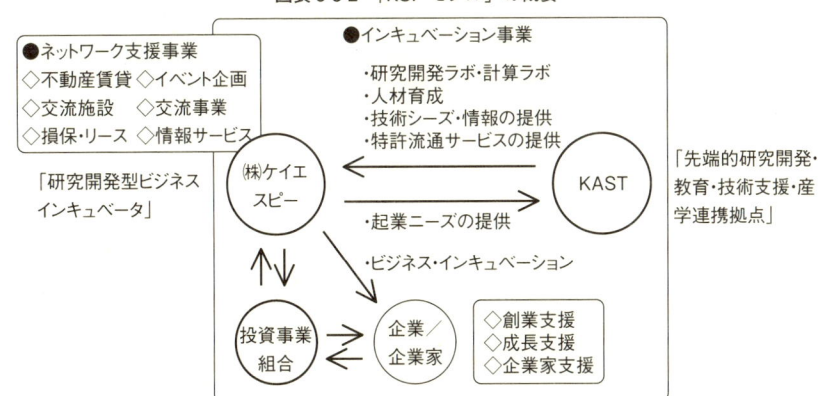

図表 5-3-2 「KSP モデル」の概要

●ネットワーク支援事業
◇不動産賃貸　◇イベント企画
◇交流施設　　◇交流事業
◇損保・リース　◇情報サービス

「研究開発型ビジネスインキュベータ」

●インキュベーション事業
・研究開発ラボ・計算ラボ
・人材育成
・技術シーズ・情報の提供
・特許流通サービスの提供

㈱ケイエスピー ← → KAST

「先端的研究開発・教育・技術支援・産学連携拠点」

・起業ニーズの提供
・ビジネス・インキュベーション

投資事業組合　⇄　企業／企業家
◇創業支援
◇成長支援
◇企業家支援

(出所) ㈱ケイエスピー [2006a]、関・関編 [2005] などをもとに作成。

れた財団法人神奈川高度技術支援財団（KFC）、そして財団法人神奈川科学技術アカデミー（KAST）という 3 機関が連携して行う研究開発型企業の育成・支援の仕組みであった。

このうち KFC は、神奈川県の試験研究機関の機能と設備を引き継いだ公益法人であり、主に「KSP の測定ラボ」として技術市場サービス事業や技術者教育事業などを担い、また研究教育機関として設立された KAST は、「KSP の研究開発ラボ」として研究事業、技術者教育事業を担ってきた（関・関編 [2005] 24 ページ）。

2005 年 4 月、KFC と KAST は組織統合により、財団法人神奈川科学技術アカデミー（new KAST）となり、新しい KAST がこれまでの二つの組織の機能を担うことになった。したがって、現在の「KSP モデル」は、㈱ケイエスピーが KAST と連携しながら実施する研究開発・事業開発支援の仕組みのことであり、KAST が技術面から支援し、㈱ケイエスピーが「創業支援」、「成長支援」、「企業家支援」を柱に、ビジネス・インキュベーションを行うという体制が構築されている（図表 5-3-2 参照）。

「KSP モデル」によるビジネス・インキュベーションの特徴は、KAST による技術面からの支援だけでなく、成長が見込まれる企業に対して、後述する投資事業組合（ファンド）により直接投資を行っていることころにある。また、

図表5-3-3　かながわサイエンスパークの沿革

時期	概要	年代区分*
1986年12月	民活法適用1号認定、株式会社ケイエスピー設立	第1期
1987年10月	インキュベート事業開始	
1989年 7月	建物竣工	
1990年10月	第1回KSP国際フォーラム開催	
1992年 5月	第1回KSP新事業マネジメントスクール開講	↓ 第2期
1997年 1月	KSP1号投資事業組合設立	
1999年 4月	ビジネスサポート・センター開設	第3期
2003年 6月	初の民間人社長(専従)が就任	
9月	KSP卒業企業株式公開第1号	
12月	KSP夢オフィス開設	
2004年 3月	KSP2号投資事業有限責任組合設立	↓
10月	KSP‐Think開設	
2005年11月	アジアサイエンスパーク協会(ASPA)第9回大会開催	
2006年 7月	KSP3号投資事業有限責任組合設立	↓

(注)年代区分は関・関[2005]26〜30ページによるもの。各期の特徴は以下のとおりである。
　　第1期インキュベート：重厚支援から段階的支援へ(1987年〜96年)。
　　第2期インキュベート：創業支援から成長支援へ(1997年〜2004年5月)。
　　第3期インキュベート：飛躍に向けての模索(2003年6月〜)。
(出所)同社ホームページをもとに一部加筆。

この図では示されていないが、外部企業や専門家、大学など研究機関との関わりも、「KSPモデル」にとっては重要な存在である。さらに付け加えるならば、本来「KSPモデル」の対象に含まれていないネットワーク支援事業も施設や交流事業を通じてビジネス・インキュベーションをサポートするものである[15]。

(3) 「KSPモデル」の現状

　先述したように、いわゆる「KSPモデル」の中心は、㈱ケイエスピーとKASTを中核とした技術開発・事業開発支援の仕組みであり、以下に見る「創業支援」、「成長支援」、「企業家支援」という三つの支援事業から構成されている。関・関編[2005]では、この三本柱がKSPの設立以降の試行錯誤により生み出されたものであり、とりわけ支援対象が創業企業から成長企業へとシフトするなかで確立されたことが明らかにされている（図表5-3-3参照）。
　すなわち、表中の第2期においては、1997年1月のKSP1号投資事業組合の設立に見られるように、創業段階から成長段階へと支援の力点がシフトしていった。つまり、KSPが支援する企業の成長にあわせてその支援ニーズに対

応してきた結果、三つの支援体制が確立したと言えよう。以下に現状の支援体制について概観する。

①創業支援

まず創業支援として、KSPでは新たに創業を目指す人や創業後間もない企業に、安価な賃料でラボやオフィスを提供し、専従のインキュベーション・マネージャー（IM）や企業、専門家による事業活動の支援を行っている。入居企業は事前の審査によって決められるが、その事業ステージによってオフィス形態など入居条件が異なる（前掲図表5-3-1参照）。

2003年12月から導入された「KSP夢オフィス」は、これから起業しようとする人を対象に、1年間無償でデスク・スペースを提供している。創業後間もない企業に対しては、パーティションで区切られた「シェアードオフィス」と、独立した部屋である「スタートアップルーム」が用意されている。「シェアードオフィス」は12～43㎡のスペースを最長3年まで利用することができ、月額の家賃は5250円／㎡（共益費込み）である[16]。「スタートアップルーム」は37～75㎡の独立した部屋を5年間（シェアードオフィスからの場合通算8年間）月額5460円／㎡で利用することができる。

2004年11月から、川崎市川崎区に設立されたインキュベーション施設「テクノハブイノベーション川崎」（Think）内に、「KSP-Think」が設置された。この施設では独立した部屋を月額2750円／㎡とKSP本体よりも安価な賃料で提供しており、なかには条件面で入居しやすい「KSP-Think」で実績を積みKSPに移転した企業もあるなど、施設間の連携も生まれつつある。

このように、KSPでは企業のステージや業容によりさまざまなタイプの部屋が準備されている。それにより入居を希望する企業の事業ステージに応じたオフィスを提供できるだけでなく、入居した企業の成長過程で変化するオフィス需要に柔軟に対応することが可能となった[17]。KSPの支援の特徴の一つは、たんなる場所提供ではなく、支援中心のきめ細かい指導・育成を目指す「ハンズオン型」をとっていることである（関・関編［2005］30ページ）。入居企業には5人のIMのなかから担当が決められ、一貫して成長支援を行う体制となっており、必要に応じて外部の企業や専門家もサポートに当たっている。

②成長支援

　KSPでは入居企業がステージごとに直面する課題に応じてコストパフォーマンスの高い支援を実施するため、外部企業のネットワークを活用した「KSPビジネスサポート・センター」を1997年に設置、有償のサービスを提供している。サービス内容は、会社設立、人材・教育、組織・人事、経理・会計、金融・財務、営業・マーケティング、情報システム、技術開発、法務、知的所有権、経営、株式公開、各種事務処理など、引越移転サービスといった項目ごとに複数の支援メニューが用意されている。

　成長支援におけるKSPのもう一つの特徴は、投資による支援である。KSPでは当初、会社設立時などの資金などについて自己勘定による出資を行っていた（関・関［2005］35ページ）。しかし、支援の効果を高め㈱ケイエスピーの収益源とすべく、1997年1月に「KSP1号投資事業組合」を設立した。出資金は7億円（当初は8億円）で、シード、もしくはアーリーステージ段階にあり急成長が見込まれるIT、バイオ、半導体などの企業を中心にこれまで25社に投資を行った。当初はなかなか実績が出なかったが、2003年9月に初の株式上場が実現し、それ以降現在まで計4社が公開を果たしている。

　その結果、上場によるキャピタル・ゲインは約30億円となり、現在の収益性改善に大きく寄与することとなる。KSPはその後、2004年3月、「KSP2号投資事業有限責任組合[18]」を出資金6.1億円で設立、25社に対して出資を行った。

　その当時国内のインキュベーション施設でファンドを有するところはなく（関・関［2005］36ページ）、成長企業への投資による支援はKSPの最大の特徴となっている。ファンドの運用実績も好調で、1、2号の投資原資がなくなってきたこともあり、2006年7月、KSPが5億円を出資して新たに「KSP3号投資事業有限責任組合」を設立した。2007年3月時点の出資金は23億円（追加出資受付中）で、7社に投資している。

③企業家支援

　KSPが研究開発型企業の支援とともに力を入れてきたのが、企業家支援である。その中心は1992年よりスタートした「KSPベンチャービジネススクー

図表5-3-4　KSP入居企業の株式公開実績

時期	公開市場	会社名	業務内容
2003年9月	JASDAQ（現東証2部）	株式会社テクノメディカ	臨床検査用分析装置、医療機器の研究開発、製造、販売、輸出入
2004年8月	マザーズ	サイオステクノロジー株式会社（旧社名 株式会社テンアートニ）	Java・Linux関連の製品開発および企業情報システムの構築
2005年3月	セントレックス	株式会社エフェクター細胞研究所	癌、アレルギー関連創薬、ならびに走化性測定装置開発販売
2006年3月	JASDAQ	株式会社メディアグローバルリンクス	通信系機器および放送系機器の開発・製造・販売など

(出所)㈱ケイエスピー資料より。

ル」であり、現在15期が終了、ベンチャー企業の経営者、中小企業後継者、大企業新規事業担当者など、これまでに408名の人材を輩出している。このスクールの特徴は、たんなる学習の場ではなく、KSPにおける企業支援と直結した実践的なカリキュラムを有し、実際に新規事業のビジネスプランを作成することに力点を置いていることにある。定員は25名、毎年5月から11月までの全25回（120時間）、それ以外に選択講座が2回（5日間）、海外研修もあり、一括受講の場合受講料は72万円である。受講企業のなかにはスクールがきっかけとなり株式上場を果たした企業も数社あり、またKSPに入居した企業もある。

(4)「KSPモデル」の進化と課題
①新たなステージへ

関・関［2005］にもあるように、KSPは初の専従民間人社長となる山田長満氏が就任した2003年6月以降、「成長に向けての模索」を行う新たな段階へと移行した（前掲図表5-3-3参照）。この第3期では、先に見た「KSP夢オフィス」や初のブランチである「KSP‐Think」などさらなる企業創出に向けた取り組みが行われており、他方で、KSP2号投資事業組合の設立や公開企業の出現（図表5-3-4）など、成長企業への支援の充実化も図られた。

設立後20年を経過した現在、KSP支援企業は260社を超え[19]、ベンチャー企業支援においては国内トップの実績を誇っている。2006年3月には、KSP支援企業4社目となる株式公開が実現したことにより、㈱ケイエスピーの業績

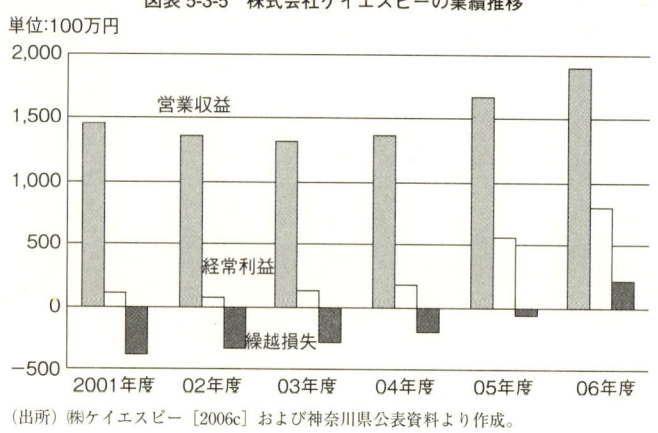

図表 5-3-5　株式会社ケイエスピーの業績推移

単位:100万円

(出所) ㈱ケイエスピー [2006c] および神奈川県公表資料より作成。

は大幅に改善、2006年度には長年の課題であった繰越損失の解消がほぼ確実となった。こうしたファンドの好調を受けて、同7月にはKSPが5億円を出資し「KSP第3号投資事業有限責任組合」を設立した。さらに、第2のKSPとなる新施設を羽田空港対岸の神奈川口に新設する「神奈川口構想」(㈱ケイエスピー [2006b])[20]も実現に向け動き出している。

このように、KSPは今、新たなステージの入口に立っていると言ってよい。それは言わばKSPの「自立化」(関・関編 [2005] 30ページ) とも言うべき段階であろう。そこには、KSPがこの20年間で蓄積してきた事業支援の資源の他施設への移転、ファンドによる成長企業への投資とキャピタル・ゲインによる財政面での自立化、という二つの側面を含んでいる。そのことは、㈱ケイエスピー社の取締役である志茂武氏の以下の発言内容に示されている。

「すでに投資事業組合を通じて入居企業以外でも優秀な企業に投資している。今後はキャピタルに加え、研究開発型企業に経営センスをもった人材の派遣なども検討していく。」[21]

「神奈川口構想」のみならず、外部企業への投資や支援、さらには人材派遣事業といった今後KSPが取り組もうとしている事業は、これまで見てきた

「KSPモデル」の範囲を超えるものである。すなわち、ネットワーク事業や外部との関係も含めた、より包括的で新しい「KSPモデル」とも言うべきものを検討する必要がある。そして、それらの事業が実現するか否かは、KSPのみならず、これからの都市型インキュベーション施設の方向性を知るうえでも重要な手がかりとなろう。

② 「KSPモデル」の課題

このように、ファンドによる成長支援が一定の成果を出しKSPの「自立化」が進展するなかで、より多くの企業の支援・輩出、地域産業の活性化、雇用促進といった施設が本来もつ目的は薄れざるをえない。KSPが自立化を図るほど、その公共性は犠牲になるという矛盾を抱えているのである[22]。

この課題を克服するためにも、KSPは今、施設における支援対象を広げ、規模を拡大し、ノウハウや人材の活用に取り組んでいる。今後は、外部企業や研究機関との関係をさらに深め、相乗効果が得られることが期待されているのである。すなわち新しい「KSPモデル」においては、施設の境界や外部との関わりをどのように捉えるか、ということが重要になると考えられる。企業の支援から得たノウハウや成長企業の活力を、いかに入居企業や周辺の地域・産業にフィードバックするのか、またその仕組みをいかにつくるのか、といったことは、KSPのみならず多くのインキュベーション施設が抱える課題であろう。

(4) ビジネス・インキュベーションに求められるもの

最後に、本節での検討を通じて得られる含意として、3点挙げておこう。

第1は公的な企業・事業支援施設のあり方についてである。それは、入居企業の事業活動の展開や成長に応じた支援体制、すなわち「動態支援」ともいうべき視点の重要性ではないだろうか。従来の企業支援では、ビジネス・シーンや企業の成長段階別にさまざまなメニューが開発・提供されてきたと言えるが、支援対象企業の日々の事業活動や業容の拡大、さらには成長を遂げた企業からのフィードバックという通時的な視点はそれほど重視されてこなかった。

第2は、インキュベーション施設の「公共性」と「収益性」に関する問題である。先述したように、施設の「公共性」と「収益性」は言わばトレード・オ

フの関係にある。公的な施設であっても、継続的なサービスを提供し成果を挙げるためには、成長企業に特化した支援や資金投入が必要になる。そのことが、より多くの企業の事業化を支援するという意味での公共性を低める結果となるのである。すなわち、公的企業支援における「公共性」という問題についてあらためて検討する必要があろう。

　第3は、インキュベーション施設としての戦略の方向性についてである。KSPは現時点で最も成功している施設の一つであると考えられるが、KSPモデルが国内のすべての施設に当てはまるということを意味しない。先ほどの「公共性」と「収益性」という観点に立てば、少なくとも四つの戦略類型が存在することになる。例えば地方都市や小規模な施設では、公共性の高いビジネス・インキュベーションの仕組みが求められるケースも少なくないであろう。つまり、それぞれの類型に応じた戦略や支援のあり方が検討されるべきであろう。

　いずれにせよ、インキュベーション施設を通じた企業支援の枠組みは、新たな段階に入りつつある。1990年代後半以降、都心部を中心にIT関連産業やSOHO事業者が増加したことを背景に、官・民ともにビジネス支援機能を強化したオフィス型の施設が増加し、また行政や大学による積極的な創業支援や産学官連携の促進、さらに金融機関による直接金融の積極的な展開など、多様なビジネス・インキュベーションのインフラが整備されつつある。こうした状況は、KSPが試行錯誤のなかから確立した「KSPモデル」とも無関係ではないだろう。今あらためて地域のなかで新しい事業を産み育てる機能が問われているのである。

（秋山）

4.「SOHOしずおかモデル」による独自の施設運営：SOHOしずおか

　「SOHOしずおか」[23]は、静岡市を中心とする静岡県中部地区SOHO推進協議会（会長は静岡市長）[24]によって運営されているインキュベーション施設であり、2001年2月に開設された。全国的に見れば、インキュベーション施設としては、後発の部類に入るだろう。しかし、現在（2007年度）では、月間平均にして約100人もの相談者が同施設を訪れるまでに盛況を博している。日

本で最も成功しているインキュベーション施設の一つとして大きな注目を集めている。

(1) 設立の背景と地域経済[25]

「SOHO しずおか」が開設された 2001 年の静岡市は、過去 3 年の廃業事業所数が新設事業所数の 1.8 倍に上り、加えて、ひな具、ひな人形、サンダル、家具といった静岡市を代表する地場産業も低迷し、人口も減少傾向にあるという経済的に苦しい状況を迎えていた。

これまで、静岡のような地方都市では、中央資本の大手企業の支店によって経済基盤が支えられるという、いわゆる「支店経済」によって発展を遂げてきた。しかし、そういった成長路線はもはや限界に達しようとしており、「いかにして支店経済頼みから脱却し、地場産業の衰退を食い止め、地域経済を活性化しなければならないのか」、ということが喫緊の課題となっていた。

そこで注目されたのが、SOHO 事業者の存在であった。当時、「IT（情報技術）」という言葉が広く普及するようになり、2000 年には「IT 革命」という言葉が流行語大賞を受賞するほど IT 産業に大きな期待が寄せられていた[26]。こういったなかで、SOHO（Small Office / Home Office）は、「パソコンやインターネット、携帯電話などを利用して、時間や場所にとらわれない[27]」新しいワークスタイルとして注目を集めるようになったのである。

静岡市が目指したのは、このような SOHO 事業者に代表される起業家を多く輩出し、地域経済を支える存在にまで成長してもらうことであった。こうして、「SOHO しずおか」が開設されることとなったのである。

(2) 施設の概要
①施設の立地環境と特徴

「SOHO しずおか」は、JR 静岡駅から徒歩 5 分という静岡市の中心部にある。独立した施設ではなく、賃貸ビルのワンフロア（静岡県静岡市）を占めている。フロア面積は、約 286 ㎡、入居専用ブース 13 室／各室 11 ㎡（約 7 畳）である。

入り口付近のスペースが打合せスペース（ラウンジ）となっており、入居者の仕事の打ち合わせ、来所者の起業相談、取材、講習会などに使用される。そ

の横に入居者が利用できる会議室があり、多人数での商談やIT講習会などに利用可能となっている。入居者スペースには、高速回線が引かれている。家賃（1ブース）は、周辺オフィスの相場よりも高い設定（5400円／㎡）となっている。

施設の運営予算は、年間1500万円である。開設当初の3年間は、そのうちの85％を静岡県が負担していたが、現在では（2004年度以降）静岡市に財源が移管されている。

②インキュベーション施設の実績

上述したように、施設の開設自体は後発の部類に入るだろうが、開設3年目には早くも現在の水準である、平均して月間100人もの相談者が訪れるようになった。その内訳は、半数が新規起業相談、残りの半数が既存企業による経営やビジネスに関する相談となっている。現在（2006年度）では、およそ累計で2000件以上の起業に関する相談を受け、携わった事業化案件も200件という実績を上げるまでとなった。卒業企業も3巡目を迎えている。

全国的に有名となった成功事例も数多く挙げられる。例えば、「抱っこひも」を中心とした育児用品の企画・製造・販売を手がける北極しろくま堂有限会社（代表取締役 園田正世）である[28]。園田氏は、当初（2001年ごろ）は「スリング」というアメリカ製の抱っこひもを個人事業として輸入販売していた。これは、「自分で使ってみてよかったので、アメリカから輸入して子育て中の人にお勧めしている」というもので、月間の売上は月に2～3個程度、ビジネスという意識は希薄であった。

しかし、事業が順調に成長していくなか、2004年ごろになると、さまざまなトラブルを抱えるようになってしまった。製造が間に合わず、お客様への商品のお届けが数カ月滞ってしまったこと、数千万円に達した売上の財務管理が必要になったこと、これまでの受注システムでは大量の注文に対応できなくなってきたこと、である。

こうした種々のトラブルを解決するために、「SOHOしずおか」はあらゆるネットワークを駆使して、全力を挙げて支援するようになった。2005年2月、同社は「SOHOしずおか」に入居することとなり、これを契機として、より密着した支援が行われるようになる。

図表5-4-1　SOHOしずおかの施設概要

整備主体	静岡市
所在地	静岡県静岡市葵区紺屋町3-10 中島屋ビル6階
施設運営主体	静岡県中部地区SOHO推進協議会（会長：静岡市長）
フロア面積	約286㎡
設置年月	2001年2月
総室数	13室（広さ10.4～11.4㎡）
賃料・使用料	月額　58,800～64,050円（共益費なし）* 電気料金は区画ごとの実費負担 保証金として賃料月額の3ヵ月相当額を預託
利用条件	対象業種　なし 入居期間　3年間** 卒業基準　なし
スタッフ数	IM（常駐）　1名 事務職員　2名

(注)　*：㎡当たり単価では周辺相場の倍。
　　　**：ただし、さらに支援の必要性が認められる場合には最長で5年まで延長可能。
(出所) SOHOしずおかのウェブサイト、および内部資料により筆者作成。

　例えば、同社の運営するホームページは、当時の入居者であったITコンサルタント会社である有限会社バリューファクトリーが担当することとなった。これは、顧客の95％が女性であること、パソコンの習熟度のばらつきが大きいことを考慮し、より魅力的で、わかりやすいホームページを制作したいという要望に応えてのものだった。加えて、受注システムに関しても、同じく入居者でCGIプログラムを制作していたKENT WEBがその開発を担当した。

　現在では、全国の百貨店から仕入れの申込が相次ぎ、「北極しろくま堂」の抱っこひもやおんぶひもは高島屋京都店、高島屋大阪店、静岡伊勢丹、東急ハンズ三宮店などでも販売されるようになり、インターネット通販以外でも着実な拡がりを見せるようになった。創業者の園田氏は、全国商工会議所女性会連合会などが主催する「第4回女性起業家大賞（平成17年度）」の最優秀賞を受賞されている[29]。

(3) 独自の施設運営：「SOHOしずおかモデル」の構築
①民間からのインキュベーション・マネージャーの登用
　このように、SOHOしずおかは、開設されてからわずか数年の間に輝かしい実績を上げ、成功したインキュベーション施設として全国的にも高い評価

を得るようになった。注目すべきは、この成功は、何か理想のインキュベーション事業、施設のやり方を模倣したものではなく、試行錯誤のなかで創発的（emergent）に生み出されていったという点にある。

　その原動力となったのが、「SOHO しずおか」のインキュベーション・マネージャーとして陣頭指揮をとられた小出宗昭氏であった。

　小出氏は、1983 年に静岡銀行に入行し、2 カ所で支店勤務を経験した。その後、国際部、情報営業部、経営企画部に在籍し、「SOHO しずおか」のマネージャーを命じられたときは関連会社の静岡銀コンサルティング株式会社に出向していた。

　この現役の銀行員である小出氏がインキュベーション・マネージャーとして抜擢された背景には、次のような思惑があった[30]。第 1 に、「SOHO しずおか」の運営は静岡市が中心になっているとはいえ、アドバイザーとして特定の人たちを公務員が支援することに少なからず抵抗があったこと、第 2 に、民間企業に勤めた経験もなければ起業したこともない公務員が、こうした相談業務についても現実味がないこと、である。

　そこで、静岡市としては、地元経済の状況に明るく、地域貢献に積極的に取り組んでいる静岡銀行に人材の派遣を要請することとなった。その際にこだわったのが、現役をリタイアした OB ではなく、現役行員の出向であった。これは、「SOHO しずおか」が想定していた支援対象者として SOHO 事業者に重点を置いていたことによる。IT を駆使し、比較的若い世代の起業家をサポートするには、同様に若い支援人材が必要であると考えられたからである。

②柔軟な発想からの出発

　こうして、小出氏が「SOHO しずおか」の立ち上げと運営を担当するインキュベーション・マネージャーとして任命されることとなった。しかし、小出氏が静岡銀行から話を受けたのが、2001 年 1 月 16 日という「SOHO しずおか」が開設されるわずか 1 週間前のことだった。そのため、小出氏には準備期間がほとんどなく、既存のインキュベーション施設、SOHO 支援施設について十分な知識を事前に得ることが難しかった。

　そこで、まず小出氏が取り組んだのは、「SOHO」に対する定義づけであっ

た。一般的に、SOHOとは、パソコンなどITを利用した在宅でできるワークスタイルを指し、SOHO事業者とは、在宅でできるデータ入力、ウェブデザイン、翻訳などの業務を請け負っている人を指す。しかし、この解釈では支援対象者、支援事業の発展性が大きく制限されてしまう。

そこで、小出氏は、SOHO事業者とは「小さな事務所や自宅を舞台に活動している、高い技術やユニークなノウハウをもつ多業種にわたる起業家であり、独立自営業者である」と広い定義づけを行った。

③「SOHOしずおか」モデルの構築へ

この柔軟な発想からSOHOを定義づけ、「SOHOしずおか」を出発させたことが、既存のインキュベーション事業、施設の既成概念にとらわれない「SOHOしずおかモデル」と呼べる独自のインキュベーション施設運営[31]につながっていく[32]。

ⅰ）**相談者と同じ目線に立つ**　小出氏は、相談を受ける際に『挑戦することは尊い』という考えのもと、相談者と常に同じ目線に立つことを心がけた。「一緒に考えませんか」、「一緒にやりませんか」という姿勢である。この姿勢を崩さず、客観的な視点から相談者自身も気がついていないようなセールスポイントや問題点を発見し、「自分ならどうするのか」という観点から相談者と一緒に考え、行動することを行動規範とした。

ⅱ）**人の流れを作り出す**　小出氏は、入居者と対話を繰り返すなかで、入居者の要望として「仕事に出会うネットワーク」を求めていることに気がついた。多くの入居者は、企業という組織から離れ、起業したとたん、今までのネットワークから断ち切れて、八方塞がりの状況にあることがわかったのである。そこで、ネットワークづくりのために、「初心者SOHO相談会」、「社長さんのためのIT何でも相談会」というテーマで、無料の講習会を開催し、人の流れを作り出すことから始めた。

ⅲ）**具体的でわかりやすい成功事例を発信**　「SOHOしずおか」では、「支援を受ければどういう成果が得られるのか」という点について、具体的で、わかりやすい成功事例を発信することに注力した。マスコミに対する姿勢も明確に定めた。それは、高い技術やユニークなノウハウをもった入居者たちをア

ピールすること、小出氏や入居者が関わったさまざまな起業家プロジェクトの内容を知らせること、である。この結果、マスコミを通じて施設の存在が宣伝され、相談者が増え、その成功事例も増えていく。それをまたマスコミが紹介してくれる、といった好循環を形成することに成功した。

iv）**プロジェクトの一員としての入居者**　通常、多くのインキュベーション施設では、入居にあたっては、ビジネスプランの事業化可能性の高さや家賃が払えるかどうか、といった点が評価される。つまり、入居希望者の潜在的な能力や可能性ではなく、担保主義的な発想に基づいている。一方、「SOHOしずおか」では、入居者を「SOHOしずおか」という地域活性化プロジェクトの一員として位置づけている。上述の成功事例にもあるように、入居者は一方的な支援を受けるのではなく、自らも他の入居者、起業家に対して積極的に支援を提供する立場に位置づけられている[33]。

(4) 今後の課題：「SOHOしずおかモデル」のさらなる発展に向けて

以上のように、「SOHOしずおか」は、当初から既成のインキュベーション事業、施設の概念にとらわれず、柔軟な発想から出発し、「SOHOしずおかモデル」と呼べる独自のインキュベーション施設運営を行ってきた。

今後の課題は、大きく次の2点が指摘できる。第1に、インキュベーション施設のあり方としての「SOHOしずおかモデル」、もっと言えば、「小出モデル」の継続性の問題である。

小出氏は、「戦術がすでに決まっているので、それを忠実にコピーすれば、60〜70％のパフォーマンスを発揮することができる」と述べている。すなわち、小出氏がいなくとも、「SOHOしずおか」というチームでもって十分に対応可能であると考えておられる。

しかし、やはり「SOHOしずおか」のこれまでの成功は、小出氏のもつ個人的資質に負うところが大きいことは否定できないだろう。古今東西、多くの組織を悩ませているのは、事業承継の問題であり、なかなかに解決が難しいのが事実であろう。

この点については、第2章で議論されているように、インキュベーション・マネージャーの属人的資質を土台とするインキュベーション事業運営に関する

ノウハウ・経験などといった暗黙知をいかに形式知へと転換し、組織能力として還元していくのかという課題があると考えられる。

　現在、小出氏は、「SOHO しずおか」での高い手腕を買われ、2007 年 7 月 1 日より、「はままつ産業創造センター」へと異動することとなった。入れ替わりに、静岡銀行より新しいインキュベーション・マネージャーとして小野浩美氏が着任することとなった。今後は、小野氏を迎えての「SOHO しずおかモデル」のもつ競争優位性、その継続性の真価が問われることとなろう。

　第 2 に、「SOHO しずおかモデル」の汎用性の問題である。上述のように、小出氏は、「はままつ産業創造センター」において、新たにインキュベーション事業の立ち上げに携わることとなった。

　同施設は、浜松市が平成 18 年度に策定した創業都市構想を実践する拠点施設として、インキュベーション機能をはじめ、専門人材の斡旋、資金・技術やノウハウのマッチング、マーケティングや販路開拓支援にいたるまでの各種産業支援サービスをワンストップ・一貫型で提供することにより、魅力ある創業環境づくりを目指すことを使命としている[34]。

　創業都市構想とは、今後の浜松市のあるべき姿として国内はもとより世界から独創的バイタリティのあふれる人材をひきつけることにより、都市間競争に勝ち抜ける国際都市を目指そうとするものである。とりわけ、浜松市の基幹産業である「ものづくり産業」の成長・発展に焦点を絞ることに重点が置かれている。

　これまでの「SOHO しずおか」の実績は、SOHO 事業者に限定してはいないとはいえ、どちらかと言えばサービス関連のビジネスへの支援が中心であった。したがって、「ものづくり産業」を主として対象とすることになることになれば、「SOHO しずおかモデル」の汎用性、すなわち、どの程度他の状況でも適用可能性があるのか、という点が問われることとなろう。

　おそらく、「SOHO しずおかモデル」をカスタマイズし、浜松市の目指す目標、その置かれている実状に則したかたちでのモデルの再創造が必要とされることになるだろう。「SOHO しずおかモデル」を雛形としながらも、新たな浜松市独自の「浜松モデル」の構築が重要となってくるのではないだろうか[35]。

（西井）

5. 地域インキュベーション集積の拠点：京都リサーチパーク（KRP）

　京都リサーチパーク（KRP）は、1989年10月にオープンした民営・都心立地型のリサーチパーク[36]である。民間企業である都市ガス会社（大阪ガス㈱）が、その工場跡地を再開発したもので、同パーク内の14棟のビルには、約250社の企業・研究所や地域産業支援機関などが入居し、昼間人口は約2500名である（2006年10月時点）。リサーチパークKRPを企画・開発・運営しているのは、大阪ガス㈱の関連会社である京都リサーチパーク㈱（以下、KRP㈱[37]）であり、同社自身も公的地域産業支援機関とともに産学連携活動やベンチャー支援関連業務を行っている。また、リサーチパークKRPはアメリカ・フィラデルフィアにあるサイエンスパーク・UCSC（University City Science Center）[38]を開発モデルにしている。

　KRPのような大規模なリサーチパークには、(1) 周辺地区を含めた地域開発（まちづくり）、(2) 中小・ベンチャー企業支援、産学連携活動などを通じた地域経済の活性化、の両機能が期待される。本節では、後者の機能に注目して、KRP内の主要な地域産業支援機関とKRP㈱の機能、地域インキュベーション集積としてのKRPが果たす機能について記述する。またリサーチパークKRPの意義を明らかにするため、KRPがいかなる背景のもとで、どのような組織・個人との連携[39]によって形成されたかを概観する。

(1) KRPの概要

　KRPはJR京都駅から北西約2km（直線距離）の地点にあり、開発面積は7.3ha（東地区（1.7ha）、西地区（開発済3.9ha、未開発1.7ha））である[40]。東地区は1989年に開設され、㈶京都市高度技術研究所（ASTEM）、京都府産業支援センター、京都市産業技術研究所工業技術センター、KRP1・2号館が立地している。これらの地域産業支援機関とKRP㈱の活動によって、地域の中小・ベンチャー企業を育成し地域経済を活性化することが期待されている。またKRP1号館は、会議場・ホール施設を有し、学会や国際会議などの開催される交流拠点として位置づけられている。

西地区には、1992年以降2006年までに9棟のビル群が順次竣工している。この地区の開発は、KRP㈱が親会社と協議のうえ、不動産事業としての収益性を重視しながら、まちづくりの観点から開発されている。同地区には、特定企業（都市ガス会社や中堅製薬会社）のための大規模専用ビル、研究開発（ラボ）仕様中心のビル、IT関連ベンチャー向けのビル、路面型レストラン・カフェのためのビルなどがある。その開発形態は多様であるが、現在のところ東地区のような地域産業支援機関のためのビルは立地していない。

リサーチパークKRPを企画・開発・運営するKRP㈱の社是は「集・交・創」であり、リサーチパークに「人が集まり、交流することによって、新たな技術・ビジネス・ネットワークを創造する」ことと解することができる。

(2) KRP開設の背景

リサーチパークKRPは、大阪ガス㈱、KRP㈱、京都市、京都府、地元経済界などの連携によって実現に至っている。KRPが実現する背景・経緯について、開発主体であり土地保有者であった大阪ガス㈱、KRP㈱の視点、地域経済振興を図ろうとする地元行政や経済界の視点から記述する。

①開発者の視点[41]

1978年、大阪ガス㈱京都工場は都市ガス製造のための操業を停止した[42]。この京都工場を含む大阪ガス㈱の複数の工場跡地や事業所などの遊休地を有効活用するためのプロジェクト（新分野開発部・遊休地活用プロジェクト）が1982年に発足し、京都工場跡地の本格的活用についても検討が始まった。京都市内に残された約9ha（当時）の跡地の活用として10を超える開発アイデア[43]が出されたが、最終的に「ハイテク団地」をキーワードにした開発コンセプトに収束している。当時「リサーチパーク」という概念は定かではなかったが、同社プロジェクトチームの方針としては「他にやっていないもの、日本で一番のものをやろう」というポリシー・雰囲気があった。

第1次基礎調査として、開発コンセプトが検討され、第2次基礎調査として都市基盤整備のための研究会（建設省・京都市・住宅公団・コンサルタント・大阪ガスなど）、ベンチャー育成のための研究会（通産省、コンサルタントなど）が組

織され、それぞれに調査研究が行われた。一方米国のハイテクリサーチパークについての調査が、バッテル研究所への委託調査として行われた。この調査の結果、米国・フィラデルフィアの都心部に立地し、しかも KRP と同程度の規模のサイエンスパーク・UCSC の存在が確認された[44]。1984 年には、地域の産官学との研究会（経済同友会、京都市、京都大学と京都府立医大の教官、大阪ガスなど）が発足し、堀場製作所の堀場雅夫氏（当時社長）も参画している。堀場氏はリサーチパーク研究に携わると同時に、KRP 構想の実現に向けて奔走し、京都市や京都府の地域産業支援施設を KRP に誘致する要の役割を果たしている。この結果、京都市工業試験場（現・京都市産業技術研究所工業技術センター、当時京都市南区西九条南田町に立地）や京都府中小企業総合指導所（現・京都府産業支援センター、当時京都市下京区西七条名倉町に立地）が KRP に移転することになった。リサーチパークの核になる地域産業支援機関の入居に目処がたったため、KRP 構想は 1986 年 10 月の大阪ガス常務会で承認された。その後、会社設立準備、コアテナント誘致、「民活法」協議、民間都市開発機構融資、建築設計の検討などを経て、1987 年 10 月に KRP ㈱ が設立された。

②京都市の状況

京都市は、日本の古都として 1200 年の歴史を有し、ものづくりの伝統を誇る産業都市、芸術文化都市、文化ストックを活かした国際観光都市、数多くの大学などを有する学術研究都市である[45]。

KRP が開設された 1989 年当時、京都市には年間約 3800 万人の観光客が訪れ、観光収入は 4900 億円であったが、同市は、それ以上にものづくりの産業都市であり年間製造業製品出荷額は 3 兆円に及んでいた。しかし同市は沿岸部から離れた内陸部に立地するため重化学工業中心の日本型産業構造のなかで立ち遅れた。またリーディング産業である西陣織や京友禅のような繊維産業は長期低迷し、京都産業の地盤沈下が久しく叫ばれていた。すでに主力産業は、繊維産業からハイテク産業（電気器具・精密機械・一般機械など）に移行しつつあった[46]。

当時 KRP 周辺には、繊維関連産業の小規模工場が多数立地していたが、繊維産業の衰退にともなって工場閉鎖が相次ぎ就労人口も減少し、「この地域は

図表 5-5-1　京都市製造業製品出荷額（1989年）

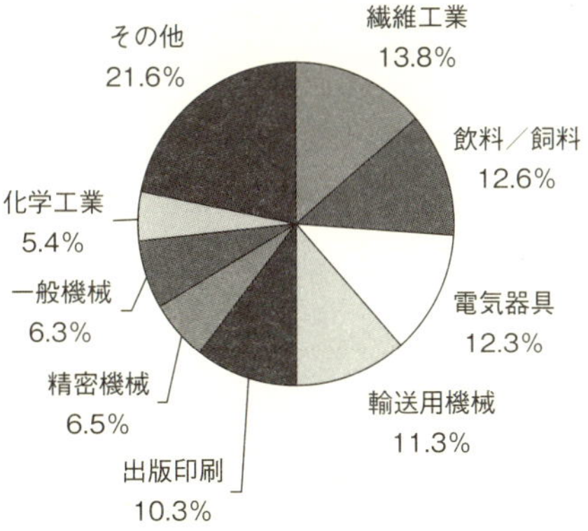

- その他 21.6%
- 繊維工業 13.8%
- 飲料／飼料 12.6%
- 化学工業 5.4%
- 電気器具 12.3%
- 一般機械 6.3%
- 精密機械 6.5%
- 輸送用機械 11.3%
- 出版印刷 10.3%

（出所）「地域開発」1991年6月号、19ページ。

街のダイナミズムを失い工場跡地は利用度の低いまま放置される状況」[47] が続いていた。このような産業構造の転換期にあって、リサーチパーク構想には、「ハイテクセンターづくり」を通じて、街の活性化と地域産業振興が期待された。

③京都市のベンチャー育成風土

　京都は歴史と文化を誇るまちであるとともに、個性的なオーナー経営者による先端技術産業の発達するベンチャー活動の旺盛な土地柄でもあった[48]。京都市におけるベンチャー育成の研究は、1966年京都経済同友会（以下「経済同友会」と略す）での「中堅企業研究会」に遡るとされる。ここでの研究テーマは、京都における中堅企業の成長条件の探求に置かれ、成長するためには「知識化」すなわち「ハイテクとマーケティング」が重要であるという結論に達していた。この研究成果は「京都における中堅的企業の成長とその課題」（1968年）にまとめられ、日本における第1次ベンチャービジネスブームの火付け役になったとされる[49]。さらに経済同友会のなかにベンチャー関連の勉強会が組織され、1971年11月には米国・ボストン海外視察団[50]が派遣された。ボストンは京都市の姉妹都市であり、学術の都としての共通性を有していた。同市のルート128周辺のベンチャー企業の隆盛による地域産業振興や都市づくりの成功は、京都市の範となることが期待された。視察団は1946年に設立され

た著名なベンチャーキャピタルである ARD（アメリカン・リサーチ・ディベロップメント[51]）やベンチャー企業4社を視察した。この結果、ARD をモデルとして 1972 年 11 月、立石一真氏（当時立石電気社長）を代表とする日本初のベンチャーキャピタル・KED（京都エンタープライズ・ディベロップメント）が創設された。KED は投資資金3億円を調達し、日本電産への融資（500 万円）や中小中堅企業への投資を実行したが、組織的な問題や投資方針の変更などもあり、1979 年に損失を抱えて解散した[52]。

一方、戦後の大学発ベンチャーの草分けとも言える堀場雅夫氏は、1975 年度から 78 年度にかけて経済同友会の代表幹事を務めた。同氏は、京都の産業振興のためには中小企業の大企業に対する情報格差の是正が必要であることを強く意識し、中小企業を情報化するための支援機関設立を京都市に提唱した。その結果、1978 年には堀場氏を初代理事長として㈶京都産業情報センターが設立された。同センターは、1983 年に久世工業団地内（京都市南区）に日本で最初のインキュベータ施設であるマイコンテクノハウスを創設している[53]。

さらに研究開発型企業の育成による産業振興を意図していた京都市は、1986 年、先端技術企業の育成・支援の方途を探るための調査研究を㈶京都産業情報センターに委託した。同年9月に「先端産業の振興に関する調査研究報告書」がまとめられ、「メカトロニクス」[54] をキーワードにする研究所の設立が提唱された。このコンセプトの下に「ソフトウェア」と「メカトロニクス」を研究の二本柱とする京都高度技術研究所（ASTEM）が構想された。ASTEM 構想は、大野豊氏（当時京都大学工学部教授）らによって、研究計画・人材確保などを含む総合計画がつくられ実現（1989 年開設）にいたった。ASTEM は、京都市・京都府・経済界による財団法人（第三セクター）として発足し、京都大学工学部情報工学科（当時）と連携した研究・人材養成機関としての色彩が強い。

ASTEM 構想は、大阪ガス㈱の KRP 構想とは別個に検討され、その立地候補には当初京都ファッション団地などが挙がっていた。その後 KRP 構想の時期・目的ともに一致をみたため KRP 内に立地することになった。ASTEM には、開設当初からベンチャー企業育成のための VIL（ベンチャー・インキュベーション・ラボ）が設置された。これはマイコンテクノハウスの理念を発展させたものであり、VIL には、入居したベンチャー企業が共同使用できる実験研究

室や入居企業によるネットワーク会議なども設置され、本格的なインキュベーション施設へと発展した。さらにASTEM棟には㈳京都発明協会や㈶京都産業情報センターの事務所も移転している。このようにしてリサーチパークKRPには、京都市・府の公的研究機関や支援機関の集積が形成されていった。このことは、KRPでの中小・ベンチャー企業の支援やインキュベーション機能を高めるとともに、一方ではKRP㈱の経営基盤の安定化に寄与した。

(3) KRPの地域経済振興機能

(2)で見たとおり、リサーチパークKRPには、中小・ベンチャー企業支援のための府市の機関が立地しており、KRP㈱によるインキュベーション機能とともに地域経済振興の役割を担っている。2007年6月時点での各機関の活動内容を以下にまとめた。

ASTEM[55]は、産・学・公の有機的な連携を通じて、先端科学技術の諸分野（ソフトウェア、情報通信、環境、ライフサイエンス、ナノテクノロジーなど）の研究開発を行う拠点として、また京都市の次代を担う人材・企業の育成拠点として位置づけられている。具体的には、ITシステムなどの研究開発受託事業、情報化人材育成事業、創業・起業家支援事業、知的クラスター創成事業などを推進している。さらに、京都市地域プラットフォーム事業の中核支援組織として位置づけられ、他の支援機関などと連携して創業支援を推進している。

京都府産業支援センター[56]は、KRP開設当初の中小企業総合センターが発展・改組されたものであり、京都府内の中小企業の技術指導や経営指導を通じて地域経済の振興を図っている。現在の業務内容は、技術面からの支援として技術相談、研究開発、依頼試験、機器貸与、産学公コーディネーション、デザインの戦略的活用などがある。また経営面からの指導としては、経営相談、受発注斡旋、小売商業者支援、異業種交流などの伝統的な中小企業支援を実施している。また近年では、京都府地域プラットフォーム事業の支援機関としても位置づけられ、起業家セミナーの開催や販路開拓などのベンチャー支援も実施している。

KRP㈱[57]は、リサーチパークの企画・開発・運営、事務所スペースや実験研究スペースの提供、コンベンションの誘致・運営、産学連携活動、インキュ

ベーション関連活動などを行っている。

京都市産業技術研究所工業技術センター（旧・京都市工業試験場）は、京都市の「公設試」であり、市内中小企業の技術相談、技術交流、試験・分析、講習・研修などを行っている。陶磁器製造技術、セラミック開発、酒造技術、清酒酵母の培養技術など、京都の伝統産業と関連の深い技術分野を含んでいる。

(4) KRPのインキュベーション機能

KRPにおけるベンチャー・インキュベーション機能は、前述の4機関や入居テナントによって担われている。後者の例としては、弁理士事務所、会計士事務所、税理士事務所、地域銀行のベンチャー・ファンド運用窓口、アントレプレナー教育の普及と推進を目的とするNPO法人などがある。これらの組織は、独自にあるいは相互に連携してインキュベーション活動を行っている。これらの機能を集積したリサーチパークKRPは、創業ベンチャーにとっての地域インキュベーション装置として捉えることができる。またKRP内のベンチャー経営者たちが集い知り合うことよって、ビジネスアイデアが生まれ、取引関係や連携に発展する事例が見られる。このようにリサーチパークKRPには、ベンチャーの創業、成長を誘発する「ハビタット」（生息環境）機能が見られる。図表5-5-2は、このハビタット機能を、インキュベーション施設面とソフト支援面の両面からモデル化したものである。

①創業支援

創業を志す起業家は、ASTEM内のスタートアップベンチ（創業準備支援室）のブースに低額家賃で入居し、会社設立までに発生する諸問題について専門家や産業支援人材からのアドバイスを受けることができる。ここを卒業した起業家のためにミニVIL（ベンチャー・インキュベーション・ラボ）が準備されており、会社設立から経営安定期に向けた活動を支援している。また、研究開発型ベンチャー育成のためにVILを設け、ASTEMの研究開発成果の活用、関連情報の提供や入居企業間の連携を図っている。一方、KRP㈱には、4㎡程度の創業者向のブースがある。このブースやASTEMのVILを卒業したベンチャー企業は、KRP㈱が提供する一般オフィスや研究・実験スペースに転居して、本格

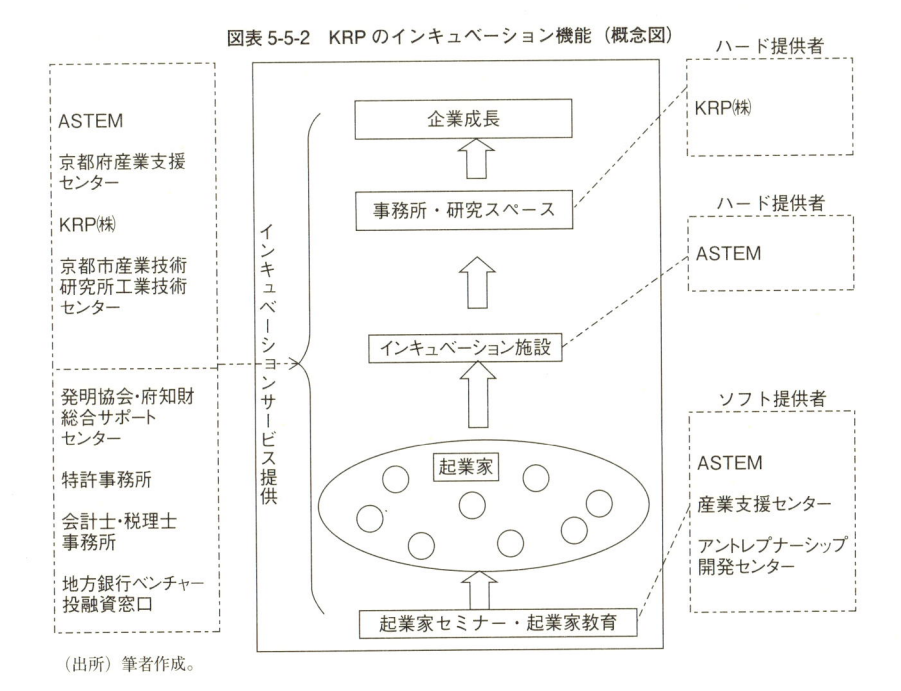

図表 5-5-2　KRPのインキュベーション機能（概念図）

```
ASTEM                                                    ハード提供者
京都府産業支援                          企業成長              KRP㈱
センター                                  ↑
KRP㈱                                                    ハード提供者
京都市産業技術          イ           事務所・研究スペース        ASTEM
研究所工業技術          ン               ↑
センター              キ
                    ュ               インキュベーション施設
発明協会・府知財        ベ                   ↑                ソフト提供者
総合サポート          ー                                    ASTEM
センター              シ                 起業家               産業支援センター
特許事務所            ョ                                    アントレプレナーシップ
会計士・税理士         ン                                   開発センター
事務所               サ                  ↑
地方銀行ベンチャー      ビ            起業家セミナー・起業家教育
投融資窓口           ス
                   提
                   供
```

（出所）筆者作成。

的な事業活動を営むことが可能である。

　ASTEMによるインキュベーション施設の設置や創業支援活動は、京都市のベンチャー支援施策として位置づけられている。したがって家賃は低額であり、公平に利用できるように一定の入居期限などの条件が付されている。一方、民間企業としてのKRP㈱は、収益確保を優先せねばならない。したがって創業用ブースをはじめとする提供スペースの家賃は市場価格で設定され、入居期間などは限定されていない。

②起業家人材の養成

　創業を志す起業家やベンチャー経営者のためのセミナーや教育が、KRP内でも開催されている。ASTEMは、京都起業家学校の運営、ビジネスアイデアを評価する学生ベンチャー奨学金制度などを実施している。また京都府産業支援センターも、起業家セミナーなどを開催している。一方、京都地域での起業家の母数を増やすためには、初等中等教育段階での起業家精神を涵養する必要

があるとの認識のもとに、ASTEM による高校生インターンシッププログラムや NPO 法人・アントレプレナーシップ開発センターによる起業家教育プログラムなどが開発されている。

③成長支援のための経営・技術サポート

ASTEM は、地域プラットフォーム事業[58]の一環として、ワンストップサービス（総合相談窓口）を開設して、京都地域の中小・ベンチャー企業からの問い合わせに対応している。すなわち、経営・技術・資金調達・人材紹介などの各種支援業務を、他のプラットフォーム支援機関や地元大学・中核企業・経済団体などとの連携のもとに実施している。また京都府産業支援センターにおいても、地元企業 OB らによって編成される創援隊を設けて、ベンチャー企業のための販路開拓支援などを行っている。KRP㈱では、入居テナントへのサービスの一環として、適時に経営や技術面での個別支援を行っている。

このほかにも、前術したように、KRP に入居している企業・機関によって行われるインキュベーション機能が存在する。例えば、京都発明協会・府知的財産総合サポートセンターによる知財情報の提供や特許流通支援がある。

(5) まとめ

KRP は、民間企業（大阪ガス㈱）の関連会社によって企画・建設・運営されている都心立地型のリサーチパークである。これまで見てきたように、KRP は起業家・創業ベンチャーを生育するための地域インキュベーション装置として捉えることができる。KRP 存立の背景には、京都市や京都経済界が永年にわたって培ってきたベンチャー育成の理念と実践、また開発者である大阪ガス㈱の地域経済振興への想いが集約されていると言ってもよい。リサーチパーク KRP の地域におけるインキュベーション機能は、KRP と大学・企業・経済団体・行政・産業支援組織などとのネットワーキング、地域資源（知的財産・人材・資金など）の有効活用によって達成されるものである。そして地域インキュベーションを担う人々には、ベンチャー起業家にもまさるアントレプレナーシップが必要である。

（定藤）

6．大阪北部バイオクラスターの中核施設：彩都バイオインキュベータ

　彩都ライフサイエンスパークは、大阪府北部の国際文化公園都市にあり、北大阪、関西圏のバイオ関連分野を中心とするクラスターにおける研究開発拠点である。彩都バイオインキュベータは、彩都ライフサイエンスパーク内におけるバイオベンチャー企業を育成するインキュベーション施設として中核的な役割を果たしている。

(1) 設立の背景と地域経済
①バイオ産業集積構想と彩都の開発
　北大阪地域におけるバイオ産業集積構想は古くから存在する。大阪大学の元総長山村雄一氏は「大阪大学をバイオテクノロジーのメッカにしよう」と考え、1970年代からさまざまな取り組みを行った。その一つが、1982年に創設され細胞工学センターであり、大阪大学の内外を問わず優秀な研究者が集められた（株式会社アイ・ビー・ティ［2006］126ページ）。北大阪には、大阪大学医学部附属病院、国立循環器病センター、大阪バイオサイエンス研究所、蛋白工学研究所、千里ライフサイエンスセンターなどバイオ関連施設が設立された。こうした研究機関に加えて、大阪市内道修町には大手製薬企業が立地していることから、北大阪地域には、バイオ産業が集積する素地が備わっていた。

　バイオ産業集積の場としての彩都は、1982年8月の大阪府総合計画において「国際交流と学術文化活動の拠点の形成をめざす」と位置づけられ、1986年11月には大阪府が「国際文化公園都市基本構想（案）」を発表した。

　1999年7月には、ライフサイエンス振興のために、大阪の産学官で構成する「彩都ライフサイエンス懇談会」が発足し、①バイオ特化型リエゾン機能の設置、②インキュベートラボ、③バイオビジネスコンペの実施という三つの提言が行われた（株式会社アイ・ビー・ティ［2006］127ページ）。

②大阪経済の再生とバイオ産業
　大阪経済の長期にわたる相対的な地位低下は、「地盤沈下」と評されてきた

が、1990年代後半から2002年頃におけるわが国経済の停滞のなかで、大阪経済はとくに深刻な状況に陥った。失業率は1998年には全国の4.1％を1.4ポイント上回る5.5％に達し、2002年に至っては7.7％と全国を2.3ポイントも上回った。

こうした状況のもとで、地域経済の再生が喫緊の課題とされ、大阪府は2000年9月に「大阪産業再生プログラム（案）」を策定した。そこで新たな産業分野の創出が目指され、情報通信関連分野、環境関連分野、健康福祉分野とならんで、バイオ関連分野が位置づけられたが、その具体的施策の一つとして「彩都におけるインキュベート施設の整備」が盛り込まれた。

彩都ライフサイエンスパークは、2001年8月、政府の都市再生プロジェクトに採択され、創薬分野の国際的研究開発拠点として各種施策を集中的に実施することが決定したことから急速に整備が進むことになる。厚生労働省の医薬基盤研究所の立地が決定し、経済産業省は、産業クラスター事業として研究費の優先的な投下を行い、文部科学省でも、知的クラスター創成事業、バイオグリッド・プロジェクト[59]を推進するなど、公的施策が集中的に実施されることになった。大阪府、大阪商工会議所を中心とする地元の行政・経済界でも、大学などの研究機関からビジネスシーズとなる研究成果を集めるためにバイオビジネスコンペJAPANを開催したり、企業誘致に努めたりするなど、大阪北部地域にバイオクラスターの形成を進める各種の施策を講じている。

政府の2002年度補正予算の編成において大阪府、茨木市が事業要請していたバイオインキュベータが採択され、地域振興整備財団（現中小企業基盤整備機構）による建設が決定された（彩都建設推進協議会・国際文化公園都市株式会社[2004] 40ページ）。

(2) 施設の概要

彩都バイオインキュベータは、「大学発バイオベンチャー」の起業・育成を促す先導的役割を果たすことを目的に整備された、大阪大学を主要連携大学とする大学連携型起業家育成施設である。大阪大学の吹田キャンパスまでは自動車で10～15分の距離に位置している。

公共交通機関による交通アクセスとしては、北大阪のターミナル駅である千里

中央駅からモノレールで20分弱の「彩都西駅」から徒歩約10分の距離にある。

施設は、2004年7月に開設された。その概要は図表5-6-1のとおりである。

入居者は、①大学発バイオベンチャー（大学等との共同研究を行うバイオベンチャーなどを含む）、②リーディングバイオベンチャー、③バイオベンチャー支援企業に限定され、運営委員会で決定される。入居企業は、20社であり、そのうち7社がここに本社を置いている。入居企業の従業員のうち、インキュベータ内にいる従業員数は200人強である（「彩都バイオインキュベータ入居企業一覧」2006年7月1日現在）。1企業が複数の部屋を利用しているケースもあることから、ほぼ満室の状態である（2006年9月5日現在の空き室は2室、入居率は約94％）。

(3) 彩都バイオインキュベータの特徴
①バイオベンチャーを育成する施設

施設の入り口、各部屋ともにオートロックになっており、入室の際には、カードと指の血流認証装置によるチェックの後、開錠となる。

彩都バイオインキュベータの特徴は、全室がＰ２レベルの遺伝子組み換え実験が可能なウェットラボとなっていることである[60]。1カ月の賃貸料は、1㎡当たり3000円（共益費込）であるが、地元自治体である茨木市は、市民または市内企業に対して1月当たり1250円／㎡、その他の場合には1000円／㎡の賃料補助を行っている。

共同機械室には、遠心分離機や純水機などが設置されている。入居企業が自社で研究設備を導入する際には、一定の条件を満たせば、経費の一部（設備に要した費用の2分の1以内で年間100万円まで）を大阪府が助成する制度も利用できる。

また、マウスやラットなどの小動物の実験・飼育を行う動物舎があり、ケージ単位で貸出している。入居企業6社の利用により、すべて貸出中とのことである（2006年9月現在）。

②公設民営による運営

彩都バイオインキュベータは、「公設民営」の形態で運営されている。事業

図表5-6-1　彩都バイオインキュベータの施設概要

整備主体	地域振興整備公団(現・中小企業基盤整備機構)整備費18.2億円
所在地	大阪府茨木市彩都あさぎ7－7－15（彩都ライフサイエンス内）
施設運営主体	バイオ・サイト・キャピタル株式会社
敷地面積	6,083.00㎡
延床面積	4,887.44㎡（うち賃貸面積は約3,700㎡）
賃貸開始年月	2004年7月
規模構造	鉄骨造　地上4階建(駐車場は70台収容可能)
賃貸居室	32室　Aタイプ(約66㎡) 29室 　　　　Bタイプ(約138㎡) 2室 　　　　Cタイプ(約106㎡) 1室(PS区画を含む)
賃貸料	Aタイプ：20万9,000円／月 Bタイプ：44万3,000円／月 Cタイプ：33万5,500円／月(共益費を含む)
共用施設	サノライセンター、動物舎、共同機械室、共用会議室、リフレッシュスペース、給湯室

(出所)中小企業基盤整備機構ホームページより作成。

　主体は中小企業基盤整備機構であり、大阪府・茨木市から事業要請を受け、国（経済産業省）による計画承認のもとで事業を行っている。運営者であるバイオ・サイト・キャピタル株式会社が、中小企業基盤整備機構から施設を一括賃借して、バイオベンチャーなどへ賃貸する「サブリース方式（全館一括借上げ方式）」によって運営されている。このため、入居率が高ければ運営者の利益となるが、低ければ損失を蒙ることになる。入居企業の選定、施設の総合的な維持・管理などは、大阪大学、医薬基盤研究所、大阪府、茨木市、中小企業基盤整備機構、およびバイオ・サイト・キャピタルから構成される運営委員会の協力を得て、バイオ・サイト・キャピタルが行う。

　公募により決定された民間運営受託者であるバイオ・サイト・キャピタルは、アンジェスMG株式会社のファウンダー（創業者）を中心に個人（エンジェル）の出資により設立されたベンチャーキャピタルである。バイオベンチャーに長期的かつ安定的な事業資金を提供することを事業目的としており、国内医薬・医療関連企業や欧米バイオベンチャー企業に投資している。ベンチャーキャピタルが、ラボ施設を保有するというビジネスモデルは世界的にも稀であり、投資ファンド事業とラボ（研究施設提供）事業のシナジー効果を生み出すことを狙いとしている。すなわち、大学発バイオベンチャーを中心に起業を促

進し、その成長と発展を支援するために、成長資金の供給を始め、総合的なインキュベーション支援を行うことによって産学官の連携強化や技術移転に貢献することを意図しているのである。

具体的な支援としては、第1に、起業・ビジネスプラン立案・助成金申請・特許出願支援、人材斡旋を行う「インキュベーション支援」である。第2は、「インターフェイス支援」であり、大学等研究機関・企業・支援団体との連携を図る。第3は、「テクニカル支援」であり、試薬・研究資材等を共同仕入れし、低価格、小口の受払いを行うサプライセンターのサービスや、共同機械室・技術指導・機器等のリースを行う。第4は、「資金供給支援」であり、資本政策の立案や資金調達支援を行う。その他支援としては、コミュニティ機能・各種情報提供が挙げられる。

こうしたラボ事業のサービスの担い手は、大手製薬会社のOBである2人のインキュベーション・マネージャーと中小企業基盤整備機構からの派遣者1人であり、投資ファンド事業については別の担当者が行っている。

③**入居企業による評価**

入居企業にとってのインキュベータ入居の最大のメリットとして評価されているのは、ウェットラボというハード面のメリットである。生物化学実験を必要とするバイオ企業にとって、生物化学実験が行える給排水設備を完備したウェットラボが事業化を図るうえで不可欠である。一般の施設では、実験が行えたとしても、他の入居者や周辺住民との関係から気がねがあるが、バイオ企業のための施設であることから、安心して研究開発することができるという。こうした施設が、家賃補助により実質的には1㎡当たり約2000円、標準的なタイプの部屋（Aタイプ）であれば月15万円程度という低価格で利用できることは大きなメリットである。

また、ソフト面のメリットも評価されている。インキュベータの特長の一つにサプライセンターがある。ここでは、試薬や消耗品などを入居企業が日々必要な量だけ購入できる。このシステムは利用企業にとって在庫の管理負担がないことを意味し、経理や支払い業務も軽減されるというメリットがある。新しい試薬の仕入が素早い点も評価されているが、これは、隣接する彩都バイオヒ

ルズセンターに本社を構える八洲薬品株式会社の協力により実現している。

　インキュベーション・マネージャーは先述したように製薬会社のOBであり、財団法人大阪科学技術センターへ出向し、近畿バイオインダストリー振興会議の事務局長を兼務したことがあることから、バイオベンチャーに対する支援機関とのネットワークを活かしたサービスを行っている。例えば、バイオに詳しい弁護士や人材派遣会社の紹介など、適切な外部機関とのコーディネートを進める意義は大きい。

　各種セミナーの開催や、大学や厚生労働省などからの来客が多いこと、インキュベーション・マネージャーから入居企業に対するメーリングリストなどを通じて、業界情報や公的機関の支援策など各種情報が容易に入手できることをメリットと指摘する声もある。このように、入居企業は、たんなる場所貸しではないインキュベーション施設としてのメリットを享受しており、その多くは、ライフサイエンスパーク内に立地するバイオ産業に特化したインキュベータであることから由来するものである。

(4) 入居企業と地域産業との関わり

　バイオ産業は、機械金属関連工業と異なり、事業を行ううえで部品の受発注など地元の製造業者との日常的な生産連関は少ない。しかし、原材料の仕入や製造設備等の製作などの面で、地域産業との関わりをもっている。

　地元の薬品、医療・化学関連機器卸売業から多頻度少量の仕入れを行う、医薬品メーカーの創薬過程の一部を受託するなど、地元の薬品関連産業の集積を活かしている。また、ある大学発ベンチャー企業では、地元金融機関が開催した産学連携フェアで、吹田市内にある産業用ロボットメーカーと知り合い、創薬の一工程を行う機械を共同開発した。別の企業でも、豊中市内の機械メーカーに製造装置の開発を依頼した。このような特注品の機器開発では、仕上がり具合を実際に目で見て確認することが重要であり、地元に機械工業の集積があることのメリットを享受している。

　このように、バイオベンチャー企業の事業活動は、地域の薬品関連産業の売上増加や生産工程の効率化に寄与するとともに、共同開発などを通じて既存企業に刺激を与えており、地域産業の活性化に寄与している。

(5) 今後の展開と課題
①新たなインキュベータの設立

　彩都バイオインキュベータは、開所から1年を待たずしてほぼ満室になったことから、新たなラボが提供されている。まず、彩都バイオインキュベータに隣接して立地する八洲薬品株式会社の本社ビルの3階部分は、レンタルラボとして76.4㎡のラボ9室と69.2㎡のラボ1室が提供されている（彩都バイオヒルズセンター）。これは、大阪府認定インキュ施設第1号として、彩都バイオインキュベータと同様の支援が受けられる民設公認型のインキュベータである。

　また、大阪府および茨木市が新たなインキュベーション施設の要望を行い、2006年度の国の予算において事業費が認められた。この「彩都新バイオインキュベータ（仮称）」は、延床面積が約2500㎡と彩都バイオインキュベータの半分程度の大きさであるが、1室の広さを彩都バイオインキュベータよりも広くし、事業を拡大する企業の受け皿となる予定である。

②彩都バイオインキュベータの課題

　彩都バイオインキュベータの課題は、周辺機関との連携強化である。当施設は、大阪大学連携型起業家育成施設であり、「大阪大学等ライフサイエンス系研究機関を中心とした『大学発バイオベンチャー』の起業・育成を促す先導的役割を果たす」ことを目的としている。当施設には、日本初の大学発ベンチャーとして上場を果たしたアンジェスMG株式会社や株式会社総合医科学研究所など、大阪大学の技術シーズをもとに設立されたベンチャーが多く、新たなシーズを拾い上げるために、大阪大学の先端科学イノベーションセンターと連携している。

　インキュベータは、シーズをもとに起業化する過程で大きな役割を果たしているが、事業を円滑に進めるうえで、立地面のメリットを活かしきれていない面がある。すなわち、ライフサイエンスパーク内や周辺地域には、高度な検査機器などを保有している機関が立地しているものの、制度上の制約などから入居企業がそうした機器を自由に利用できるというわけではない。こうしたメリットを期待して入居を希望する企業のニーズには完全には応えきれておらず、外から見た立地面でのメリットと実態にはズレが生じているようである。

また、入居企業の一部には、資本関係や業務上の提携関係があるが、一般に入居企業同士の関わりは少ないことから、研究者らの人的交流という面でも、現在のところ、活発になされているとは言い難い。そうしたなかでも、セミナーの開催、シャトルバスの運行、レストランやテニスコートの整備、入居者の企画によるボーリング大会など関係者の努力がなされており、今後、まちづくりを進めていくなかで人が集まり、内外の交流が活発になることが望まれる。

　北大阪バイオクラスターは、第2回全国バイオクラスター・ランキングで全国35カ所のバイオクラスターのなかで総合第1位に選ばれたが（「日経バイオビジネス」2005年9月号）が、国内はもとより海外から見ても存在感のあるクラスターとなることが期待される。そのためには、その中核に位置するインキュベータにおいて成功企業を継続的に生み出し、ブランド力を高めていくことが、さらなる飛躍のために重要である。

（町田）

7. 都市型産業の創出に挑む大阪市のビジネス・インキュベーション
：大阪産業創造館・創業準備オフィス[61]と扇町インキュベーションプラザ[62]

　大阪市では、新しい産業を創出するため、早くから大都市立地を考慮した都市型産業の育成に力が注がれ、ものづくりや研究開発だけでなく、ソフト・サービス産業にいたるまで、それぞれに応じた支援施策が展開されてきた。数多くの起業家の輩出に向け各種インキュベーション施設も整備された。施設はプレ・インキュベーション、メイン・インキュベーション、ポスト・インキュベーションと、事業化の実現を目指す起業家の置かれている状況に応じた性格づけがなされ、支援が一連の流れのなかで展開されるように設計されている。現在、大阪市が提供している主なインキュベーション施設には、島屋ビジネス・インキュベータ、ソフト産業プラザ・イメディオ、大阪産業創造館・創業準備オフィス、扇町インキュベーションプラザ・メビック扇町（以下「メビック扇町」）があり、ものづくり企業のポスト・インキュベーションとしてはテクノシーズ泉尾が賃貸工場として設置されている。これによりITからものづくりまで、あらゆる産業を支援できるようになっている。本節では、これらのなかからインキュベーション・マネージャー（IM：Incubation Manager）を常駐さ

せ、支援成果が注目されている大阪産業創造館「創業準備オフィス」、扇町インキュベーションプラザ「メビック扇町」の二つをとりあげ、今後のインキュベーション事業のあり方について検討を加える。

(1) インキュベーション施設設立の背景と地域経済
①インキュベーション施設の誕生に向けて

　大阪市中央区の大阪産業創造館の地下にある大阪企業家ミュージアムには、江戸時代から明治、大正、昭和にかけて、大阪で活躍した100名以上にも及ぶ企業家が一堂に展示されている。彼らは家電製品からインスタントラーメンにいたるまで、時代を先取りした新しい製品やサービスを生み出してきたのである。

　ところが、戦後の復興期を経て高度経済成長期に突入すると、大量生産・大量消費型の産業がもてはやされ、海外から導入された製品やシステムが瞬く間に国内市場を席巻し、企業家の創造性が陰を潜めることになった。またこのことは、個々の企業の経営のあり方も大きな影響を及ぼすことになった。つまり、高度経済成長期におけるシェア志向や成長志向により、企業内では短期的に人材を育成し、事業拡大や多角化に多くの経営資源が投入されることになったのである。その結果、古くから商家に伝わってきた暖簾分け制度のような長い年月をかけて企業家を育てるという仕組みや、社会資本への還元といった考え方が徐々に失われ、大阪からかつてのような企業家精神に富む気風や、新しいことに挑戦する者を育てるという考えが失われていったのである。

　このような状況に鑑み、今一度大阪がかつての活力を取り戻すために、新しいことに挑戦する者を受け入れ育てる孵化機能を復活させ、時代の変化の予兆を素早く捉え果敢に挑戦する者の輩出に取り組む必要が唱えられるようになった。その一方で、急速な国際化への対応やソフト化・サービス化の進展にともなう知識集約化産業への転換が緊急の課題となり、大阪市では新たな都市型産業の誘致や創出に向けた取り組みが開始され、インキュベーション政策が登場してきたのである。

②大阪市におけるビジネス・インキュベーションの位置づけ

　大阪市では他府県に先駆け、1986年から逸早くインキュベーション施設の

整備に向けて検討会を開催し、準備が進められてきた。1988年3月に発表された「大阪市における都市型次世代企業育成方策に関する調査報告書」と、同年10月の「都市型次世代企業育成事業基本計画策定調査報告書」には、大阪市におけるビジネス・インキュベーションの必要性と意義、目的、効果、運営上の戦略および基本方針などについて記述が見られ、今日のビジネス・インキュベーション事業の基礎となる議論が展開されていたと考えられる。

こうした検討結果にしたがって、大阪市ではこの約20年間に数多くのビジネス・インキュベーションが整備されてきた。2007年1月現在、稼動しているビジネス・インキュベーションは、9カ所あり、そのうちの6カ所を㈶大阪市都市型産業振興センターが管理・運営している。図表5-7-1は同センターが所管する六つのインキュベーション施設について創業ステージ別にその位置づけを示したものである。これによると、創業を志す者が開業を実現し、独り立ちできるように入口から出口まで一連の支援の流れが形づくられていることが理解できよう。

(2) 施設の概要

創業準備オフィスおよびメビック扇町の主な施設概要を示したものが図表5-7-2である。この両者の違いは、①入居対象者の創業ステージ、②入居者の対象業種、③利用スペースの広さと用途、④入居期間延長の可能性、⑤卒業基準、といった点にある。一方、共通点としては、①民間企業出身者がインキュベーション・マネージャー（IM）として施設に常駐し、入居者の支援に当たっている、②施設は24時間利用が可能、③最寄り駅からの交通の便が良いことなどがあげられる。

(3) インキュベータの特徴

次に、二つのインキュベータの運営方法の違いや特色について見てみよう。

①創業準備オフィス

創業準備オフィスは2001年に設置され、これまで施設に入居した者のなかから301名の卒業生が社会に巣立ち、そのうち70％強が事業をスタートさせ

第 5 章　日本のインキュベーション施設と支援機能　*121*

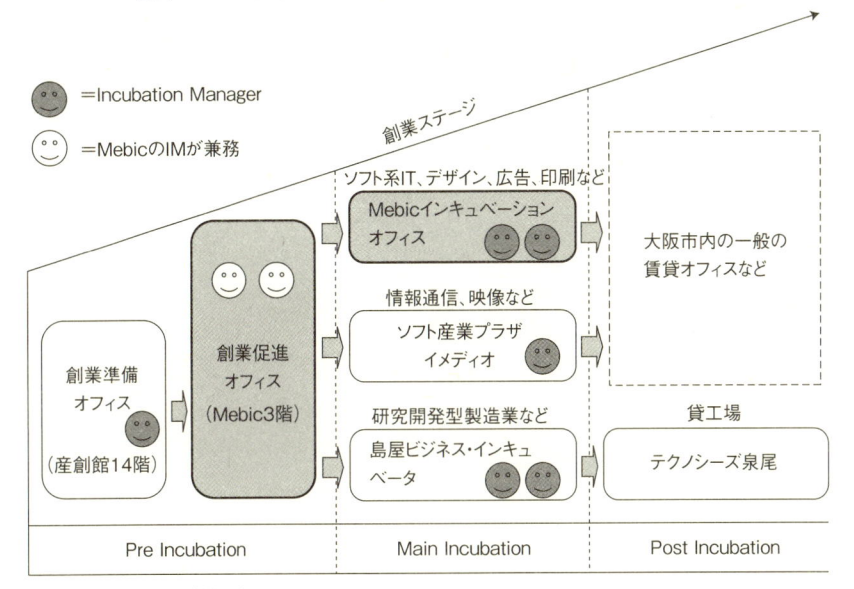

図表 5-7-1　大阪市における創業ステージ別のインキュベーション施設

凡例：
- ☺ ＝Incubation Manager
- ☺ ＝MebicのIMが兼務

創業ステージ別区分：

Pre Incubation
- 創業準備オフィス（産創館14階）

Main Incubation
- 創業促進オフィス（Mebic3階）
- Mebicインキュベーションオフィス（ソフト系IT、デザイン、広告、印刷など）
- ソフト産業プラザ イメディオ（情報通信、映像など）
- 島屋ビジネス・インキュベータ（研究開発型製造業など）

Post Incubation
- 大阪市内の一般の賃貸オフィスなど
- 貸工場 テクノシーズ泉尾

（出所）メビック扇町資料より。

ている[63]。施設では、入居 6 カ月後には創業したいという強い意志を有している者のみが施設への入居対象となる。このことから、インキュベーション施設の多くが、一定の入居期間が終了した後も引き続き施設の利用が許可されるのに対して、当施設では利用期間の延長がまったく認められていないため卒業を余儀なくされる。

　施設の特徴として、大阪市内中心部に立地し、最寄り駅から徒歩 5 分という便利な立地や、24 時間自由にオフィスが使用できる環境が整えられていることに加え、低廉な料金でさまざまなサポートサービスを受けることができる点が挙げられる。創業準備オフィスでは、入居者に必ず参加を求める支援プログラムとして、大きく「創業ワークショップ」、「勉強会」と「成果発表会」の三つが用意されている。「創業ワークショップ」は、前半の 3 カ月間は 2 週間に 1 回、後半の 3 カ月は 1 カ月に 1 回の頻度で、1 人の入居者に対して合計 9 回開催される。入居者は IM の指導や他の入居者との議論を通して、事業計画のブラッシュアップと進捗管理を進めていく。「勉強会」は、創業時に必要とさ

図表5-7-2　施設の主な特徴

	大阪産業創造館 創業準備オフィス	扇町インキュベーションプラザ・メビック扇町	
		創業促進オフィス	インキュベーションオフィス
設置年月	2001年1月	2002年2月	2003年5月
施設の位置づけ	プレ・インキュベーション	プレ・インキュベーション	メイン・インキュベーション
IM数	1名	2名	
事務職員(非常勤)	2名	4名	
対象業種等	業種の特定なし	業種の特定なし 創業後間もない企業 (おおむね5年以内)	ソフト系IT・映像・デザイン・広告・印刷など 創業後10年以内の企業
入居期間	6カ月の制限あり	入居期間の制限あり 1年契約で、審査のうえ2回まで再契約可能	
広さ(利用用途)	3.6㎡ (シェアードタイプ)	6.3～17.3㎡ (シェアードタイプ)	19.75～51.86㎡ (個室)
利用料金	1万3,650円＋ OA機器利用料	2万1,000 ～5万5,650円	4万1,475 ～10万8,906円
共益費	なし	なし	1万3,125 ～3万4,335円
入居室数	30室	23室	25室
卒業基準	有 創業準備を行い、利用期間となる6カ月の入居期間を経過したとき	有 入居企業が設定した目標を達成したとき	

(注)創業準備オフィスでは、併設されている「あきない・えーど」で経営支援に当たっている中小企業診断士の有資格者4名も入居企業の支援業務に携わっているが、IMとしての人数には含めていない。
(出所)各組織のホームページおよび関西IM-NET (http://www.kansai-im.net)をもとに作成。

れる知識を習得するために、経理、労務、マーケティング、資金調達、プレゼンテーションなどの分野について、1カ月に1回開催されている。そして「成果発表会」は、6カ月間の支援プログラム終了時に、一定の基準を満たした者のみに参加が許可されているものである。また、これらの支援プログラムとは別に「創業相談」が用意されており、資金調達での悩みを抱える場合など、専門家による助言・アドバイスは随時受けられるよう配慮がなされている。

②メビック扇町

　メビック扇町では、設立から3年強の間に61社が退所しているが、入居者が定めた目標を達成し「卒業」した企業は32社で、入居期限の3年満期を含む「退学」が29社となっている[64]。
　施設は、大阪市の中心部にある旧大阪市の水道局庁舎を改装し利用されて

いる。建物の2階に事務スペースや会議室などが設けられ、3階が創業促進オフィス、4・5階がインキュベーションオフィスとなっている。

施設入居企業に対するサービスとして、図表5-7-3に示した支援システムが用意されているが、年3回の定期面談と契約期間満了時に実施する成果報告会への参加は責務として課せられている。入居1カ月後に行われる「初期面談」では、卒業目標の設定および目標達成に向けた問題点・課題、支援ニーズなどについて入居者とIMが意見交換し、両者の合意に基づいた企業支援がスタートする。その後6カ月が経過すると「中間面談」が実施される。入居企業は月次のキャッシュフローなどの経営データを所定の様式に記入し、提出しなければならず、これら資料に基づき設定目標に対する達成状況と目標達成に向けた課題などの把握、今後の対応策が協議される。入居後9カ月が経過すると、再契約審査面談が実施される。ここでは、目標達成の見通しについての確認と、その状況による再契約についての協議が行われる。また、1年の契約期間を終えた企業には成果報告会が用意されており、たんなる事業の紹介に留まらず、起業家としての生き様を入居者が語ることで、他者の理解を得るとともに刺激をし合える工夫が凝らされている。

このほかにも、施設では経営セミナー・交流会の開催や各種支援事業が実施されており、希望者は自由に参加ができる。なかでもメビック扇町では、人との出会いを通じたネットワーク形成に力が注がれ、顔の見える関係を構築することによりコラボレーションが起こりやすい環境づくりにも積極的に取り組んでいる[65]。

(4) 入居企業と地域との関わり

これまで見てきたように、これら二つのインキュベータではIMが中心となり創意工夫を凝らした熱心な支援が行われている。さらに特筆すべきは、入居者がより大きな成果を得るために、個々の組織が相対型の支援だけに終始せず、地域に存在するさまざまな組織・人材などと関わりをもつことで、入居者がインセンティブを保ち向上することができるよう、出会いの場の提供に注力されていることである。

創業準備オフィスでは、地域で育った企業経営者のうち、創業支援に協力し

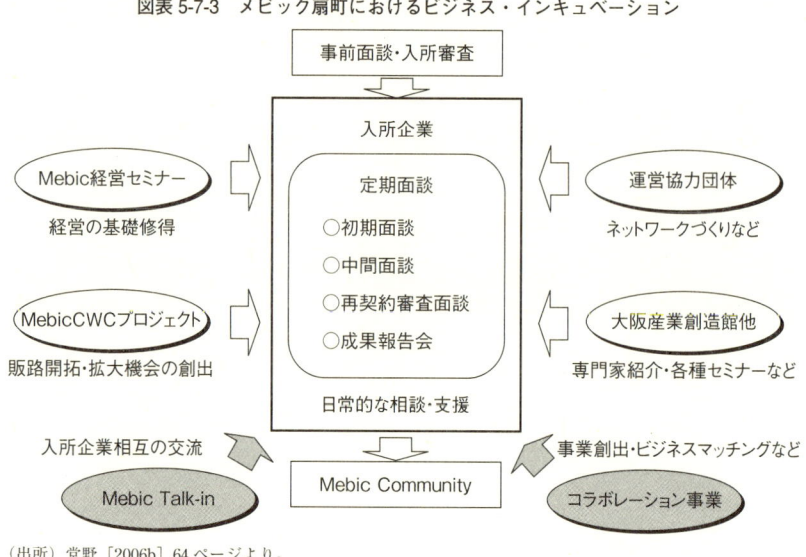

図表 5-7-3　メビック扇町におけるビジネス・インキュベーション

```
                    ┌──────────────────┐
                    │ 事前面談・入所審査 │
                    └──────────────────┘
                              ↓
        ┌──────────────────────────────────────┐
        │            入所企業                    │
 ┌──────┐│                                      │┌──────┐
 │Mebic ││          定期面談                    ││運営協力│
 │経営  │⇒│        ○初期面談                  │⇐│団体   │
 │セミナー││         ○中間面談                   ││       │
 └──────┘│         ○再契約審査面談             │└──────┘
経営の基礎修得│      ○成果報告会                   │ネットワークづくりなど
        │                                      │
 ┌──────┐│                                      │┌──────┐
 │MebicCWC││                                    ││大阪産業│
 │プロジェクト│⇒│                                │⇐│創造館他│
 └──────┘│                                      │└──────┘
販路開拓・拡大機会の創出│     日常的な相談・支援    │専門家紹介・各種セミナーなど
        └──────────────────────────────────────┘
 入所企業相互の交流 ⇗         ↓         ⇖ 事業創出・ビジネスマッチングなど
 ┌──────────┐    ┌──────────────┐    ┌──────────┐
 │Mebic Talk-in│    │Mebic Community│    │コラボレーション事業│
 └──────────┘    └──────────────┘    └──────────┘
```

（出所）堂野［2006b］64 ページより。

　てくれる人々を組織化し、入居者が彼らに対してプレゼンテーションを行うことを可能としている。プレゼンテーションを聴いた企業経営者が興味をもつと、事業実施に向けた支援を得ることが可能になる。また、事業に必要な資金の一部を出資してくれ、株主の立場から支援を受ける道も開かれている。もう一つ大きな力となっているのが、卒業生を含めた交流会である。創業準備オフィスから卒業した 301 名のうち、70％強が事業を行っている。入居者は自らと同じ体験を経て起業した身近な先輩起業家と接することで、起業という目標に親近感を覚えると同時に、彼らから有益なアドバイスや事業支援を得ることができるのである。

　メビック扇町は、外部ネットワークの活用と産業政策的観点を踏まえた支援を実施している点が注目される。前者の例の一つに、KNS（関西ネットワークシステム）が存在する。関西を中心に企業経営者、民間企業勤務者、各種支援業務従事者、大学教員、学生など、2007 年 3 月末現在で約 250 名の多種多様な人々が KNS に加入しているが、メンバー各自は組織の肩書きを脱ぎ捨て、フラットな関係で交流することが可能となっている。そのため、メンバー間で本

音の対話が行いやすく、話が盛り上がると販路開拓や共同研究などが実現することも少なくない。KNSの事務局がメビック扇町の施設内にあり、インキュベーション事業にも積極的に関与していることから、入居企業にとっては、非常に身近で有益な存在となっている。

後者の産業政策的観点[66]とは、メビック扇町が立地する地域に数多く存在するクリエイターが集積メリットを活用し、互いに触発し合い切磋琢磨できる事業環境を構築することにより、顧客に対する発言力や影響力が高め、地域の活性化に寄与する取り組みを指している。もともとメビック扇町が立地する大阪市北区の扇町、南森町、天満界隈は、マスコミ、広告代理店などの企業が集積していたことから、それらに関連したソフト系IT、映像、デザイン、広告企画などの企業や個人も集積し、下請分業体制が発達していた。ところが、1990年以降のデジタル化の進展により、従来の専門職の業務がパソコンで処理可能となったため、分業体制の崩壊が始まった。さらに在阪大手企業の広告宣伝部の東京移転が進んだことから、クリエイターの仕事が激減している。このように分断され、業務が縮小しているクリエイターの地位を復活するには、互いに顔の見える関係を構築することにより、創造性を発揮した新しい取り組みが求められるのである。メビック扇町では、こうしたクリエイターがインキュベーション支援の対象であることから、彼らを個々の点として支援するのではなく、点から線へ、さらには面へと拡がりを期待した支援を進めようとしている。

(5) 今後の展開と課題

都市型産業の育成を目指して大阪市で行われているインキュベーション活動を見てきたが、以下ではその活動がさらに発展するための方向性と課題について述べたい。

①インキュベーション事業の継続実施

大阪市では全国に先駆け今日までインキュベーション事業を実施し、数多くの卒業生を輩出してきた。その数は大阪市に拠点を構える企業数6万419社[67]に比べればわずかにすぎず、費用対効果の視点から見れば、必ずしも良いパ

フォーマンスであるとは言えないのが実態である。とはいえ、インキュベーション事業が無用と判断するのは早計である。新しいことを考え生み出す創造力は、今後も必要不可欠であり、その役割の一部を引き続き公的機関が担うことは時代の要請でもあろう。

② 自立できる卒業生の養成と起業断念のアナウンスメント

起業1年後には、起業した企業の約30％が、また1年が経過すれば、存続企業の約20％が倒産もしくは消滅すると言われ、3年後に生存する企業は、当初の約半数になる[68]という数値が存在する。公的インキュベーション施設の卒業生は、経営に必要な基礎的知識を習得するため、実際に起業した場合、その生存確率は上記数値を上回るものと予想される。このように、インキュベーション卒業時には、いかなる困難な状況に陥っても事業を継続し続けられる経営の基礎、経営者としての社長学を習得させるなど、自立できる力を養うことが求められる。その一方で、インキュベーション入居前後に経営者としての適格性が見られないと判断される者には、その旨を伝達し、大きな損失が生じる前に起業を断念するよう注意を促すことも重要である。

③ IMの役割・地位の確保と交代

この数年、民間企業での勤務経験や企業支援実績を有する者をIMとして雇用し事業に従事させている。彼らの力が企業支援に十分に発揮されるよう、インキュベーション施設設置者とIMとの間で話し合いを行うとともに、事業運営に関する責任と権限を与えることが重要である。また施設設置者は、現場で働く彼らが寄せる声には真摯に耳を傾け、速やかに改善策を講じることが望まれる。

IMと入居企業は、フェイス・ツー・フェイスにより信頼関係が形成されていく。開業に向けた活動のなかで入居企業はさまざまな苦難に直面すると考えられるが、そのとき入居企業の悩みの相談相手となることができるか否かで、信頼の度合いが決定される。入居企業からの信頼をかち得なければいくら支援策を講じても期待する効果が得られないため、こうした事態が生じたときや、IMが長期間同一の施設に勤務しマンネリズムが見られるときは、IMの交代

時期と判断すべきであろう。

(文能)

8. ものづくり支援拠点と連結したインキュベーション
：クリエイション・コア東大阪

(1) 東大阪市の貸工場とインキュベータ

　新規開業が低迷するなか、創業支援の中核である公営・民営のインキュベーション施設が全国各地につくられている。東大阪市においても、2003年に中小企業のものづくり支援拠点として「クリエイション・コア東大阪」（以下、「クリコア」と呼ぶ）がオープンしたが、そのなかにインキュベーション施設が設けられた。ここでは、その「クリコア」のインキュベーションを主題に述べるが、その前に東大阪地域[69]には、古くから民営の「貸工場」[70]が発達し、貸工場が地域のインキュベーション的な機能を果たしてきたことから、東大阪市における貸工場とインキュベーション施設について触れておきたい。

　貸工場と今日言われているインキュベーション施設とは、その本質において異なっている。インキュベーションは、建物の入居対象を起業者に限定し、入居期間を定めて貸与し、入居後、起業化に向けてIM（インキュベーション・マネージャー）がサポートをすることが条件とされている。ところが、貸工場は、あくまでも「場所貸し」が中心で、入居者の資格についてはとくに制約はない。しかし、起業者がスタートアップ時に貸工場を利用することが多く、起業者に利便を提供していることから、広義には、貸工場もインキュベータに類するとみなされる。

　東大阪市では、70年代に興った第1次ベンチャーブームのもと、地域の特殊性として民営の貸工場が急増した。そこに地元の中小企業からスピンアウトした若者たちを受け入れ新規開業を支援してきた。ちなみに、昭和53年の調査では[71]、当時、東大阪市にある貸工場の棟数は、502棟（1棟当たり平均入居企業数は4.4社）の多くを数え、その後も除々に増え続け、今日では700棟は下らないものと推測される。

　起業者にとっての貸工場は、開業費の初期投資が軽減できるというメリットがあり、入居後も生産活動の場として利用されることが多い。東大阪市が平成

11年に行った悉皆調査[72]によると、全製造事業所7378のうち3140 (42.6%) の事業所が貸工場に立地し、小規模企業の生産拠点としての機能を果たしている。そして、ここを足場にして卒業し、中堅企業へと成長した企業もある。

これらは、いずれも民営の貸工場であるが、公営のインキュベータとしては、1997年に東大阪市立産業技術支援センター（東大阪市高井田中）のなかに、ものづくり型の「企業育成室」というインキュベーション・ラボが5部屋（1室の面積32.2～63㎡）と少数ではあるが設けられた。

本格的な公営のインキュベーションとしては、2003年に本節の主題である「クリエイション・コア東大阪」（東大阪市荒本北50-5）が開設され、その施設の中核にインキュベーション・ラボが設けられた。このインキュベーションの特徴は、「クリコア」のものづくりを支援機関と連結していることである。したがって、インキュベーションを述べる前に「クリコア」全体像から述べる。

(2)「クリコア」と連結したインキュベータ

「クリコア」の構想は、近畿経済産業局が進める産業クラスター計画で、大阪東部地域を「ものづくり元気企業支援プロジェクト」としての位置づけがなされたことによる。それをもとに、創造的な中小企業を総合的に支援する機関として、当時の地域振興整備公団（現・独立行政法人中小企業基盤整備機構）と大阪府・東大阪市など地元が協力して進められてきた事業である。第1期事業として「北館」が平成15年8月にオープンし、続いて、翌16年8月に第2期工事の「南館」がオープンした。総事業費は、第1期、第2期と合わせて27億円が投じられた。

事業の概要と施設については図表5-8-1に示している。主要な施設を機能別に事業内容を簡単に紹介しておきたい。

①中小企業製品の常設展示場

中小企業の販路開拓を支援する施設として常設展示場が設けられ、ここに大阪府内の中小企業、約200社（うち東大阪市の企業が約半数）の製品を展示している。また、出展社別にホームページを設け、企業・製品の情報を内外に発信し、海外からのアクセスも多い。

図表5-8-1　クリエイション・コア東大阪のインキュベータ概要

運営主体 運営団体など	独立行政法人　中小企業基盤整備機構 (財)大阪産業振興機構　ものづくり支援部 独立行政法人　中小企業基盤整備機構・近畿支部 (財)東大阪市中小企業振興会 東大阪商工会議所・モノ造り推進室
北館(第1期事業)	
開設	平成15年8月20日
建物構造・規模	鉄骨造4階建、敷地1,340㎡、延床面2,352㎡
主な機能・施設	＊大阪府内の中小企業製品の常設展示場(200ブース) ＊ワンストップサービス窓口 ＊支援機関スペース
インキュベータ	＊部屋数～　オフィスタイプ　10室 ＊部屋の広さ～25㎡、35㎡、40㎡、50㎡ ＊賃貸料～1㎡当たり2,625円／月 ＊入居契約期間　原則5年
南館(第2期事業)	
開設	平成16年8月20日
建物構造・規模	鉄骨造3階建、敷地4,889㎡　＊延床面4,978㎡
主な機能・施設	＊産学連携オフィス(14大学) ＊大学サテライト研究室、　＊コンソーシアムラボ ＊ものづくり伝承センター ＊研修室・多目的ホール・技術交流室
インキュベータ	＊部屋数～　　　　　　　＊オフィスタイプ　11室 ＊実験研究タイプ　4室 ＊部屋の広さ～　　　＊オフィスタイプ　30㎡・35㎡、40㎡、45㎡ 　　　　　　　　　　＊実験研究タイプ　55㎡・80㎡ ＊賃貸料～　　　　　＊オフィスタイプ、1㎡当たり2,625円／月 　　　　　　　　　　＊実験研究タイプ、1㎡あたり3,045円／月 ＊入居契約期間　最長5年

(出所)クリエイション・コア東大阪発行のパンフレットと中小企業基盤整備機構のホームページより作成した。

② 産学連携オフィス

　中小企業の産学連携を支援するオフィスを設け、そこに大阪大学など関西の国公立、私立の13大学が連携窓口を開設している[73]。このほかに東北大学金属材料研究所附属研究施設大阪センター（金研大阪センター）の金属系新素材試作センターが平成19年に開設された。このように1カ所に集中して多くの大学が産学連携の窓口を設けているというケースは全国でも珍しい。

③ワンストップ相談窓口

　中小企業の相談業務として、ワンストップサービス窓口が設けられ、ものづくりについての相談と取引紹介や機関へのコーディネートなどに応じている。運営については、㈶大阪産業振興機構、㈶東大阪市中小企業振興会、東大阪商工会議所モノ造り推進室が中心になって、それぞれの機関に属する専門アドバイザー、コーディネーター総勢18名が配属され、ワンフロアで対応することで相乗効果を高めている。

④インキュベーション・ラボ

　インキュベーション・ラボとしては、オフィスタイプが北館の10室と南館に11室、合計21室が設けられ、このほかには、南館には実験・研究タイプのラボが4室あり、合計で25室である。そのなかには、中小企業のほかに大学サテライト研究室や東大阪宇宙開発協同組合、大阪東部エリア産学官連携促進事業の拠点などが入居している。

　民間企業の入居は21社で、その入居する企業については、図表5-8-2に示している。また、入居企業をサポートするIMとして中小企業基盤整備機構近畿支部から2名が「クリコア」に配属されている。

(3) 入居企業の属性と活動状況

　今回、「クリコア」のインキュベータに入居している企業21社を対象に、その企業属性や活動状況などについてのアンケート調査を行った[74]。その結果の概要について紹介する。

①入居企業の属性

　入居する企業については、「第二創業」の企業が16社（76.2%）と多くを占め、「新規創業」は5社である。本社所在地の地域別を見ると、東大阪市が12社（57.1%）を占め、続いて、大阪市4社、大東市など大阪府内が3社で、大阪府以外が2社である。業種別では、機械器具製造業が11社（52.4%）で半数あまりを占め、続いて、金属製品製造業4社、化学製品製造業2社とプラスチック製品製造業が各2社、その他に、紙・印刷業と異業種交流グループが

図表5-8-2　クリエイション・コア東大阪のインキュベーション入居企業一覧（平成19年1月現在）

会社名	事業内容
㈱吉野金属	福祉機器および生活支援器具の企画・設計・開発
㈲イーシーテクノ	節水機器の開発および下水・貯水槽の水質改善など総合的なアクアビジネスの開発
㈱深江特殊鋼	ITによる金型メーカー向け鋼材調達プログラムの開発
㈱ユニックス	使用済み注射器の滅菌・原料処理機の販売・改良
㈱シェリフ	通信端末付きカラーマーキングボール発射装置および防犯通信識別システムの研究開発と製品の販売促進
㈱ロダン21	東大阪地域の中小企業を中心とした商品開発コーディネートおよびマーケットリサーチ・特許管理など
豊精工㈱	精密小型金型用エレクトロスピンドルの実用化と専用マシニングセンターの開発
㈱COMFORT－LAB	シリコンジェル・オレフィン系エラストマーを中心とした新素材の開発とその素材を利用したフットケア・介護製品の開発
㈲ドゥー	産学連携による少子高齢化に対応した紙製品の開発および製造
ミルシステム㈱	粉砕機および粉砕を中心とした粉体処理システムの設計販売
㈱フジキン	新静止型ミキサーの開発及び混合指標と評価基準の確立
㈱ヘキサケミカル	物質に見えない情報を添加＝プラグノムの試作・検証・販売の確立
㈱イオックス	溶融塩電解技術による新素材、ナノ微粉体の開発・販売
㈱大晃機械製作所	次世代FAロボットシステムの産学連携による開発（画像センシング技術と台車の応用技術開発）
㈱ユーエイキャスター	産学連携による新機構キャスターの開発・販売
㈱ユウビ造形	ホビー関連の原型製作。設計の3Dデジタル化
㈱下西製作所	FAに対応したマグネット式部品整列供給機の研究開発と評価・販売展開
㈱クヌギザ	レーザーマーキングを用いたファッションミラーの開発、腐食しない表面鏡・防曇鏡の開発など
㈱中央電機計器製作所	ナノテク技術への精度向上。バイオマス・マイクロコロニー観察時間の短縮。家庭用風力発電・介護ヒューマンロボの開発
㈱ロボメカニクス研究所	産学連携による最先端ロボット技術の共同開発。すでに会話のできる4足歩行小型ロボットを開発し販売している
㈲エイチ・アイ・テクノス	工業・外食産業用油水分離装置および小型凝集沈殿装置の開発・製作・販売促進

(注)中小企業基盤整備機構のインキュベーション施設・クリエイション・コア東大阪ホームページをもとに一部を修正し1社追加した。

各1社の順で、機械金属関連が7割強を占めている。次に、従業者の規模別では、従業者「5人以下」の企業が5社、「6～20人」が7社、「21～50人」が4社、「51～200人」が4社、「200人以上」が1社という構成で、従業者20人以下の小規模企業が12社で全体の57.1％を占める。

図表5-8-3 インキュベータ入居の動機(複数回答)

回答	回答企業数	%
クリコアのものづくり支援が魅力であった	13	61.9
大学との産学連携ができるのが魅力	9	42.9
研究開発に専念できる場所が欲しかった	9	42.9
地域の人と知り合い交流ができるのが魅力	9	42.9
新規創業で適当な場所を探していた	5	23.8
ここに入居することで会社のイメージが上がる	5	23.8
東大阪という産業集積に魅力があった	5	23.8
その他(ロボット開発に魅力)	2	9.5

(出所)湖中齊「クリコア・インキュベーション入居者に関する調査」。

②オフィスの利用状況

　入居オフィスの専従者については、「専従者がいる」とする企業が16社（76.2％）で、「いない」企業が5社あった。また、オフィスの利用日数について、1週間のうち何日利用しているのかを見ると、「5日」とする企業が9社（42.9％）で最も多く、「6日」と「2〜3日」がそれぞれ6社（28.6％）で、7割強の企業が週5日以上利用している。

③入居した動機（複数選択）

　入居の動機については、最も多いのが、「クリコアがものづくりの支援拠点になるというのが魅力であった」とする企業が13社（61.9％）で、続いて、「大学などとの産学連携ができるのが魅力」、「研究開発に専念できる場所が欲しかった」、「地域の企業と交流ができるのが魅力」がいずれも9社（42.3％）で2位に挙げられている。それ以下については図表5-8-3を参照されたい。

④クリコアの利用状況

　入居者のワンストップ相談窓口の利用状況では「よく利用している」とする企業が19.9％、「時々利用する」が33.3％、「ほとんど利用していない」が10社（47.6％）となり、利用しない企業が半数近くを占めている。また、IMの活用状況では、「よく活用し役立っている」とする企業が10社（47.6％）、「活用しているがあまり役に立っていない」が14.3％、「ほとんど活用しない」38.1％である。

図表5-8-4　インキュベータに入居したことによるメリットと優位性について（複数回答）

回答	回答企業数	%
クリコアには経営情報が集まり、得やすい	10	47.6
IMからいろいろとアドバイスをしてもらえる	10	47.6
他社との交流やコラボレーションができる	7	33.3
会社の信用と社員の士気が上がった	7	33.3
クリコア開催の研究会へ参加機会が増えた	7	33.3
相談などワンストップサービスが受けられる	5	23.8
研究開発の仕事がやりやすくなった	4	19.1
大学との関係が身近で便利になった	2	9.5

（出所）前掲と同じ。

　次に、産学連携オフィスの利用状況では、「大学窓口を訪問した」企業が12社（57.1%）で、「訪問したことがない」が9社（42.9%）であった。続いて、大学を訪問したとする12企業に絞って、訪問した大学の数を問うと、13の大学のうち、「10大学」を訪問した企業が3社、次に「5大学」を訪問した企業が1社、「3大学」が1社、「1～2の大学」訪問した企業が4社で、残る3社は無記入であった。総じて言えば、あまり大学を利用していないという結果になった。

⑤入居によるメリット（複数回答）

　入居したことによるメリットを見ると、最も多い回答が「クリコアにはいろいろな経営情報が集まり情報が得やすい」とする企業と「IMからアドバイスをしてもらえる」とする企業がいずれも10社（47.6%）で多かった。続いて、「他社との交流やコラボレーションができる」と「入居したことで会社の信用が高まり、社員の士気も上がった」がともに7社（33.3%）である。それ以下は、図表5-8-4を参照されたい。

⑥総合評価

　総合的な満足度では、「大いに満足」11社（52.4%）とする企業が半数強を占め、「やや満足」5社（23.8%）の両者を合わせた4分の3の企業が一応の評価をしている。しかし、4分の1の企業が必ずしも満足していない。

　以上のように、インキュベータが「クリコア」という中小企業の複合的支援

機関のなかにありながら、ワンストップサービス相談窓口やIMの利用が低調である。また、入居企業間の交流や産学連携にしても熱心な企業とそうでない企業とに二分しているという現実が明らかになった。

(4) インキュベーションとしての課題

インキュベーションの役割は、起業者が入居期間中に優れた事業計画を立て、開業に向けて取り組み、立派な企業として卒業させることにある。「クリコア」のインキュベータは、開設されてまだ日が浅いこともあって、現時点では、卒業者は出ていない（ただし、平成19年3月末に2社が卒業した）。

入居者が取り組んでいる研究開発の進捗状況を紹介すれば、節水機器の市場開発を着実に進めている企業や福祉機器の分野で開発成果を上げている企業もある。また、大学発ベンチャー企業として、産学連携を軸に金属ナノテク粒子を技術開発した企業もある。しかし、インキュベーションという観点から言えば、先の調査結果にも見られるように問題や課題がないではない。その主な点を挙げてみよう。

第1に、元来、インキュベータは、新規創業を支援するというのが主たる目的であるが、「クリコア」の現状では、第二創業の入居者が多くを占めている。中小企業の第二創業を支援することも重要な課題ではあるが、今後の入居政策として、新規の創業に比重を置きその入居枠を増やしてゆく配慮が望まれる。

第2に、インキュベーションに入居することによって期待される相乗効果は、入居企業者間の交流であるが、未だ組織的な交流が十分になされているとは考えられない。これにはさまざまな理由が考えられるであろう。北館では部屋の配置が長屋式であることから顔を合わせる機会が多く、企業仲間で交流する動きが見られるものの一部の企業に留まっている。一方南館は、1階と2階に分散していることもあって、交流の機会が少なく、ましてや北館と南館の入居者間の交流関係は希薄であると言える。

また、産学連携についても産学連携オフィスに入居している大学を利用している企業と利用したことがない企業との二極化傾向が見られた。総じて言えば、利用状況は低調と言わざるをえない。入居企業のなかには、入居以前からすでに大学と連携をしている企業も見られるが、同じ施設内に入居する企業と

大学との双方から気軽なアプローチがあってしかるべきであると考える。

　これら「クリコア」内部の企業間交流と産学連携を活発にするには、北館・南館の合同による入居企業間の交流会を組織し、少なくとも毎月1回ぐらいは、定例交流会をもつべきであろう。このことは、産学連携についても言え、入居企業と大学との交流会を組織し、「知り合う」という関係を制度としてつくる必要がある。

　第3に、入居者にとっては、IMへの期待は大きい。IMは入居企業に対して個別に継続してサポートするのが本来の職務で、日常の相談業務を通じて双方の信頼関係が構築される。入居者のなかには、今回の調査で「特定のIMを固定してほしい」という意見も見られた。相談事項のなかには秘密を要とする案件もあり、IMを固定化することにより持続的な関係ができる。入居者とIMとの信頼関係が形成できる体制づくりが求められているのである。

　第4に、インキュベータは、学校に似て、入居者の募集、指導、卒業というサイクルがある。そのなかでも重要なことは、優れた起業家の卵を確保することである。「クリコア」のインキュベータは、開設と同時に一斉に入居した関係から、卒業も同時期に集中し、新たに優れた起業者を一挙に募集・選考することは並大抵なことではない。こうした問題を回避するうえからも、入居企業の開発業務の進捗状況に応じて卒業時期にバラツキをもたせるというのも一つの方法である。また、優れた起業家を確保するには、日常から起業家セミナーや起業塾を開校して、起業予備群の発掘とその育成に取り組む戦略的な努力が必要であろう。

　いずれにしても、地域経済を再生するについて、新規のベンチャー企業を新生させることが喫緊の課題と言える。インキュベーションは、その創業ベンチャーを支援するためにも、たんなる「場所貸し」ではなくして、地域産業の再生という目標をもとに、インキュベータ経営の経営理念や経営方針を確立することが肝要である。

(5) 地域資源の優位性とインキュベーション

　「クリコア」のある東大阪市は、全国でも珍しく多様な中小企業が高度に集積する地域である。このことは、創業者やインキュベートの卒業企業にとって

すれば優位な地域資源であると言える。

　インキュベートの卒業を目前にした起業家は、たちまち適当な土地・建物などの選定とそれに要する開業資金が必要とされる。東大阪市では、冒頭にも述べたように、貸工場が普及し、その起業がものづくりであれば、貸工場を利用することによって開業資金が大幅に節約でき、即日入居することができる。

　また、製品や部品を試作・生産することについては、近隣に多様な専門の技術を有している小規模なサポートインダストリーが多数集積しており、そこに委託をすれば部品の3個や5個といった単位の仕事でも請けてくれるところもある。さらには、このサポートインダストリーにアウトソーシングすることによって、設備投資を節約できるほかに、専門技術が利用でき、品質、コストや納期が確保できるというメリットがある。こうした地域の資源を利用することで、製品企画と試作に要する資金さえあれば、ファブレス企業（工場をもたないメーカー）として起業することも可能である。

　このほかにも、大阪東部地域は、中小企業の集積が高いことから、中小企業に関する情報を得る機会に恵まれ、行政や地域の経済団体などにおいても中小企業を支援するための制度や各種事業の取り組みが積極的になされている。政府系や民間の中小企業関係の金融機関も多く、大学も多いことから産学連携の機会にも恵まれ、異業種交流グループなども普及している。

　「クリコア」のインキュベートでは、ようやくにして卒業企業が出た。インキュベーションとしては、卒業後においてもその企業が成長していくことを期待し、支援することが望まれている。そのためにも、大阪東部という地域が有している資源の優位性の活用・発揮はもとより、それら中小企業群と「クリコア」のインキュベーションとの有機的なネットワークの形成が急務と言える。

（湖中）

9．成熟都市の活性化拠点：さかい新事業創造センター（S-CUBE）

　さかい新事業創造センターは、2006年4月に関西で4番目の政令指定都市となった堺市の中心部に整備された新事業創出支援施設である。愛称はS-CUBE（エスキューブ）であり、Sakai Shinjigyou Sozo の頭文字である三つのS

図表5-9-1 主要産業別従業者数構成比(2004年)

(単位：%)

	堺市	大阪市	東大阪市	大阪府
建　設　業	7.3	6.3	4.6	6.3
製　造　業	21.2	13.6	31.7	18.5
情報通信業	0.5	5.2	0.3	3.0
運　輸　業	5.8	4.6	8.0	5.6
卸売・小売業	23.2	26.7	25.2	25.3
飲食店、宿泊業	9.4	9.5	7.0	9.1
医療、福祉	12.0	5.5	7.2	7.9
サービス業(他に分類されないもの)	13.1	19.1	8.9	15.6
そ　の　他	7.6	9.4	7.0	8.8
産　業　計	100.0	100.0	100.0	100.0

(注)大阪府における構成比が3％未満の産業は「その他」として一括して計上した。
(出所)総務省「事業所・企業統計」より筆者作成。

(3乗；Cube)と新事業創出拠点機能(立体；Cube)から名付けられた。

(1) 設立の背景と地域経済

①堺産業の歴史と概況

　堺市は、大和川を挟んで大阪市の南に位置し、人口が83万2218人、面積149.99k㎡の都市である（2006年9月1日現在）。

　堺は、摂津、河内、和泉の三国の境に発達した都市である。戦国時代には対明貿易や南蛮貿易など海外との貿易都市として発展した。当時の堺は、鉄砲を量産する技術力を備えた工業都市でもあり、その技術は、江戸時代における包丁、明治以降における自転車といった地場産業へとつながった。戦後においては1950年代後半から、堺市から泉大津市の臨海部に広がる堺・泉北臨海工業地帯の開発が進んだことが堺市の産業構造を規定していくこととなった。

　堺市の産業構造を従業者数構成比から見ると（図表5-9-1を参照)、「卸売・小売業」と「製造業」がそれぞれ23.2％、21.2％と高く、以下、「サービス業（他に分類されないもの)」13.1％、「医療、福祉」12.0％と続く。ビジネス支援型産業が集積する中枢都市である大阪市と比べると、「情報通信業」や「サービス業（他に分類されないもの)」の構成比が低く、「製造業」の割合が高い。一方、工業都市である東大阪市と比べると「製造業」の構成比が低く、「医療、福祉」の構成比が高い。また、堺市は、昼夜間人口比率が92.4％と大阪市（141.2％）

図表5-9-2　大阪府内各市製造業の主要業種（出荷額構成比、2005年）

(単位：％)

	堺　市		大阪市		東大阪市	
1位	石油製品・石炭製品	31.5	化学工業	23.4	一般機械器具	18.7
2位	一般機械器具	16.7	一般機械器具	11.2	金属製品	17.6
3位	鉄鋼業	14.4	金属製品	10.9	プラスチック製品	9.8

(出所)大阪府「大阪の工業」より筆者作成。

よりも低い（総務省「2000年 国勢調査」）。これは、市外への通勤・通学者が市内への通勤・通学者よりも多いことを示すが、市外への通勤者の多くは大阪市内で勤務していると見られる。このように、堺市は、工業都市、商業都市としての性格をもつものの、大阪市のベッドタウンとしての性格をもあわせもつ複合的な都市である。

　製造業出荷額は2兆7129億円で大阪府内第2位である。一方、事業所数は2951事業所と、大阪市、東大阪市、八尾市に次ぐ府内第4位である（大阪府「大阪の工業（2005年）」）。出荷額を規模別に見ると、大規模工場の比重が高く、小規模工場の比重が低い。市内製造業の出荷額は、300人以上の事業所が40.5％を占め、大阪市（24.5％）、東大阪市（2.9％）よりも高い。主な企業としては、コスモ石油、東燃ゼネラル石油、新日本製鐵、日新製鋼、丸一鋼管、クボタ、ダイキン工業、シマノなどがある。その反面、19人以下の事業所が出荷額に占める割合は7.4％にすぎず、大阪市（21.9％）、東大阪市（33.0％）と比べると小規模事業者の割合は極めて低い。

　業種構成では、石油製品、鉄鋼業などの素材型産業の割合が高いことが特徴である（図表5-9-2）。これらの産業は臨海部に立地しているが、「外部との連携をあまり必要としないため、市内企業との取引などの結びつきは弱い」（堺市「堺産業振興ビジョン21」）。一方、内陸部には自転車および部品、刃物、敷物、線香、注染・和晒、昆布加工などの多様な地場産業が立地している。

②地域経済の活性化と新事業創出

　近年、地域経済力の低下が問題となっているが、その原因は、臨海部の基礎素材型産業の落ち込みが大きかったこととされる（堺市「産業振興ビジョン21」）。また、地場産業についても、安価な海外製品との競争激化や後継者不足

などの問題を抱えている。こうしたことから、事業所数は、ピーク時の1983年の4655事業所（美原町を含む）から2005年には2951事業所へと大幅に減少した（大阪府「大阪の工業」）。出荷額も1991年をピークに減少傾向にあるが、こうした製造業の停滞を他の産業で補うことができなかったことが問題である。また、人口が減少基調にあったことは、政令指定都市への昇格を悲願としてきた堺市にとっては深刻な事態であった。

こうした状況に対して、堺市が、地域産業振興の新たな展開を図るために改定した「堺産業振興ビジョン21」（計画期間は2000年度から10年間）では、産業振興の理念として、「交流とビジネスチャンスが支える大阪都市圏の産業拠点都市『堺』の形成」、「生活や環境と調和した創造的産業活動の促進」が掲げられ、理念をもとにした将来像を実現するための基本方向の一つとして「新たな市場を見据えた成長産業分野や起業家の支援」が示された。産業立地促進のためのプロジェクトとしては、「都心と中百舌鳥新都心周辺においては、情報通信や生活文化関連産業などの成長産業分野の企業などへの事業スペースの提供を促進する」とされた。さかい新事業創造センターは、こうした状況のもと、新事業創出促進法に基づいて整備された。

(2) 施設の概要

施設が立地する堺市の中百舌鳥地区は、大阪都心部の中央を南北に貫く地下鉄御堂筋線をはじめ、南海高野線、泉北高速鉄道の3鉄道と常磐浜寺線などの幹線道路の集積により交通結節機能が高く、大阪府新総合計画および堺21世紀・未来デザインにより、「新都心」として位置づけられている。施設は、2004年4月に開設され、「中百舌鳥駅」から徒歩5分の距離にある。その概要は図表5-9-3を参照されたい。

オフィス・ラボへの入居資格は、創業間もない成長段階にある企業、産学連携に取り組む中小企業または教官、新事業の創出、新分野への進出または第二創業に挑戦する中小企業、創業準備段階の起業家という条件のいずれかに該当することである。事業計画書などをもとに審査が行われる。オフィス・ラボにおける入居期間は原則3年であるが（創業準備デスクは6カ月）、事業の進捗状況により協議・審査のうえで再契約が認められる。

図表5-9-3 さかい新事業創造センターの施設概要

整備主体	株式会社さかい新事業創造センター		
所在地	大阪府堺市北区長曽根町130番地42		
施設運営主体	株式会社さかい新事業創造センター		
敷地面積	8,174㎡		
延床面積	4,186㎡		
賃貸開始年月	2004年4月		
規模構造	鉄骨造　本館3階建　ラボ館2階（駐車場は約120台収容可能）		
賃貸居室／賃貸料(共益費・消費税込み)	オフィスA1　(15.0㎡)	8室	4万7,250円／月
	A2　(16.6㎡)	6室	5万2,290円／月
	オフィスB　 (20.0㎡)	8室	6万3,000円／月
	オフィスC1　(30.0㎡)	4室	9万4,500円／月
	C2　(33.3㎡)	4室	10万4,790円／月
	オフィスD　 (50.0㎡)	20室	15万7,500円／月
	R＆DラボA　(30.0㎡)	4室	8万1,900円／月
	R＆DラボB　(50.0㎡)	4室	13万6,500円／月
	マルチラボA (80.0㎡)	4室	22万6,800円／月
	（オフィス・ラボ計）	62室	
	創業準備デスク(3㎡)　15ブース		1万2,600円／月
保証金	オフィス・ラボ　3カ月相当分 創業準備デスク　なし		
共用施設	データセンター、会議室、商談ブース、コピールーム、リラックス・スペース		

(出所) さかい新事業創造センター資料より作成。

　入居企業は57社であり、ほぼ満室の状態である（2006年8月28日現在、図表5-9-4）。入居者の多くが本社をセンターに置いており、堺市外からセンター内に本社を設置、移転した企業は18社ある。大阪府立大学などと産学連携を行う入居者が多数見られることが特徴である。事業分野としては情報通信関連分野、生活文化関連分野などが多い。

(3) さかい新事業創造センターの特徴
①地域に開かれたインキュベーション施設

　さかい新事業創造センターは、「さかい発！産＆学のコラボレーションが実現した『知』のインキュベータ」というキャッチコピーが掲げられ、知のトライアングルと称する「新事業創出支援機能」、「新・ものづくり支援機能」、「にぎわいづくり機能」という三つの機能を保有することを特徴とする。
　「新事業創出支援機能」は、インキュベーション・マネージャーの入居者に

図表5-9-4 さかい新事業創造センター入居者の主な事業分野

事業分野	会社等の数	構成比(%)
情報通信関連分野	13	22.8
生活文化関連分野	9	15.8
医療・福祉関連分野	8	14.0
環境関連分野	6	10.5
新製造技術関連分野	5	8.8
ビジネス支援関連分野	5	8.8
その他	11	19.2
計	57	100.0

(出所)さかい新事業創造センター「さかい新事業創造センターの事業概要」。

対する総合的支援によって新事業を育成するものである。施設内のブロードバンド対応のインターネット・データセンター（IDC）を活用し、サーバの共同利用や管理サービスなど入居者に高速情報通信環境を提供しIT化を支援している。

「新・ものづくり支援機能」は、大阪府立大学をはじめとする南大阪の大学や大阪府立産業技術総合研究所等との連携や、IT化の推進により新しいものづくりを支援するものである。センターには、南大阪地域大学コンソーシアムの事務所が入っており、産学連携が行いやすい環境が整っている。

「にぎわいづくり機能」は、地域に開かれた拠点としての役割を示すものであり、南大阪地域大学コンソーシアムやセンターの周辺に立地する㈶堺市産業振興センターや堺商工会議所といった産業支援機関と連携し、地域の新事業創出を支援している。また、IDCは既存産業のIT化を推進する役割も担っている。

②公設公営による運営

さかい新事業創造センターを運営するのは、株式会社さかい新事業創造センターである。その資本金17億400万円のうち、堺市が8億5400万円を出資し、50％以上を占める（残りは、中小企業基盤整備機構が8億3000万円、堺商工会議所が2000万円を出資）。人的な面でも堺市の事業としての性格を強く示し、管理・運営は主に堺市の派遣職員が担っている。主な収入源は入居企業から支払われる賃貸料であるが、ベンチャースクールなど堺市からの受託事業も収入源

としている。

インキュベーション・マネージャーは、勤務日が週2～3日の非常勤のスタッフが3人おり、毎日誰かは常駐するような体制になっている。大手メーカーや商社のOBであり、特許や販路開拓など各種の相談に応じている。

③入居者による評価

1㎡当たり2500円（ラボは2100円）、共益費と消費税込みで3000円強（同3000円弱）という賃貸料は、周辺地域のビルと比べて安いとは言えないが、入居1年目に6割、2年目に5割、3年目に4割の補助が堺市から出ることによって低価格の事業スペースが提供されている。これは、設立間もない企業にとっては大きなメリットであり、新都心にありながら、駐車場が月8400円（消費税込み）と低価格であることもメリットと捉えられている。

公設公営のビルという安心感があり、24時間利用が可能で、入居期間の制限があるものの再契約も場合により認められるといった柔軟性があることも、入居者から評価されるポイントである。また、センターのなかにある特定非営利活動法人南大阪地域大学コンソーシアムが入居していることは、産学連携への取り組みを容易にしている。入居企業は、大学教員との技術的なつながりだけでなく、企業が持つ技術の用途開発面のアイデアを学生から得るなどの連携も見られる。

こうしたメリットが入居者から挙げられるが、最大のメリットとして指摘されるのは、立地場所である。これには、堺商工会議所などの産業支援機関と隣接した立地になっているという点が影響しているが、何よりも地下鉄や南海電車の駅に近いという交通アクセスの良い立地という点が重要である。取引先が大阪市内を中心に広域にあるという入居者が多いことから、地下鉄御堂筋線で大阪市の中心部と直接つながっていることはビジネスを円滑に進めるうえで意義が大きい。

(4) 地域とインキュベータとの関わり

入居者は、市内に立地する大阪府立大学の教員や同大学の教員と共同研究を行う企業など、大阪府立大学と関わりが深い産学連携型入居者が12社（者）

あり、2割を占める（2006年8月26日現在）。このほかにも、共同研究にはいたらないが、センター内にある南大阪地域大学コンソーシアムを通じた交流を行う事例も見られる。また、大学や学会業務のサーポート業務を行うサービス業や、起業や経営全般の相談やコンサルタント業務によって地域社会に貢献することを目的としたNPOなどもあり、地域内の需要に基づいて存立する入居者も見られる。地域の知的資源を活かし産業化に結び付けたり、地域の産業活動の効率化に寄与したりするなど地域との関わりが深い入居者が多数見られる。

その一方で、受注先や顧客の多くが大阪市内にあり、モノやサービスを生み出す過程でも、とくに地域資源を活かしているとは言えない企業もあるように見える。しかし、こうした企業群は、堺市外の需要を獲得し、堺市内で事業活動を行っているという点からは、堺市から市外へのモノやサービスの移出を増やし地域経済の成長に寄与していると言える。ただし、移出による地域産業への波及効果は大きいとは言えず、後述するように市外へと移転する可能性も高いと見られる。

(5) インキュベータの課題と今後の展開
①さかい新事業創造センターの課題

施設面の課題は、小規模のオフィスに対する需要が大きく、そうしたオフィスが不足していることである。2006年9月現在、15㎡の部屋に対する空室待ちが10人程度いる。そのなかには、事業の成長に応じて、創業準備デスクからオフィスへの移転を求める者もいるが、施設内では円滑な事業拡大が進まない状況にある。

当センターは新しい施設であることから人材を集めやすいという評価があるが、その一方で、立地場所周辺に飲食店が少ないという周辺環境の問題を指摘する声もある。情報関連業種では、大阪市内と比べると専門的な人材の確保が難しいとも言われる。

また、インキュベータとしての知名度は関係者以外には浸透しておらず、ブランド力という点でのメリットは期待できない。このため、施設に入居していること自体が、取引や融資に有利になるとは思われていない。

最大の課題は、施設を卒業する企業の多くが大阪市内に移転してしまうこと

である。これまで9社が卒業したが、堺市内に留まるのは2社にすぎない。大阪市内から東京都への大企業の本社機能流出が問題とされているが、堺市から大阪市への中小企業の移転という相似形の構図が浮かび上がる。施設を卒業する企業は、有望な成長企業であることから、そうした企業が市外に流出することは地域経済にとっては痛手である。

②卒業企業の引き留めと地域の魅力の向上
　堺市産業振興局では、センターから輩出する企業などの市内定着を促進するため、新都心において一定要件を満たす業務系貸しビルを認定し、入居企業に対して、技術、経営などの問題解決に向けての支援を随時行うという事業に着手した。有望企業の引止め策を充実させることは喫緊の課題である。
　産業支援機関が集中的に立地するという特長を活かし、センターが立地する新都心エリアを、人や情報が行き交う賑わいのある地域とするとともに、産学連携などの実績を積み重ね、それをアピールしていくことにより、センターのブランド力を高めていくことも必要である。

(町田)

10. 地域インキュベーションの実現に向けて：神戸市産業振興センター

　神戸市産業振興センターは、神戸市における中小企業振興事業の拠点として1993年5月に開設された。同センターを運営するのが、財団法人神戸市産業振興財団（以下、神戸市産業振興財団と略記する）である。神戸市産業振興財団は、センター内にあるインキュベーション施設の運営を含め、中小企業者、新規創業者、ベンチャー企業、SOHO事業者のための総合的ビジネス支援を行う責務を担っている。

(1) 設立の背景と地域経済
　神戸市産業振興センターが開設された93年は、折しもバブル経済崩壊直後にあたり、わが国経済、兵庫県・神戸市の地域経済の進むべき新しい方向性が提示されようとした時期にあたる。

92年には、宮沢内閣（当時）が新しい経済計画である「生活大国5カ年計画」を施行し、これまでの経済成長重視の政策を改め、国民一人ひとりが豊かさとゆとりを日々の生活のなかで実感できる「生活大国」の実現が目指された[75]。
　ひるがえって兵庫県、神戸市においても93年を「豊かな生活を求める時代の幕開け」と捉え、「潤いのある豊かな兵庫・神戸」をキーワードに掲げた。その前提として、①バランスのとれた経済構造で地域に活力、②技術革新をリードする兵庫・神戸、③ビックプロジェクトで地域に潤い、を目指そうとしたのである[76]。
　こういった背景を受けて、注目されたのが、「インキュベーション」というコンセプトであった。実際に、93年には、兵庫県内で見れば、神戸市産業振興センターだけではなく、同時に尼崎リサーチ・インキュベーションセンター、先端科学技術支援センターの計3施設が同時期に開設されたのである[77]。

(2) 施設の概要
①施設の立地環境
　神戸市産業振興センターは、神戸市の都心部にあたる神戸ハーバーランド（神戸市中央区）にあり、JR神戸駅（JR大阪駅より電車で21分）下車徒歩5分、という交通の利便性の高い場所に立地している。
　地上10階建の建物のうち、3フロア（5階、7階、8階）がインキュベーション施設にあたる。その他のフロアには、同センターの運営主体である神戸市産業振興財団、中小企業支援センター（6階）があり、神戸商工会議所（1階）といった支援機関や、㈳神戸市機械金属工業会、兵庫県技術士会、㈳兵庫工業会（いずれも5階）、といった地元事業者による各種団体が入居している。加えて、展示場、ホール、会議室、レセプションルームといったユーティリティも備えた複合施設となっている。

②施設の特徴
　神戸市産業振興センターのインキュベーション施設の大きな特徴は、企業の成長段階や事業展開に応じた三つの施設を提供している点にある（図表5-10-1参照）。

図表5-10-1　神戸市産業振興センター内のインキュベーション施設

名称	創業準備オフィス	スモールオフィス	企業育成室
目的	「起業を決意」し、創業準備のための共同オフィス	創業準備を終え、事業をスタートするためのオフィス	企業として事業展開、拡大に向けて飛躍するためのオフィス
総室数	13ブース 1ブース約3㎡、ブース型	12室 1室11㎡、個室型	10室 39～87㎡、個室型
施設概要	産業振興センター5階 共用コピー／FAX／プリンター／インターネット利用可能	産業振興センター5階・8階 インターネット利用可能	産業振興センター7階 共用応接ブース／地下駐車場有り
入居期間	1年間	1年間 ただし、事業の熟成状況を勘案して、さらに1年間まで延長を認める場合有り	原則3年間 ただし、事業の熟成状況を勘案して、さらに2年間まで延長を認める場合有り
賃料・使用料	利用料　月額6,000円（共益費込） 保証金　30,000円 その他　コピー、FAX、電話代は実費	利用料　月額18,000円（共益費込） 保証金　54,000円	賃料　当初3年間は月額1,050円／㎡ 保証金　月額賃料の6カ月分相当額 共益費　月額1,156円／㎡ 交流会費（月額10,000円） その他　電気・水道代は実費
入居対象	神戸市内での創業を目指す個人もしくは創業後概ね1年以内で、下記に該当する方 ①創業予定で、神戸市内に事務所をもつための準備をしている方 ②他に拠点を有しておらず、当施設を活動拠点とされる方 ③神戸市中小企業融資制度の対象となっている業種の方 ただし、すでに公的インキュベーション施設を利用された方は除く（未創業の場合は別途応相談）	創業もしくは創業後概ね2年以内の個人および企業で、下記に該当する方 ①創業後、神戸市内に事業所をもつために準備をしている方　②他に拠点を有しておらず、当施設を活動拠点とされる方 ③神戸市中小企業融資制度の対象となっている業種の方 ただし、創業準備オフィス以外の公的インキュベーション施設入居企業などは除く	創業期（創業後、おおむね5年以内。ただし、創業予定も可）にある企業で、当施設を活動拠点とされる企業など ただし、創業準備オフィス・スモールオフィス以外の公的インキュベーション施設入居企業などは除く
認定	X・N-KOBE認定および条件n-KOBE		原則X-KOBE認定

(注) 表内の「認定」の項目については、本文中のKOBEドリームキャッチプロジェクトを参照されたい。
(出所) 神戸市産業振興財団のウェブサイト、および内部資料により筆者作成。

図表5-10-2　入居・卒業企業数(平成18年度7月現在)

施設名称		創業準備オフィス	スモールオフィス	企業育成室
入居企業		7社	10社	9社
卒業企業		40社	15社	34社
定着率	市内	29社(72.5%)	12社(80.0%)	26社(76.5%)
	市外	8社(20.0%)	2社(13.3%)	7社(20.6%)
	廃業・不明	3社(7.5%)	1社(6.7%)	1社(2.9%)
計		47社	25社	43社

(出所)神戸市産業振興財団の内部資料より筆者作成。

　センター開設当初は、「企業育成室」のみがインキュベーション施設として整備されていた。企業育成室自体は、開設当時から人気の施設となり常時高い稼働率を達成してきた。しかし、企業育成室の対象は、企業としてすでに活動を行っており、今後のさらなる事業展開、拡大に向けて飛躍することを目指している起業家に焦点が合わせられている[78]。

　そのため、スタートアップ直後、あるいは起業を志している、といった生まれたばかりの起業家のためのインキュベーション機能を備えた施設を求める要望にうまく応えることができなかった。そこで、創業準備オフィス（2001年開設）、スモールオフィス（2003年開設）が設置されることとなったのである。

(3) インキュベーション施設の実績

　これまで、神戸市産業振興センターのインキュベーション施設は、多くの卒業企業を輩出して来た（図表5-10-2参照）。加えて、神戸市内への定着率という点においても、同センター内に入居しようとする起業家の多くは、「神戸」という都市に魅力を感じているケースが多く、高い数字（3施設の平均で約76%）を示している。

　ちなみに、創業準備オフィス→スモールオフィス→企業育成室と順々にステップアップし、卒業した企業には、「株式会社egaoカンパニー」（事務作業サポートのアウトソーシング、スタッフ派遣事業）がある[79]。

　また、企業育成室の一期生の「株式会社ドーン」（地理情報システム（GIS）構築用基本ソフトウェアの開発・販売）が2002年6月にヘラクレス（旧ナスダック・ジャパン）市場に株式上場を果たしている[80]。そのほか、これまでの卒業企業は、現在（2006年度）1社の倒産もなく、多方面において活躍中である。

(4) 地域インキュベーションの実現に向けて

① KOBEドリームキャッチプロジェクトの推進

このように、神戸市産業振興センターにおけるインキュベーション施設は、潜在的な起業家予備軍から、すでに起業しさらなる飛躍を狙いとする起業家までを幅広くサポートする体制が構築されてきたのであるが、各施設の入居者募集に関しては、一般的な手法が用いられてきた。すなわち、施設の空きスペースに応じて公募を行い、その空きスペースを埋めるというやり方である。

しかし、この手法では、入居審査時点において十分な空きスペースがない場合には、インキュベーション事業が施設の空きスペースという物理的なボトルネックによって制限されてしまう恐れがある。加えて、入居審査において、応募者間での相対的な評価が行われるため、惜しくも審査に漏れてしまった将来性のある起業家の芽を摘んでしまうことにもなりかねない。

こういった、物理的なインキュベーション施設を前提としたインキュベーション事業の限界を克服し、神戸地域全域に拡がるビジネス・インキュベーション（地域インキュベーション）を実現するために、2005年度から取り組まれているのが、「神戸挑戦企業等総合支援事業」である。この事業の目的は、神戸を拠点に起業、新分野進出（第二創業）、経営革新に取り組む中小企業を「挑戦企業」と位置づけ、こうした挑戦企業の自立的な取り組みを支援することにある。

この事業に基づく、主たるプロジェクトが「KOBEドリームキャッチプロジェクト」である。

② KOBEドリームキャッチプロジェクトの概要

KOBEドリームキャッチプロジェクトとは、新規創業、第二創業、新規事業に挑戦するベンチャー・中小企業や起業家から募集したビジネスプランを、神戸ビジネスプラン評価委員会で評価・認定し、その事業化を神戸市産業振興財団がワンストップで支援していくというプロジェクトである。

起業家の視点に立てば、プロジェクトの利用の手順は、以下のような流れとなる（図表5-10-3参照）。起業家の要望は多岐にわたっているが、まずはビジネスプランを応募することから始まる。募集期間は、年2回（春と秋）に行われ

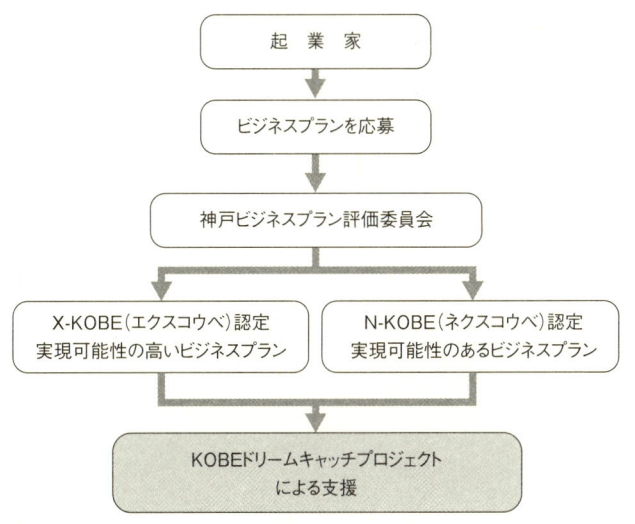

図表 5-10-3　KOBE ドリームキャッチプロジェクトの流れ

```
                    起業家
                      ↓
                ビジネスプランを応募
                      ↓
             神戸ビジネスプラン評価委員会
                ↓              ↓
    X-KOBE（エクスコウベ）認定    N-KOBE（ネクスコウベ）認定
    実現可能性の高いビジネスプラン  実現可能性のあるビジネスプラン
                ↓              ↓
             KOBEドリームキャッチプロジェクト
                   による支援
```

（出所）神戸市産業振興財団のウェブサイトより筆者作成。

る。応募されたビジネスプランは、1次審査（専門家による書類審査）、2次審査（専門家による書類審査）による絞り込みを経て、神戸ビジネスプラン評価委員会（8名：コンサルタント1名、投資家1名、マスコミ1名、経営者2名、学識経験者3名）によってその事業性についての評価を受ける。

　こうして、ビジネスプランは、大きくX－KOBE（エクスコウベ：実現可能性の高いビジネスプラン）、N－KOBE（ネクスコウベ：実現可能性のあるビジネスプラン）といういずれかの認定を受ける[81]。そして、認定内容に応じて、支援メニューを活用することになる（図表5-10-4参照）。

　支援項目は、大きく見れば、オフィスの提供支援、販路開拓・事業提携支援、広報支援、コーディネート支援、マーケティング支援、ブラッシュアップ支援、資金調達支援、に分けられる。X－KOBE認定と、N－KOBE認定との違いは、主に資金調達支援が受けられるかどうかという点にある[82]。

　いずれにせよ、これまで神戸市産業振興センター内で提供されていたオフィスの提供支援だけに留まらず、事業化に必要な支援が包括的に提供されていることがわかる。

図表5-10-4　KOBEドリームキャッチプロジェクトの支援メニュー一覧

支援項目	支援の概要	認定区分	
		X-KOBE	N-KOBE
オフィスの提供支援	インキュベーション施設への入居優先権の付与(神戸市産業振興センター内)	○	○
	ものづくりインキュベート室(神戸市ものづくり復興工場内)	○	○
	チャレンジオフィス支援事業認定(賃料補助制度)	○	○
販路開拓・事業提携支援	神戸ベンチャービジネス商談会への参加	○	○
	営業同行支援	○	○
	販路マッチングナビゲート事業(近畿経済産業局主催)*	○	○
	販路開拓コーディネート事業(中小企業整備基盤機構主催)*	○	○
	マーケティング・ナビゲート事業(ひょうご産業活性化センター主催)*	○	○
	他府県機関主催のビジネスマーケットへの参加(宮城県、福岡県)*	○	○
	東京駅前サテライトオフィス	○	○
広報支援	ベンチャープレスによる広報誌、HP、マスコミへの資料提供など	○	○
コーディネート支援	フォローアップコーディネーターの訪問による支援	○	○
マーケティング支援	ベンチャーモニターによるテストマーケティング	○	○
	市場調査・販売戦略の策定支援	○	○
ブラッシュアップ支援	専門家による無料アドバイス(ビジネスプランのブラッシュアップ)	○	○
	神戸経営戦略外来(神戸大学大学院経営学研究科主催)	○	○
資金調達支援	神戸ベンチャー育成投資事業有限責任組合*	○	—
	神戸ドリームキャッチ支援資金融資	○	○
	神戸市CLO融資申込条件の緩和	○	○
	新規開業資金等の貸付(国民生活金融公庫にて取り扱い)	○	○
	ひょうごチャレンジマーケット参加(ひょうご産業活性化センターなど主催)*	○	○
	ベンチャープラザ西日本参加(中小企業整備基盤機構主催)*	○	—
	にっしんドリームキャッチサポート融資(日進信用金庫にて取り扱い)	○	○

(注)＊神戸市産業振興財団から推薦を受けることにより申請可能(別途審査)となる支援項目である。
(出所)神戸市産業振興財団のウェブサイト、ならびに内部資料から筆者作成。

(5) 今後の課題：KOBE ドリームキャッチプロジェクトの継続的な改善

　以上のように、神戸市産業振興センターは、その運営主体である神戸市産業振興財団の取り組みによって、インキュベーション機能を提供するだけではなく、地域インキュベーションを実現するための拠点として大きく生まれ変わろうとしている。

　しかし、まだまだ解決すべき課題が残されている。第1に、支援の体系的、効果的なデリバリーの実現である。KOBE ドリームキャッチプロジェクトが施行されたことによって、神戸市産業振興財団、ならびに他の支援機関によって提供されていた各種支援サービスが整理され、支援を受けようとする起業家に対して、窓口の一元化を行うことには成功した。

　ただ、実際には、KOBE ドリームキャッチプロジェクトの認定企業にとっても、「どの支援策」を「どのようなタイミング」で「どのように利用」すれば効果的な成果が得られるのか、という点については、十分に理解できていない場合が多い。この課題を解決するためには、「支援メニューがそろっていますよ。さあ、利用してください」という受身の姿勢から、「こうすれば効果的な成果が得られますよ」という支援の体系的、効果的なデリバリーに向けてのコンサルティングを行える能力を構築する必要がある[83]。

　第2に、第1の問題を含め、支援機関としての組織的な能力の構築が必要となる。神戸市産業振興センターは、いわゆる「公設公営方式」で運営がなされている。そのため、公共性の担保が重視されたり、職員の異動（出向も含む）があったりと、どうしても、支援機関としての柔軟性、継続性を確保しにくいという運営上の課題を抱えている。現在のところ、いわゆる専従職としてのインキュベーション・マネージャーも設置されていない[84]。

　現在、神戸市産業振興財団では、プロパー職員の拡充なども進められている。しかし、当面のところ、特定の人材の能力に依存することは難しい。そこで、支援機関としてのこれまでの活動から得られたノウハウ、経験、知恵といったものを組織的に継承してゆけるような仕組みづくりを構築し、組織として支援を行える能力をより高めてゆく必要がある（第2章参照）。

　第3に、重層的なネットワーク構造の構築である。ビジネス・インキュベーションがうまく展開されている例を見ると、まずは、地域振興に対して思いを

同じくする人的ネットワークが根底で形成されている。次に、それを母体として、インキュベーション・マネージャーをはじめ、支援機関などの人材によるネットワークが構築され、インキュベーション施設単位での組織的なネットワークが構築され、といった具合に重層的なネットワーク構造が創発的に形成されている（西井［2006］）。

　この点に関しては、神戸市産業振興センターのインキュベーション施設では、開設当初より入居企業間の交流を促進する仕組みづくりを重視しており、実際に入居企業間、卒業企業間での人的なネットワークが形成されて来た。加えて、現在、KOBEドリームキャッチプロジェクトに応募したが惜しくも認定を受けることができなかった企業に対しても、ビジネスプランをブラッシュアップするための講座の開講によるフォローや積極的に相談に応じるなど支援の幅を拡げ、人的なネットワークの構築を非常に重視している。今後、これらの人的ネットワークを一時的なものに終わらせることなく、経時的なものへと進化させていき、より重層的なネットワーク構造の構築へとつなげていくことが重要となるだろう。

　最後に、KOBEドリームキャッチプロジェクトの改善である。同プロジェクトが始動したことにより、多くのメリットがもたらされた。しかし、その反面、いくつかの課題も明らかとなってきた。

　一つは、応募機会の減少である。これまでは、施設の空き状況に応じて、公募するという形式がとられてきた。しかし、同プロジェクトでは、春・秋の年2回に応募機会が集約されてしまった。そのため、入居企業の早期卒業など、急に施設が空いた場合への柔軟な対応が難しくなってしまった。

　今一つは、入居企業の評価基準の問題である。同プロジェクトにより、従来の「インキュベーション審査会」に代わるものとして、「神戸ビジネスプラン評価委員会」に審査機能が移管された。「インキュベーション審査会」においては、入居企業の選定にあたって、「本当にインキュベーションを必要としているのか」という「インキュベーションの必要性」という観点を重視した審査が実施されていた。

　一方、「神戸ビジネスプラン評価委員会」においては、「ビジネスプランの事業化可能性がどれほど高いか」という「ビジネスプランの優秀さ」に重点が置

かれるようになった。これは、KOBE ドリームキャッチプロジェクトにおける支援施策が、インキュベーション施設への入居だけに限らず、より多岐にわたるものとなったためである。

これらの結果、ビジネスプランの優秀さ（事業化可能性の高さ）という点での優勝劣敗により、本来は、インキュベーション施設への入居がふさわしい起業家の入居機会が減少してしまうこととなった。とりわけ、これからビジネスプランを練りこんでいこうとしている起業家予備軍がそのあおりを受けてしまった。

こういった課題を解決するため、2007年度より、インキュベーション施設への入居に関しては、「インキュベーションの必要性」を入居希望者（KOBE ドリームキャッチプロジェクト認定後）に対して確認するための説明会を実施することとなった。加えて、起業家予備軍に対しては、上述のビジネスプランをブラッシュアップするための講座の提供を含め、ビジネスプランの完成度に応じて、随時、創業準備オフィスを活用できる機会を設定し、フォロー体制を新たに構築することとなった。今後も、より優れた仕組みづくりを目指し、改善を続ける努力が求められるだろう[85]。

（西井）

【注】
5-1
1) 花巻市起業化支援センターの事例は、2006年9月1日に同センターを訪問し、所長の松田豊氏、総括コーディネーターの佐藤利雄氏へのヒアリングや、これまでセンターを紹介した各種資料に基づいている。主なものとして、原田［2001］、佐藤［2005］、辻田［2005］を参照されたい。
2) 地方公共団体では、地域振興に対する予算を計上する場合、その多くが施設整備費や事業に従事する職員の人件費に充当されることになり、ソフト面で施策に投ずる直接費用が少なく、期待する成果を得るにはいたっていないのが実情である。
3) 花巻市の産業支援策については、花巻起業化支援センターを訪問した際、同席された花巻市産業部商工労政課の丹野幸樹氏の説明や原田［2003］をもとにしている。
4) センターホームページ（http://www.incubate.city.hanamaki.iwate.jp/info/info_01.html）より2006年8月31日採録。
5) 佐藤［2005］205ページより。
6) INSの詳細については、宇部［1996］、堂野［2005］を参照されたい。
7) 本センターでは、マネージャーではなくコーディネーターという呼称を使用しているため、本節ではコーディネーターに統一した。

5-3
8) 「民間事業者の能力の活用による特定施設の整備の促進に関する臨時措置法」1986年施行。
9) 同じく民間の都市型サイエンスパークである京都リサーチパーク（KRP）の設立は1987年10月、施設オープンは1989年10月である。
10) 本節での検討に際して、株式会社ケイエスピーのインキュベーション・マネージャーである栗田秀臣氏にお話をうかがった（2007年3月5日、9月4日）。お忙しいなかご対応いただいたことに厚く御礼申しあげる次第である。なお、本節でのありうべき誤りはすべて筆者にあることは言うまでもないことである。
11) KSPはJR南武線／東急田園都市線が交差する「溝の口駅」から徒歩約15分の場所にあり、都心から15km圏内というアクセスに優れた立地環境である。
12) 「県の産業構造を製造業中心から研究開発中心の知識・技術集約型へと転換し、神奈川県を日本と世界の技術開発のメッカにしようとする構想」（関・関編 [2005] 22ページ）である。
13) 神奈川県の産業戦略とKSP設立の背景については西口編 [2003] 195～198ページに詳しい。
14) 株式会社ケイエスピー [2006c]。
15) 実際にその事業規模はインキュベーション事業よりも大きい。2005年度の収益構成は、ネットワーク支援事業が53％、インキュベーション事業が47％となっている（株式会社ケイエスピー [2006c]）。
16) 例えば、15㎡のスペースの場合、月額7万8750円の家賃ということになり、別途敷金が必要となる。各種のオフィス環境が利用できるとはいえ、創業間もない企業にとっては少なくない負担であることがわかる。
17) KSP開設20周年の記念式典で「KNS大賞」に選ばれたサキコーポレーション（プリント基板実装工程向け自動外観検査装置）は、15㎡から500㎡までの部屋まで10年間で施設内を7回引っ越したという（「日刊工業新聞」2006年12月21日付）。
18) 投資事業組合は民法上の組合、投資事業有限責任組合は投資事業有限責任組合法に基づく組合である。
19) 2006年6月6日、KSPは日本経済新聞テレビ欄の下に「夢を孵（かえ）す」というキャッチコピーで大枠の広告を掲載した。そこで紹介されているデータによると、2006年6月1日現在、KSPの支援実績は、入居企業76社、卒業企業186社、計264社である（「日本経済新聞」2006年6月6日付）。
20) その規模は述べ床面積900㎡、100室規模であるという（同上2006年12月20日付）。KSPではこうした事業拡大の資金を調達するために、5年後を目標に株式公開も目指しているという（「日刊工業新聞」2006年12月20日付）。
21) 「日刊工業新聞」2006年12月21日付。
22) もちろん、「自立化」を実現すること自体にもさまざまな課題が存在するであろう。その検討は別の機会に譲るとして、ここでは「KSPモデル」の課題という点に関して述べることとする。

5-4

23) 以下、本文における記述は、とくに断りのない場合、「SOHO しずおか」の前任のインキュベーション・マネージャーである小出宗昭氏の著書（小出［2006］）、「SOHO しずおか」のウェブサイト（http://www.soho-shizuoka.gr.jp/shizuoka/）、小出氏へのインタビュー（2006年2月23日）、電話・電子メールでのやりとりの内容に基づいている。
24) 「静岡県中部地区 SOHO 推進協議会」は、八つの団体（①静岡市、②静岡商工会議所、③（財）しずおか産業創造機構、④静岡情報産業協会、⑤静岡県中小企業団体中央会、⑥（財）静岡経済研究所、⑦清水商工会議所、⑧（財）静岡産業振興協会）から構成されている。本文中にあるように、会長は静岡市長となっている。
25) 本節の記述は、小出［2006］における小嶋善吉氏（静岡県中部地区 SOHO 推進協議会会長・静岡市長）の記述を主として参考にしている。
26) 「IT 革命」とは、「情報技術分野での革命が、経済の新たな成長を担うとともに、国家・社会・企業等の組織を変えていく現象」のことを意味する（自由国民社のウェブサイト（http://www.jiyu.co.jp/singo/index.html）より）。
27) 日本テレワーク学会のウェブサイト（http://www.telework-gakkai.jp/）より。
28) 現在、同社は「SOHO しずおか」から卒業し、東京と神戸に直営店を構えている。詳しくは、北極しろくま堂有限会社のウェブサイト（http://www.babywearing.jp/）を参照されたい。
29) 全国商工会議所女性会連合会のウェブサイト（http://www.jcci.or.jp/joseikai/）より。
30) 以下の記述は、小出［2006］における小嶋善吉氏（静岡県中部地区 SOHO 推進協議会会長・静岡市長）の記述を主として参考にしている。
31) 日本におけるインキュベーション施設運営の現状については、西井［2006］を参考にしている。また、のちに小出氏は、「SOHO しずおか」での経験を踏まえ、公的支援施設に欠けている点として、以下の3点を指摘している。第1に、目標となるべき明確な数値が設定されていないことである。これでは、現状が良いのか悪いのかわからなくなってしまう。第2に、責任の所在が不明確なことである。インキュベーション・マネージャーが設置されていないところでは、責任者が不在という状況にある。第3に、入居者の真のニーズを汲み取った運営をしていないことである。公共がつくった施設に入居することで信用力が得られるというのは入居者本来のニーズではない。小出氏によるこれら3点の問題点の指摘は、「SOHO しずおかモデル」の裏返しであるとも言える。
32) 以下、「SOHO しずおかモデル」についての記述は、「埼玉ビジネスインキュベーション連絡協議会情報誌」4号（http://www.pref.saitama.lg.jp/A07/BB00/incu/zyoho/zyoho4.pdf）の記述を参考にしている。
33) このようなプロジェクトの一員という位置づけから発展した具体的な取り組み事例として、「SOHO しずおか」入居者、卒業者を中心メンバーとした、小中学校および起業希望者などに起業教育・起業相談などを実施する NPO 法人「SOHO・アット・しずおか」（http://www.npo-soho.jp/）が2004年7月27日に認証されている。また、2006年8月には、「SOHO しずおか」の入居者、卒業者によって有限責任協同組合（LLP）である「コラボしずおか」（http://www.city.shizuoka.jp/deps/

sangyoseisaku/seisaku_soho_shizuoka.html）が設立されている。
34）創業都市構想、はままつ産業創造センターについては、はままつ産業創造センターのウェブサイト（http://www.net-hamamatsu.jp/）を参考にしている。
35）はままつ産業創造センターでの小出氏の活動については、小出氏自身のブログ（http://koide.hamazo.tv/）に詳しく紹介されている。なお、本節は、科学研究費補助金（基盤研究（C）：2005～2006年度；課題番号17530292；研究課題名「インキュベーションを核とした自律的発展による産業クラスター形成に関する研究」、研究代表：岡本久之）の助成を受けて行われた研究成果の一部である。ご多忙にもかかわらず、調査にご協力を賜った「SOHOしずおか」の現インキュベーション・マネジャーである小野浩美氏、スタッフの方々、とりわけ、小出宗昭氏には、突然のお願いにもかかわらず真摯にご対応頂いた（インタビュー調査時点：2006年2月23日）。ここに記して感謝したい。

5-5

36）テクノポリス、サイエンスパーク、ビジネスパーク、インダストリアルパーク、ビジネス＆イノベーションセンター、テクノロジーセンターなどの類義語がある。坂田・延原・藤末［2001］73～76ページを参照されたい。わが国では、KRPと同時期（1989年）に、かながわサイエンスパーク（KSP）が第三セクター方式によって開設され、KRPとKSPを比較する研究もなされている。また1980年代のリサーチパークについては、鈴木［2001］を参照されたい。
37）KRP㈱は、1987年10月大阪ガス㈱の100％子会社としてリサーチパークの企画・建設・運営および所有のために設立された。その後、1999年7月に大阪ガス㈱の不動産関連事業の中核会社であるアーバネックス㈱の子会社として再編された。KRPの土地・建物（京都市・京都府の所有する3棟を除く）の所有は、親会社であるアーバネックス㈱に移行した結果、KRPは土地・建物をサブリースする位置づけになったが、独自に将来計画を描き親会社と協議できる立場にある。
38）UCSCは、ペンシルベニア大学、ドレクセル大学、テンプル大学など32の教育機関からなるNPO法人である。サイエンスパークUCSCは、1963年にフィラデルフィア市西部市街地の再開発と先端技術の研究開発による地域経済振興を目的に開設されている。
39）組織・間の関連分析モデルとして、テキサス州オースティン市のハイテク都市化におけるTechnopolis Wheel Modelは有名である。このモデルは、大学、大企業、ベンチャー企業、連邦政府、州政府、地方自治体、支援グループを主体として位置づけ、これらの組織・機関を超えて働く中核的な人物をインフルエンサー（Influencer）と定義する。
40）KRPが現存する土地は、1928年（昭和3年）以降、1980年代まで都市ガス工場として使用されてきた。往時は、都市ガス製造装置や巨大なガスタンク（直径60m、高さ40m）を備えた最新鋭の工場であった。それ以前は、1908年ごろから1925年ごろにかけて競馬場として使用され、その後一時染工会社に所有されたあと、都市ガス会社（旧京都ガス）に渡っている。1980年代KRPの周辺（JR嵯峨野線の西、五条通を挟んで二条から七条の一帯）は、工業および準工業の用途指定がなされ、工

場と住宅の混在する地域であった。
41) KRP 創設 10 周年記念座談会（1997 年 9 月 19 日）資料、KRP PRESS（2004 年 9 月号「15 周年記念号」）などによる。
42) 同年、一部の都市ガス供給設備を除いて京都工場の操業を停止している。1970 年代中葉から石油・石炭に代わるエネルギー資源としての LNG（液化天然ガス）の導入が始まり、都市ガス製造が湾岸部の堺・泉北と姫路の 2 基地体制で行われることになったためである。これにともなって内陸部の京都工場や大阪湾沿岸の複数の工場が不要になった。
43) このなかには、ホテルを造って商業施設を建設する案や住宅・マンションとして分譲する案なども含まれていたようであるが、中心市街地から離れていることや通産省（当時）の許可がおりないなどの理由で見送られた。
44) 調査結果をもとに、開発担当者がフィラデルフィアの UCSC を訪問したとき、UCSC サイドではリサーチパークを共同事業として推進するための覚書を用意していた。1988 年 5 月には UCSC と KRP㈱による合弁会社 SCI（Science Center International：本社京都市）が設立された。SCI は、米国・フィラデルフィアにも拠点をもち、UCSU との連携による技術移転支援、サイエンスパーク開発コンサルティングなどの事業を推進した。また UCSC 内にフロアを所有し管理業務を担ったり、日本国内では調査コンサルティング、KRP 入居テナントの営業支援（「マルチメディアよろず相談」）などに当たったが、親会社の意向もあり 2002 年に解散した。SCI 社は、KRP に入居した海外製薬会社をインキュベーションするために、家賃相当額を同社株式で受領して将来のキャピタルゲインの取得を目指すなど、機動的な活動を担った。
45) 京都市企業立地ガイド　http://www.city.kyoto.jp/sankan/sanshin/guide/overview.html を参照。
46) 繊維工業の製品出荷額（構成比）は、1989 年度の 13.8% から 2005 年には 4.8% に激減している。
47) 木村［1991］から引用。
48) 京都発の代表的なベンチャー企業を示せば次のとおり。

企業名	創業年	創業者
島津製作所	1875 年	島津源蔵
オムロン	1933 年	立石一真
村田製作所	1944 年	村田　昭
堀場製作所	1945 年	堀場雅夫
ワコール	1946 年	塚本幸一
ローム	1954 年	佐藤研一
京セラ	1959 年	稲盛和夫
日本電産	1973 年	永守重信
サムコ	1979 年	辻　理

49)（社）京都経済同友会［1999］71～73 ページ。
50) 視察団の一行は同友会 19 名、他地域の経済同友会 3 名、清成忠男氏などの特別参加者 4 名であった。
51) ARD は、ハーバード大学教授のジョージ・ドーリオ氏やボストン連銀総裁のラル

フ・フランダース氏などが中心になって設立された。ボストン地域に新たな事業を育成して地域経済再生を果たすための、アメリカで最初のベンチャーキャピタルである。
52) この間の投資活動や解散に至る経過・原因については、山崎［2004］2〜6ページ、濱田・桐畑・片川［2006］23〜27ページ、に詳しい。
53) 久世工業団地は市街地に立地した機械金属関連の中小製造業を移設するために、1963年に開設されている。マイコンテクノハウスは、鉄筋コンクリート造4階建て・延べ床面積が5600㎡の施設であるが、入居企業への技術開発や経営などのインキュベーション支援は行われていなかった。
54) メカニズムとエレクトロニクスを合わせた造語。
55) http://www.astem.or.jp/ 参照。
56) http://www.kyoto-isc.jp/ 参照。京都府中小企業技術センターと（財）京都産業21は、2005年4月に京都府産業支援センターへ運営統合され、これまで以上に連携した業務推進に期待がかけられている。
57) http://www.krp.co.jp/ 参照。
58) http://www.platform.astem.or.jp/ 参照。市内13の産業支援機関・団体を支援機関と位置づけ、大学・中核企業・経済団体などと連携し、中小企業者や創業者に対して、研究開発から事業展開にいたる各ステージに応じて、技術開発、人材育成、資金調達などの面で総合的な支援を行う体制である。

5-6
59) バイオグリッド・プロジェクトは、文部科学省科学振興費主要5分野の研究開発委託事業におけるITプログラム「スーパーコンピュータネットワークの構築」として実施されるもの。コンピュータとネットワークの融合技術GRID（グリッド）を基盤に、遺伝子情報解析、蛋白質の立体構造予測はもとより、医薬品スクリーニング計算や蛋白質の生体反応シミュレーションなどのソフトウェア開発を目指す（特定非営利活動法人バイオグリッドセンター関西資料より）。
60) P2レベルとは、「研究開発等に係る遺伝子組換え生物等の第二種使用等に当たって執るべき拡散防止措置等を定める省令」に定められた、遺伝子組み換え実験を行う際の拡散防止の区分。

5-7
61) 「あきない・えーど」コンサルタント村上貴弘氏へのヒアリング（2006年10月20日）および同施設のホームページなどによる。
62) メビック扇町所長兼インキュベーションマネージャーである堂野智史氏へのヒアリング（2006年9月25日）および同施設が作成した各種資料、ホームページなどによる。
63) 村上貴弘氏へのヒアリングによる。
64) 堂野［2006b］66ページより。
65) 入居企業のネットワーク化などを支援するため、運営協力団体として四つの団体がプラザ内に入居し、メビック扇町の事業をサポートしている。詳細については、文能［2005］119〜126ページを参照されたい。

66) 堂野［2007］10～11ページを参照されたい。
67) 総務省統計局平成16年「事業所統計」による。
68) 田中［2003］156～157ページより。

5-8
69) ここで東大阪地域という場合には、東大阪市、八尾市、大東市、柏原市を指していう。大阪東部地域という場合は、上記の地域のほかに大阪市の平野区、生野区、東成区、城東区を加えた地域を指していう。
70) 貸工場とは、東大阪市に多く見られるタイプで言えば、数戸の工場からなる連軒式の民営の賃貸工場で、建物は簡易建築1ないし2階建てで、1棟当たり平均4.4戸で1工場当たりの平均面積は66㎡である。
71) 東大阪市・東大阪商工会議所［1978］。
72) 東大阪市［2000］30ページ。
73) 「クリコア」の産学連携オフィスに連携窓口を設ける大学は、大阪工業大学、大阪産業大学、大阪大学、大阪商業大学、大阪電気通信大学、大阪府立大学、関西大学、近畿大学、関西学院大学、同志社大学、龍谷大学、NAIST東大阪事務所（奈良先端科学技術大学院大学）、立命館大学である。このほかに平成18年に東北大学金属材料研究所付属研究施設（大阪府立大学内）の出先として、「クリコア」に東北大学金研大阪センターサテライトオフィスが設けられた。
74) 湖中が、クリコアのインキュベータに入居する21社を対象に「クリエイション・コア東大阪インキュベータの入居企業に関する調査」を実施し、対象企業21社からの回答（回収率100％）をもとに集計したものである（2006年8月現在）。

5-10
75) 財務省のウェブサイト（http://www.mof.go.jp/）における資料（http://www.mof.go.jp/kankou/hyou/g493/493_a.pdf）より。
76) 日刊工業新聞（1993年1月28日付）より。
77) 日刊工業新聞（1993年1月25日付）より。
78) 実際には、未創業の起業家も含まれている。ただし、創業準備オフィス、スモールオフィスが開設されてからは棲み分けが進んでいる。
79) 詳しくは、株式会社egaoカンパニーのウェブサイト（http://www.egao39.com/index.php）を参照されたい。
80) 詳しくは、株式会社ドーンのウェブサイト（http://www.dawn-corp.co.jp/index.php）を参照されたい。
81) 上記認定以外に、ブラッシュアップにより成立可能性の工場が今後期待できるビジネスプランは「n‐KOBE（スモールネクスコウベ）」として認定される。ただし、支援メニューの利用に関しては、オフィス支援のみに限られる。
82) KOBEドリームキャッチプロジェクトが施行された最初は、N‐KOBEの支援内容については、X‐KOBEと比べてより制限的であった。
83) この点については、「SOHOしずおか」の前出小出氏（2007年7月1日より、「はままつ産業創造センター」へと異動）が、行政主導のインキュベーション事業の問題

点の一つとして指摘されている（2006年2月23日のインタビューより）。また、誤解のないように言及すると、神戸市産業振興財団では、かねてより、インキュベーション事業に携わるスタッフの間で積極的（コンサルティング的）支援に関する価値観を共有し、行動に反映されるように、継続的な努力を払っている。

84) ただし、支援に携わる職員のなかには、JANBO（日本新事業支援機関協議会）が開催している、インキュベーション・マネジャー研修の修了者（2名）、修了予定者（1名）の計3名が含まれている。

85) 本節は、科学研究費補助金（基盤研究（C）：2005～2006年度；課題番号1730292；研究課題名「インキュベーションを核とした自律的発展による産業クラスター形成に関する研究」、研究代表：岡本久之）の助成を受けて行われた研究成果の一部である。ご多忙にも関わらず、調査にご協力を賜った神戸市産業振興財団の方々、とりわけ、西嵜康彦氏・元川美雪氏（経営支援部 創業・新事業推進課）には、感謝の念に耐えない。記して感謝したい。

【参考文献】

5-1

宇部眞一［2001］"産学連携の模索――岩手大学地域共同研究センター"、関満博・三谷陽造編「地域産業支援施設の新時代」、新評論。

佐藤利雄［2005］"インキュベータの運営ノウハウ――花巻市起業化支援センターの取り組み"、関満博・関幸子編「インキュベータとSOHO――地域と市民の新しい事業創造」、新評論。

辻田素子［2005］"産業集積における新産業の創出"、橘川武郎・連合総合生活開発研究所編「地域からの経済再生」、有斐閣。

堂野智史［2005］"産学連携基盤としての産学官民コミュニティの形成――INS、KNSの事例を通じて"、「産業学会研究年報」No.20。

原田誠司［2001］"イノベーション・システムと地域産業政策の新展開――花巻岩手モデルとイノベーション政策を中心にして"、「中央大学経済研究所年報」No.32（Ⅰ）。

―――［2003］"集積経済と産業競争力――花巻地域をモデルにして"、「那須大学論叢」第4巻。

5-2

㈶大田区産業振興協会ホームページ。

5-3

株式会社ケイエスピー［1994］「ベンチャー創造の歩み――KSPインキュベーション白書」。

―――［2006a］「第五期中期経営計画」。

―――［2006b］「2007年度（平成19年度）事業計画」。

―――［2006c］「第20期営業報告書」。

―――［2006d］会社案内パンフレット「KANAGAWA SCIENCE PARK」。

―――"ケイエスピーニュース"各号。

坂田一郎・延原誠市・藤末健三［2001］「テクノロジーインキュベーション成功の条件」経済産業調査会。
鈴木茂［2001］「ハイテク型開発計画の研究」ミネルヴァ書房。
関満博・関幸子編［2005］「インキュベータとSOHO──地域と市民の新しい事業創造」新評論。
西口敏宏編［2003］「中小企業ネットワーク──レント分析と国際比較」有斐閣。

5-4
小出宗昭［2006］「あなたの起業成功させます」株式会社サイビズ。
西井進剛［2006］"ビジネス・インキュベーションに関する実態調査──アンケート調査の集計結果と分析"「商大論集」第58巻第1・2号、兵庫県立大学。

5-5
大西辰彦［2005］「京都流という方法」のぞみ。
㈳京都経済同友会［1988］「京のマグマ──京都経済同友会物語」。
────［1999］「京都経済同友会の50年」。
㈶京都高度研究所［1991］「京都高度研究所」。
────［2004］「ASTEM NEWS」No.49。
京都リサーチパーク編［2004］「KRP PRESS」15週年記念号。
木村隆之［1991］"新たな産業振興の拠点へ"、「地域開発」1991年6月号。
────［1999］"京都リサーチパーク（KRP）の過去・現在・未来を語る"、「産業立地」1999年11月号。
────［1994］"京都リサーチパーク開発のめざすもの"、「都市研究・京都」No.8。
坂田一郎・延原誠市・藤末健三［2001］「テクノロジーインキュベーション成功の条件」経済産業調査会。
鈴木茂［2001］「ハイテク型開発政策の研究」ミネルヴァ書房。
日本経済新聞社［1998］「日経都市シリーズ京都」。
濱田康行・桐畑哲也・片川真美［2006］"我が国ベンチャーキャピタルの投資実態"、「京都大学大学院経済学研究科ワーキングペーパー」No.J-55。
山崎泰央［2004］"日本における1970年代「ベンチャー・ビジネス」の展開"、「イノベーション・マネジメント」No.1、法政大学ビジネススクール。

5-6
株式会社アイ・ビー・ティ［2006］「大阪バイオクラスターの国際競争力強化方策検討調査」。
彩都建設推進協議会・国際文化公園都市株式会社［2004］「彩都バイオメディカルクラスター形成促進調査（2003年度）報告書」。

5-7
大阪府［2004］「平成16年版大阪経済・労働白書　企業家精神と地域産業イノベーション」。

橘川武郎・連合総合生活開発研究所編［2005］「地域からの経済再生——集積・イノベーション・雇用創出」有斐閣。
田中讓［2003］「総論ベンチャービジネス——事業創造の理論と実践」金融財政事情研究会。
堂野智史［2006a］"都市型産業振興に果たすビジネス・インキュベーションの役割——大阪市、扇町インキュベーションプラザ・メビック扇町の実践をふまえて"、「都市型産業の再生と創造」大阪市立大学大学院経営学研究科「都市問題研究プロジェクト」最終報告書。
─── ［2006b］"都市型産業の振興とビジネス・インキュベーション——大阪市、扇町インキュベーションプラザの活動をふまえて"、㈶日本立地センター「産業立地」Vol.45、No.6。
─── ［2007］"地域資源の活用と産業新興——『扇町クリエイティブ・クラスター』創生活動の現場から"、㈶中小企業情報化促進協会「中小企業と組合」Vol.62、No.3。
文能照之［2005］"ベンチャーの成長と地域との関わり"、湖中齊・前田啓一・粂野博行編「多様化する中小企業ネットワーク」ナカニシヤ出版。

5-8

日本インキュベーション研究会編［1989］「インキュベータ——企業創造の時代」日刊工業新聞社。
東大阪市［2000］「東大阪市市内全事業所実態調査（平成11年調査報告）」。
東大阪市・東大阪商工会議所［1978］「東大阪市における中小工業の実態——小零細企業を中心に」。
星野敏［2006］「最新ビジネス・インキュベーション——世界に広がった地域振興の知恵」同友館。

5-10

西井進剛［2006］"ビジネス・インキュベーションに関する実態調査——アンケート調査の集計結果と分析"、兵庫県立大学「商大論集」Vol.58、No.1・2。

第6章

イギリスの創業支援と産学連携
「ケンブリッジ現象」を中心に

前田啓一

1. イギリスと「ケンブリッジ現象」

　あらためて述べるまでもなく、ケンブリッジ大学では発明や発見を通じて研究室からスピンオフする企業が従来から大学周辺〜ケンブリッジ州内（Cambridgeshire）に相当数立地してきた。そして、これらの集積がイギリス内外の研究開発志向型の企業を数多く誘引することとも結び付き、これによってケンブリッジ市を中心とするケンブリッジ州にはハイテクの中小企業やベンチャー企業が多数立地するにいたった。同地域ではハイテク中小企業の成長が目覚しく、このため、こういったハイテク中小企業が数多く立地する持続的傾向をケンブリッジ現象（Cambridge Phenomenon）[1]と呼ぶ。

　1980年代に入って、政府による大学への財政支出削減方針もあり、外部資金の獲得や卒業生の就職先としても大学発ベンチャー企業が俄然注目されることとなりハイテク・ベンチャーの創出を目指す起業教育や産学連携がケンブリッジ大学においても、とりわけ90年代以降、盛んに行われるようになった。近年における同大学（各カレッジ）での産学連携姿勢の強化とベンチャー企業への支援体制の拡充には瞠目すべきものがある。本章での論述はインキュベーション機能それ自体についての説明というよりも特定地域の現状報告であるが、イギリスにおけるインキュベーション機能充実の一端を説明するものと言えよう。

2. ケンブリッジ現象の現状と大学内支援組織の充実

(1) ケンブリッジでのハイテク中小企業の立地

1980年代に入って以降、この地域にはハイテク関連の中小企業が多数立地し、ケンブリッジ現象と呼ばれることにより世界的にも注目を浴びることともなった。欧州版のシリコンバレーとも称されることもあるし[2]、この地域がかつて沼沢地であったことからシリコンフェン（The Silicon Fen）とも呼ばれるが[3]、その集積規模はアメリカのシリコンバレーなどと比較すると格段に小さい。

2000年に発行された「ケンブリッジ現象再論」（Wicksteed *et al.* [2000]）の伝えるところによれば、1998年にこの地域ではおよそ3万2500人を雇用する約1250社のハイテク企業があり、企業数は1984年の3～4倍となり[4]、「第一級の高度で革新的なケンブリッジ企業」が存在すると言われる。とはいえ、ケンブリッジではこの間、雇用面で一定の変化が見られた。すなわち、製造大企業のリストラなどによる雇用の大幅減がこの地域の研究施設やベンチャー企業の誕生によって補われたという。1986年に八つの大企業がハイテク関連分野での総雇用の55～60％を占めていたのが98年には大企業の占めるその比率が20％にまで低下した。ハイテク関連の総雇用が86年の1万6000～8000人から、上述したように98年に3万2500人にまで増加しているという事実は、この間での大企業の雇用減を考慮に入れると、海外からの直接投資もさることながら、この地域での起業活動がいかに活発であったかを反映している[5]。

この分野でこのところ精力的に調査研究を実施しているE. ガーンジーらは、ケンブリッジ現象についての文献サーベイを行い、この地域でのハイテク産業の集積に関する分析視点としてイノベーション基地としてのほか、インフラ整備、オックスフォードとの比較、地域環境に及ぼすマイナスの影響などいくつかを指摘する[6]。そして、その分析視点のなかにはシリコンバレーの研究で名高いサクセニアンの見解としてケンブリッジでは世界的な大企業の誕生をもたらさないとする消極的な見方も含めている。サクセニアンはこの地域が技術交流、情報共有、そして企業間ネットワークを欠落させており、「小規模な技術

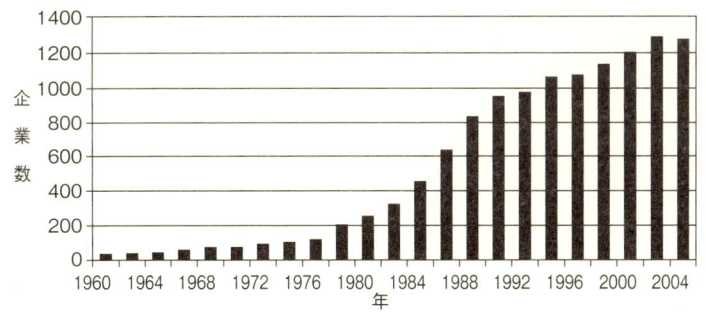

図表 6-1　ケンブリッジ州のハイテク企業（1960〜2004 年）

（出所）Garnsey and Heffernan［2005］1130 ページ。

型企業とサービス供給企業からなる相互に関連のない集まり」であって、「イノベーションやハイテク企業の成長を支援する環境にあるとみるのは困難である」とまで述べている[7]。

(2) ケンブリッジ現象の特徴とその現状

1985 年刊行の「ケンブリッジ現象」（Segal Quince and Partners［1985］）は、次の 5 点を同現象の特徴とする[8]。第 1 にこの地域のハイテク中小企業はコンピュータのハード・ソフトウエア関連、科学機器、電子産業などが中心である。第 2 に、これらは開業後さほどの時間がたっておらず・規模が小さく・独立的でしかも地元の企業が高い比率を占めている。第 3 は、これらは 60 年代半ばころから増加傾向が見られ長い歴史を有し、その勢いには 70 年代後半になっても低下の兆しが見られない。第 4 は、これらの企業群が研究・開発やデザイン分野を志向し、小規模の高付加価値生産を除いて一般的な意味での量産には従事していない。そして第 5 には、これらの企業群とケンブリッジ大学・同関連施設との間や、企業間には直接・間接のつながりが多数見られることである。これらはいずれも 80 年代半ばに観察されたデータから得られたものである[9]。

1998 年時点での調査結果については「ケンブリッジ現象再論」が詳細にしているが、ここでは E. ガーンジーと P. ヘファーナンによる研究結果のなかから若干の最新データを中心に紹介しておこう[10]。図表 6-1 は 1960 年から 2004

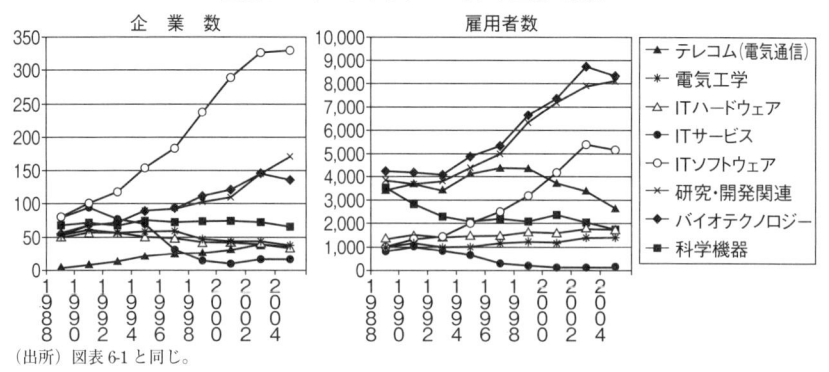

図表6-2 ケンブリッジ・ハイテク企業の概要

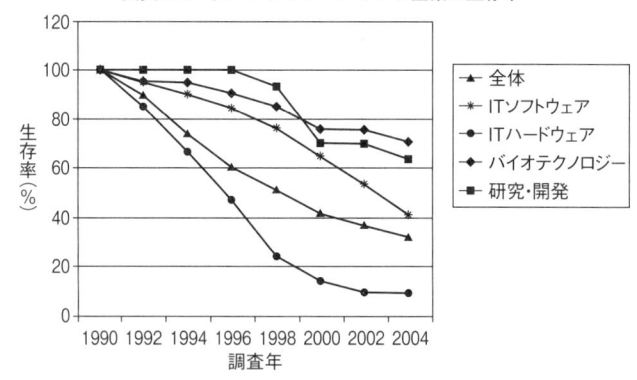

企業数／雇用者数（テレコム（電気通信）、電気工学、ITハードウェア、ITサービス、ITソフトウェア、研究・開発関連、バイオテクノロジー、科学機器）

（出所）図表6-1と同じ。

図表6-3 ケンブリッジ・ハイテク企業の生存率

生存率（%）：全体、ITソフトウェア、ITハードウェア、バイオテクノロジー、研究・開発（調査年1990～2004）

（出所）図表6-1と同じ。

年までの期間におけるケンブリッジ州でのハイテク企業数の趨勢を明らかにしている。この趨勢については、対象地域ならびにハイテク産業の定義のとり方によりその傾向を正確につかむことが困難であるが、本図によると、1999年で1200社以上[11]が確認されるなど、ハイテク企業の数はうなぎのぼりに増えている。また、1989年から2004年の期間中に、地元自治体に登録された新規のハイテク企業数は年間の平均値で見て、新規登録数が67社、一方で閉鎖・移転の企業数は47社である。さらに、ハイテク企業の産業分野ごとの企業数と雇用者数を図表6-2から見よう。これから明らかなのは、ITソフトウエアが企業数で見て飛躍的に伸びていることである。研究・開発関連とバイオ産業も

このところ企業数を増加させており、雇用面での貢献は顕著である。なかでもバイオ産業は2004年に企業数の15％、そして雇用者数の29％を占めている。そして、図表6-3からは、研究・開発関連とバイオ産業の生存率の高いことが示されている。

(3) 大学の方針転換とビジネス支援体制の構築
①ケンブリッジ大学の方針転換

1960年代からこの地域にハイテク中小企業が続々と立地してきたとはいえ、ケンブリッジ大学が全学的な方針として産学連携や起業活動への支援を具体的に打ち出すにいたったのはごく最近のことである。2000年まで大学本部の規模は最小限度に留められていたし、技術移転を管理する意向も手段も持ち合わせていなかった。大学としては研究者が教育と研究の義務を果たしている限りにおいて、彼が商業的な応用を進めあるいは新規事業を開始することを妨げるものでなかったにすぎない[12]。この間、1986年に国の研究資金（研究協議会など）を活用した場合における知的財産権が通常の場合には大学に帰属するようになった[13]。これにより、研究成果の商業的利用に関して、大学や研究者個人にもその利益が配分されることになったとはいえ、科学分野での研究費の絶え間ない高騰と政府研究資金の枯渇傾向は大学での研究水準を維持する点から大きな問題となっていた。ケンブリッジ大学では、このような状況に対処するために90年代に入り大学行政の改革が漸進的に進められていった。90年代の初頭に5年任期とするフルタイムの副総長制度が導入され（従来はカレッジ・マスター〈学寮長〉が2年ごとに回り持ちでその地位についていた）、2代目の副総長 Sir Alec Broers は大規模な研究資金を獲得することそしてそのためにも大学の研究成果を公開させることの必要性を明言した[14]。ここにいたって、ケンブリッジ大学はその全学的な方針として産学連携ならびにビジネスへの支援体制を明確なものとした[15]。このような方針転換は97年のブレア政権発足にともなう大学における「第3の使命」(third stream mission) 概念の導入によっても、さらに加速することとなった。同政権は、大学がそのもてる知識を活用して地域社会に新製品や事業を創造することによって富の創出に貢献すべしとのスタンスを明確化したのである。

②学内組織の充実

　ケンブリッジ大学では90年代の後半から技術移転や産学連携、さらには起業家支援などを進めるための組織づくりと事務部門の再編が矢継ぎ早に行われた。これ以前には、ウルフソン・ケンブリッジ・インダストリアル・ユニット（Wolfson Cambridge Industrial Unit）という名称の知的所有権を管理する極めて小規模の事務部門が1970年につくられているにすぎなかった。2000年には研究支援部門（Research Services Division[16]）と企業リエゾン・オフィス（Corporate Liaison Office）が発足している。研究支援部門は同大学での産学連携を推進する事務組織である。現在、この研究支援部門のなかに企業リエゾン・オフィスの一部業務を受け継いだかたちでパートナーシップ・グループ（The Partnership Group）がありハイテク分野ごとの専門のマネージャーを通じて大学と企業をつなぐ仕事に携わっている。一方、大学内部の起業支援組織として注目されるのがケンブリッジ・エンタープライズ（Cambridge Enterprise）の存在である。これは2003年9月に発足したもので、それまでの大学内にあった技術移転オフィス、大学チャレンジ・ファンド（the University Challenge Fund）そして後述の起業活動センターの機能の一部を一本化したものである[17]。研究者、大学そしてイギリス経済の利益となるよう、彼らのアイディアや着想が商業的により成功したものとすべく研究者への支援の提供を目的としている。言わば、大学発ベンチャーの振興・育成と技術移転を進めるための学内組織であると言ってよい。実績の一端が明らかにされているので見ておきたい（2003/2004年）[18]。それによると、スピン・アウト5件、新規開業支援28件、コンサルタント契約93件、発明の公開141件、ライセンス収入221万ポンド（うち100万ポンドが発明者に）、そしてコンサルタント収入179万ポンドである。ケンブリッジ・エンタープライズが大学のなかの発明者、イノベーターそして起業家を支援する組織であるのに対し、上記パートナーシップ・グループは大学と連携しようとする企業側を支援するという違いがある[19]。

　このように、ケンブリッジ大学では創業支援や産学連携のための体制づくりが急ピッチで進められている。しかしながら、組織再編のスピードが早いことそして大学全体の規模が大きいこと、さらに大学を構成する31の各カレッジの独立性が高いことなどによりこれを全学的に把握するのは難しい。各カレッ

ジが以下に述べるようにバラバラにしかも独自色強く実施している側面が濃厚に見られるうえに、近年ではそれと並列して大学としての取り組みも加わることになるからその全体像の理解はなかなか厄介である[20]。

3. ケンブリッジでの地域インキュベーション機能の充実

中小企業・ベンチャー企業が活発に生まれている地域での創業や企業支援を行う具体的な仕組み・システムを「地域インキュベーション」と呼ぶことにするのであれば、この地域では後述するサイエンスパークとイノベーション・センターを除いて「地域インキュベーション」の多くが近年にそれこそ精力的に整えられたところに特徴がある。

(1) ケンブリッジ・サイエンスパーク
① '科学に基礎を置く' 産業の必要性

ケンブリッジ・サイエンスパークは、市内北東部に位置し、大学のなかでも規模が非常に大きくかつニュートンら著名な研究者を多数輩出していることで有名なトリニティ・カレッジがその遊休化していた土地の開発を進めることにより誕生したものである。同カレッジがこのサイエンスパークの計画・具体化・建設・運営の主体であり、土地と建物の管理は民間の不動産会社に委託されている。したがって、このサイエンスパークには「ケンブリッジ」との名が冠せられているが、その由来から言えば全学的な施設ではなく、大学を構成する1カレッジのエクステンション的な意味合いで考えるのが相応しい。その意味ではこのサイエンスパークの設置をもって、ケンブリッジ大学が全学的に産学連携の方向に乗り出したというのではない。また、このサイエンスパーク建設に対する政府からの資金面での支援は一切なかったし、政府からの干渉もなかった。しかしながら、ケンブリッジ地域での工業開発や大学と産業界との連携姿勢の構築をめぐる軋轢については長い歴史がある。1950年のホルフォード・レポートによる開発抑制方針から、Sir Nevill Mottが1969年10月に公表したモット・レポートでの方針変更を経て、ようやく開発抑制ではなく開発を「いかにコントロールしていくか[21]」に議論の焦点が移っていった。モット・

レポートは'煙突型'産業と'科学に基礎を置く'産業を峻別する必要性を唱えるとともに、基礎研究と応用・開発研究とのリンケージを強調した。そして'科学に基礎を置く'産業に適切な環境を提供し、大学の各学部がアクセス可能であるサイエンスパークの設立を提言するにいたった[22]。

②特徴と歴史

ケンブリッジ・サイエンスパークの基本的な特徴は次の5点である（同サイエンスパークのパンフレットである *Cambridge Science Park* の1990年6月発行版より）。(i) トリニティ・カレッジと密接な関係を有している、(ii) 低密度で開発されており、緑豊かな環境である、(iii) 約80のハイテク企業が立地する、(iv) 事務所・研究所・工場などの目的のために建物がフレキシブルに活用できる、(v) 建物の利用については三つの制限――生産と関連する科学的研究／話し合いに基づく軽工業生産／サイエンスパークに相応しい補助的な活動であること――がある[23]。

同サイエンスパークのこれまでの発展過程を簡単に振り返っておこう。ここでは四つの時期にわけて概観する[24]。(i) 第1期―1970年代：サイエンスパークの開発許可が与えられたのは1971年10月のことであり、第1号の立地企業は Laser-Scan 社である。開設ののち、最初の5年間はその存在があまり知られていなかったために立地がそれほど円滑には進まなかった。70年代末での立地企業数は25社であるが、そのなかには多国籍企業のイギリス子会社が含まれている（スウェーデン系のLKB Biochromや米系レーザー専門会社のCoherent）。(ii) 第2期―1980年代：80年代の初頭にはより多くの企業が立地するようになり、サイエンスパークとして急成長するにいたる。84年には会議室などを備えたトリニティ・センターがサイエンスパーク内に開設された。また、創業者のための事務所を賃貸するイノベーション・センター（the Cambridge Innovation Centre）もこの時期にオープンした（ただし、ホームページなどを読む限りではこのイノベーション・センターにはインキュベーション・マネージャーといった類の人物は存在しないようである）。また、イギリスを代表するベンチャー・キャピタルである3i社の地域事務所を含めて、ベンチャー・キャピタル数社も立地した。この時期の後半には、大学発知的財産権の政府独占が崩

れたこともあって、大学内の研究者がパーク内で創業するようになった。さらに、Cambridge Consultants といった既存のテナント企業からスピンオフした企業が立地し、また立地企業3社の合弁によるベンチャー企業も誕生した。(iii) 第3期—1990年代：90年代には、上で見たように、ケンブリッジにおいて多くのハイテク企業の集積が確認された。また、同地域で後述するようにスタートアップのためのインキュベータが建設されたし、ベンチャー・キャピタルやベンチャー・ファンドも急増した。このパークではインターネットやテレコム関連の企業が急成長した。そして、90年代末には、今度はライフ・サイエンス分野の企業が飛躍的に成長するにいたった。さらに、イギリスの証券市場に上場する企業数社も生まれた。99年12月の時点で、パーク内には64社が立地し、およそ4000人を雇用していた。(iv) 第4期—2000年以降、今日まで：21世紀に入り、大きな出来事がいくつか見られる。まず、トリニティ・カレッジとさらに別のカレッジであるトリニティ・ホールが共同でこのパークに隣接する22.5エーカーの土地を整備し、五つの建物を建設することになった。また、宿泊施設などを備えたQ.ton forumも開設された。さらに、同パークでは2002年から光通信やナノテクノロジー、そして材料科学の分野で、新しいクラスターの形成に着手している。

　それでは、サイエンスパーク内立地企業の属性はいかなるものであるのか。ここではその事業分野を見ておこう[25]。それによると、コンピュータ／テレコム分野が最も多く31社、次いでバイオ－医薬関係が22社である。この2分野で立地企業の6割以上を占めている。これら以外には、金融、ビジネスおよびその他の非技術分野が5社と目立つ程度である。コンピュータ／テレコムとバイオ－医薬関連が主体のハイテク・クラスターであることが示されている。要するに、ケンブリッジ・サイエンスパークの実態はハイテク関連の研究所団地ということになる。また、ある報告書の伝えるところによると同パークに立地している企業からのスピン・オフはまだまだ少ない。開業以来これまでにおよそ10社が誕生したにすぎず、そのうちの2～3社が大学関連の研究・開発に依拠しているとされる[26]。

(2) セント・ジョンズ・イノベーション・センター[27]
①目的と運営

ケンブリッジ・サイエンスパークに隣接するセント・ジョンズ・イノベーション・センター（St. John's Innovation Centre, 以下 SJIC）も、ケンブリッジ大学のセント・ジョンズ・カレッジが独自にその所有地のなかに1987年に開設したものである。ケンブリッジ・サイエンスパークがオープンして15年以上が経過し、ようやくこの地域では二つ目の比較的に規模の大きい産学連携施設の誕生をみた。SJIC 内のインキュベータ施設であるセント・ジョンズ・イノベーション・パーク（St. John's Innovation Park）の目的はアーリーステージの知識型企業に対するフレキシブルな事務・作業スペースの提供、そしてビジネス支援の実施である。また、SJIC の運営はセント・ジョンズ・イノベーション・センター会社（St. John's Innovation Centre Ltd.）が行っている。社長のウォルター・ヘリオット氏（Walter Herriot）は、バークレー銀行ケンブリッジ支店長ののち、ハイテク関連企業の経営コンサルタントとして、また自らベンチャー・キャピタルを経営した経験を有する人物である。地域での人脈が豊富であり、このインキュベータの質の高いマネージメントを行っているキーパーソンとして知られる[28]。同社のテナント事業のなかで、興味深いのは西口敏宏氏も紹介するようにスター・サービス（Star Service）というアドレス貸しである[29]。

②特徴と成功事例

この SJIC は利用可能な面積が8万5000スクウエアー・フィート（約7900平方メートル）で現在65企業が入居し、500人が雇用されている。過去5年間での入居企業の生存率は88％以上であり、ケンブリッジ地域でのそれが50％そしてイギリス全体が45％であるのと比較すれば、特筆すべき成績を収めている[30]。入居企業の事業分野については[31]、ここでもやはりコンピュータ／テレコム関連が圧倒的で66％を占めている。次いで多いのが金融、ビジネスおよびその他の非技術分野である。ケンブリッジ・サイエンスパークと比較すると、バイオ－医薬関連が少ないものの、全体としては同じような事業分野の企業が多い。卒業企業のなかでの成功事例をいくつか挙げてみよう。技術コンサ

ルタント企業で創業8年目になるS社は年間売上が1500万ポンドである。同社は創業時の5名からスタートし、現在では150名を雇用している。また、同社から八つのスピンオフ企業が生まれている。また衛星通信のT社は創業から5年がたち、現在の年間売上は1200万ポンドである。2人の創業者が今では168名を雇用する。さらに、コンピュータ・ゲーム企業のM社は1500万ポンドの売上で従業者数は120名である。ここでも、先のケンブリッジ・サイエンスパークと同様、イギリス政府をはじめ公的団体からの資金補助は一切ない。したがい、テナントからの賃貸収入はそのすべてがセント・ジョンズ・カレッジでの教育振興に充てられるという。SJICでは外部機関との連携を重視している[32]。地元産業界のみならず、ヨーロッパの関連団体との提携も強化している。例えば、1998年にはイングランド東部イノベーション・リレー・センター (the East of England Innovation Relay Centre) の業務を担当することになった。その主要な役割は中小企業とイングランド東部のみならずEU諸国などの研究・開発機関との間での国際的な技術移転の促進である。

　ケンブリッジ・サイエンスパークがハイテク産業の研究所団地であったのに対して、このSJICはアーリーステージの知識型企業へのインキュベートを行っている。したがって、ここから誕生したベンチャー企業の数はこちらの方が断然多い。そもそもその設置目的が異なるのだからこれは当然のことである。そして、産学連携の推進組織についてはその設置主体である両カレッジでの考え方の違いが明らかである。すなわち、ケンブリッジ・サイエンスパークではトリニティ・カレッジが民間企業にその管理業務のすべてを委託しているのに、他方SJICにあってはセント・ジョンズ・カレッジが直接に100％出資する会社がキー・パーソンのもとに多数のスタッフ[33]をそろえて産学連携活動を行っている。一見するとバラバラとも受け取れるこのようなカレッジの独自性こそが研究成果の商業化を進めるうえでケンブリッジ大学の長所となっている。

(3) **ジャッジ・ビジネス・スクール、起業家センター、製造研究所**
①ジャッジ・ビジネス・スクール
　工学部のマネージメント・スタディ・グループを母体に、1990年にビジネ

ス・スクールとしてジャッジ経営大学院 (the Judge Institute of Management) が設立された。Sir Paul Judge ら個人の多額の寄付に基づき発足したビジネス分野の大学院設立は、大学での伝統的な学問領域を超えるものであったから既存学部との間に「不愉快な緊張[34]」がもたらされ、他面では過剰な期待も生まれていた。とはいえ、2代目所長 (Professor Sandra Dawson) のころからは発展軌道に乗ってきた。設立当初は地元のハイテク・クラスターとの関係が稀薄であるとの失望感も見られていたが、時間の経過とともに、SJIC やケンブリッジ・ネットワーク（後述）との関係強化や企業研究に関するマーガレット・サッチャー講座 (The Margaret Thatcher Chair) の寄付などを通じて、積極的な関与が推進されている。ケンブリッジ大学のなかでこのスクールの歴史はまだ18年にすぎないが、世界のおよそ50カ国から学生を集めている。なお、マッキンゼーやブリティッシュ・ペトロリアムなどとの連携を深めていくなかで2005年7月には、その名称がジャッジ・ビジネス・スクール (Judge Business School) へと変更された。また、わが国の大阪商工会議所の呼びかけによって、2007年2月から大阪大学と当スクールが共同で製薬・バイオ分野での MOTI 講座 (Management of Technology and Innovation；技術・製品開発に関する経営戦略講座) を開設している。なお、ケンブリッジ大学とマサチューセッツ工科大学との共同事業としてケンブリッジ－MIT 研究所 (Cambridge－MIT Institute；CMI) がある。これは、とくに経済競争力と生産性の向上に焦点を当てて共同で教育・研究を行い、大学発ベンチャーを育成するというものである。2000年以降、同研究所のプロジェクトには100以上の研究機関、1000を超える企業そして多数の関係者が参加している[35]。

②ケンブリッジ大学起業学習センター

ジャッジ・ビジネス・スクールの敷地の一角に、ケンブリッジ大学起業学習センター (Centre for Entrepreneurial Learning；CfEL) がある。同センターの前身はケンブリッジ大学起業活動センター (the University of Cambridge Entrepreneurship Centre；CEC) であり、90年10月1日に当初5年間の設立資金として政府資金（貿易産業省）から290万ポンドを得て運営を開始した[36]。起業活動センターは、大学のなかに起業文化を育むこと、そして知識集約型ベンチャー企

業を支援することの二つをその使命とする。具体的には、教育・訓練、アーリーステージのベンチャー企業に対するアドバイスなどを通じたビジネス支援、そして研究の3分野で活動を行うこととされた。CECはさらに、2003年9月、その機能のなかの教育・訓練部門を主として引き継ぐかたちでCfELへと再編された[37]。また、インキュベーションなど創業促進部門はケンブリッジ・エンタープライズが担うこととなった[38]。CfELはケンブリッジ大学の内外で、起業実践のスキルを喚起しまたその高度化を目指す教育を行うことにより「企業精神の普及」("Spread the spirit of Enterprise")を使命としている。具体的な事業内容には、学部生や大学院生向けの選択コースなどをはじめとして、3日間にわたって開催されるケンブリッジ企業会議(Cambridge Enterprise Conference)が大きなイベントとして注目できる。また、製造研究所(Institute for Manufacturing；IfM)が工学部の一部として1998年に設立された[39]。本研究所は産業問題への実践的解決の発見ならびに企業がグローバルな市場での競争に勝ち抜くために必要とする専門知識を学生に教育することを目的とする。すなわち、技術とマネージメントとの交流をつうじた、教育・研究・産業活動をその内容としているのである。

(4) ケンブリッジのさまざまなネットワーク

ケンブリッジには大学内ならびに大学と関係機関等とを結ぶ多数のネットワークが存在する。ここでは創業支援や産学連携についてのいくつかをごく簡単に紹介しておこう。

この地域でハイテク企業をグローバルに展開する事業家と研究者とを結び付けるものとしてはケンブリッジ・ネットワーク(Cambridge Network；CN)が特筆される。1998年に同大学など六つの機関が資金を出し合って発足させたもので、会員企業にベンチャー・キャピタルや投資家を紹介するプラットフォームの役割を果たし、また会員相互間での交流の場を設けたりするなど、グローバルならびにローカルな視点からのバーチャルおよび現実的なさまざまな活動を行っている。2003年10月現在で、正会員は1300社を超える[40]。1999年に立ち上げられたエンタープライズ・リンク(Enterprise Link)はアーリーステージの技術型企業に対する支援を目的とする。これは開業してから10年以内の

そして従業員規模が 10 人以下の企業を会員とするもので、ケンブリッジ州でのビジネス・リンクとして位置づけられており担当者のオフィスは SJIC 内にある[41]。このほか、起業家ネットワークとしてはケンブリッジ・ハイテク中小企業連盟（Cambridge High-tech Association of Small Enterprises；CHASE 1987 年に発足）、イングランド東部バイオテクノロジー・イニシアティブ（Eastern Region Biotechnology Initiative；ERBI 1997 年）、地域の中小製造業を支援するためのイングランド東部の 11 の大学から構成されるコンソーシアムの i10 などがある[42]。

4. 分析からの若干のインプリケーション：まとめに代えて

　以上のことから、ケンブリッジ大学での産学連携重視姿勢への転換は最近（90 年代の後半以降）にすぎないことが明らかとなった。ケンブリッジ・サイエンス・パークや SJIC がそれより早くに着手されたとはいえ、これらを言わば跡付け的に、同大学での産学連携や創業・ベンチャー企業支援が以前からずっと続けられていると理解するのは間違いである。日本にとって参考になるのは、産学連携の歴史が浅くとも、研究の質的内容が世界最高水準にあるのであれば、それに吸い寄せられるかたちで全世界から企業の研究施設が立地するし、また研究資金の枯渇などの一定の刺激があれば大学からのスピンオフも活発に進んでいくとの事実である。そして、これらを結び付ける各組織のネットワーク化が図られればなお良いということである。しかし、ここでの各種の取り組みを先進的なハイテク・ネットワークと見るのはやや過大評価である。ハイテク企業だけとは限らないがこのような中小企業間での各種ネットワーク化の試みは東大阪など日本の中小企業集積地にも一般的に見ることができる。ただ、異なるのは研究・開発の内容がきわめて川上志向で、そのレベルもきわめて高くかつその良質な研究成果の数が多いことである。
　これまで述べてきたことは、世界でもトップレベルの研究・開発水準を確保しているのであれば、かつシーズ性がきわめて高いのであれば、政府・自治体など行政による特別の支援策がなくとも、ハイテクを中心とする産業群が大学の周辺に集中的に立地することの可能性を示唆するものである。ケンブリッジ現象とは、ハイテク中小企業の急増が決して中途半端な研究・開発水準や各支

援組織のネットワーク化から直接的には生まれていないという事実であるとともにそのような事実の前にあっては政府・地方自治体などの産業政策的支援を必要としなという実例である。ハイテク・ベンチャーの成功のためには市場メカニズムが有効であることとともにその市場の俎上に上るシーズが高質なものであることを条件としている。ただし、地域経済的な観点から見た場合、このようなハイテク企業の簇生とそれと結び付く多様な試みがまだまだ雇用創出には直結していないとの印象が拭いきれない。ケンブリッジ現象と一部で喧伝されるものの、上述したように雇用面での貢献は依然として小さい。つまり、ハイテク・ベンチャー企業の創業のみならず、この地域で雇用を創出するための他のシステムづくりもあわせて考えていくことがこの地域の経済活性化のためには必要だと考えられる。

【注】
1) ケンブリッジ現象を調査した基本文献として、まず Segal Quince and Partners［1985］および Wicksteed *et al.*［2000］を挙げることができる。
2) 西口・辻田［2002］70 ページ、西口編［2003］242 ページならびに西口・辻田"英国ケンブリッジのハイテク・ネットワーク"（橘川武郎・連合総合生活開発研究所編［2005］173 ページ）。
3) イギリスでハイテク企業が集中的に立地している地域として、一般的には次の 3 カ所を指摘できる。スコットランドの中央部をグラスゴーからエディンバラまで横切る広域帯である通称'シリコングレン'（the Silicon Glen）、ロンドンからブリストルまでを走る高速道路（M4）沿いに展開する'M4 回廊'（the M4 Corridor）、そしてこのシリコンフェンである（前田［1995］58～60 ページ）。
4) Wicksteed *et al, op.cit., Part One*, 1.3（ページ番号が記載されていないので、以下に段落番号を記す）.
5) *Ibid.*,2.16.
6) Gonzales-Benito *et al.*［1997］2 ページ。このレポートでは、94 年から 96 年の間にスタートアップ企業数が減少したことからケンブリッジ現象がわずかに変化し、それが急成長の段階から成熟した局面に移行しつつあることを述べている。
7) Wicksteed *et al, op.cit.*, 2.7.
8) Segal Quince and Partners［1985］50 ページ。また、前田［1995］66～67 ページも参照してほしい。
9) 80 年代および 90 年代の特徴については、西口編著［2003］245～247 ページならびに西口・辻田［2002］74～75 ページに要領よくまとめられている。
10) Garnsey and Heffernan［2005］。
11) これらにより 3 万 6000 人が雇用され、これはケンブリッジ州での労働人口のおよそ 10％になる。ただ、ここでの 1200 という数字は企業数ではなく稼動事業所の数であ

12) Garnsey and Heffernan［2005］1129 ページ。
13) *Ibid.* また、前田［1993］を参照されたい。
14) Wicksteed *et al, op.cit.*, 3.17～3.18。
15) *Ibid.*, 3.26～3.27。
16) ウルフソン・ケンブリッジ・インダストリアル・ユニットなどの業務を一本化し 2000 年 3 月 1 日に発足した（http://www.admin.cam.ac.uk/reporter/2000-01/weekly/5835/23.html）。
17) ケンブリッジ・エンタープライズについてのここでの説明はホームページ（http://www.enterprise.cam.ac.uk/about/about.html）、2003 年 6 月 9 日付け発行のケンブリッジ・ユニバーシティ・レポーター誌（http://www.admin.cam.ac.uk/reporter/2002-03/weekly/5928/7.html）のほか、株式会社 シード・プランニング［2006］48～54 ページを参照。
18) ケンブリッジ・エンタープライズのロバート・マン氏（Dr Robert Mann）の提供資料による（2005 年 7 月 12 日）。
19) 研究支援部門のホームページから（http://www.rsd.cam.ac.uk/companies/faq/ 2007 年 1 月閲覧）。
20) 例えば、西口・辻田［2002］76 ページならびに西口編［2003］248 ページにケンブリッジの企業家支援組織として 13 の組織名および各特性が表にまとめられており参考とするに便利ではあるが、ここにあっては後述するケンブリッジ・サイエンスパークが欠落していることなどからすると、支援組織の全体を網羅するものとは言えない。
21) Carter and Watts［1984］19 ページ。
22) 歴史的な経緯については、前掲前田［1992］19～24 ページに詳述している。
23) ここで言われている（v）の「補助的な活動」とは、例えば特許エージェントやベンチャー・キャピタルなどを意味する（前田［1992］24～25 ページ）。
24) 2007 年 1 月時点におけるケンブリッジ・サイエンスパークのホームページを参照した（http://www.cambridge-science-park.com/about_history.htm）。また、前田［1992］27 ページでもこれについて言及している。
25) http://www.cambridgesciencepark.co.uk/companies.php：2007 年 1 月 3 日閲覧。
26) 産学連携・事業創造拠点構想検討調査研究会［2003］に記載されている、不動産会社（BIDWELLS）での 2003 年 1 月付けの面談記録を参照した。
27) 2006 年 3 月時点でのホームページを参照（http://www.stjohns.co.uk）。
28) 同上。また、西口編［2003］250 ページを参照。
29) ケンブリッジから離れたところに実際上は立地していても、その企業がケンブリッジにあるということから利益を得ることができるように、低料金で同センターのアドレスを与えるというものであってその料金体系には三つのタイプがある（同上ならびに同センターのパンフレットに挟まれているスター・サービスについての説明書を参照）。
30) 上記ホームページによる。
31) St. John's Innovation Centre［2005］14 ページ。

32) *Ibid.*
33) 西口編［2003］250ページならびに産学連携・事業創造拠点構想検討調査研究会［2003］もスタッフの総勢を25人と記録している。
34) Wicksteed *et al, op.cit.*, 3.40。
35) CMIのホーム・ページ（http://www.cambridge-mit.org/about/）ならびにジャッジ・ビジネス・スクールのサイト（http://www.jbs.cam.ac.uk/aboutus/cam_connections.html）を参照した。
36) ただし、正式の開所式は2001年3月23日のことである（http://www.cambridgenetwork.co.uk/pooled/articles/BF_NEWSART/view.asp?Q=...、2007年1月14日閲覧）。このほか西口編［2003］252〜253ページ、大学の1999年9月14日付けプレス・リリース（http://www.admin.cam.ac.uk/news/press/dpp/1999091401）などを参照した。
37) ジャッジ・ビジネス・スクール（http://www.entrepreneurs.jbs.cam.ac.uk/news/news_2003.htm,2007年1月閲覧）ならびにケンブリッジ・エンタープライズのホームページ（http://www.enterprise.cam.ac.uk/teaching/teaching.html、2007年1月閲覧）を参照。
38) "Establishment of Cambridge Enterprise : Notice", *Cambridge University Reporter*, 9 June 2003（http://www.admin.cam.ac.uk/reporter/2002 – 03/weekly/5928/7.html）.
39) Wicksteed *et al., op.cit.*, 3.45〜3.49ならびに2007年1月時点のホームページを参照（http://www.ifm.eng.cam.ac.uk）。
40) 西口編［2003］253〜254ページならびに2007年1月時点でのホームページ（http://www.cambridgenetwork.co.uk）を参照した。
41) 西口編［2003］254〜255ページ、2007年1月時点でのホームページ（http://www.enterprise-link.co.uk）ならびにSJICのパンフレットに挟まれているエンタープライズ・リンクについての説明書を参照した。なお、ビジネス・リンクに関しては西口編［2003］第8章が参考になる。
42) 2007年1月時点でのジャッジ・ビジネス・スクールのサイト（http://www.jbs.cam.ac.uk/aboutus/cam_connections.html）などを参照した。

【参考文献】

Cambridge Science Park［2005］*Catalyst : Cambridge Science Park Newsletter.*
Carter, Norma and Watts, Chris［1984］*The Cambridge Science Park: Planning & Development Case Study 4*, The Royal Institution of Chatered Surveyors.
Garnsey, E. and Heffernan, P.［2005］"High -technology Clustering through Spin-out and Attraction : The Cambridge Case", *Regional Studies*, Vol.39, No.8.
Gonzales-Benito, J., Reid, S. and Garnsey, E.［1997］*The Cambridge Phenomenon Comes of Age*, the Judge Institute of Management, University of Cambridge, WP22.
Segal Quince and Partners［1985］*The Cambridge Phenomenon : The Growth of High Technology Industry in a University Town.*
St. John's Innovation Centre［2005］*St. John's Innovation Park : General Information.*
Wicksteed, W., Autio E., Doel C., Garnsey E., Green C., and Peters K.［2000］*The*

Cambridge Phenomenon Revisited, Part One & Part Two, Segal Quince Wicksteed Ltd.
株式会社シード・プランニング［2006］「関西エリア、英国；ケンブリッジ大学周辺のクラスターポテンシャル分析　報告書」。
橘川武郎・連合総合生活開発研究所編［2005］「地域からの経済再生──産業集積・イノベーション・雇用創出」有斐閣。
産学連携・事業創造拠点構想検討調査研究会［2003］「産学連携・事業創造拠点構想検討調査研究事業報告書」。
西口敏宏・辻田素子［2002］"中小企業ネットワーク──英国「ケンブリッジ現象」を追う"「一橋ビジネスレビュー」Vol.50、No.1。
西口敏宏編［2003］「中小企業ネットワーク──レント分析と国際比較」有斐閣。
前田啓一［1992］"イギリス地域産業政策の新展開と産学交流の試み──ケンブリッジ・サイエンスパークの展開過程を中心に"、大阪府立産業開発研究所、「産開研論集」No.5。
─── ［1993］"産学交流と大学の「活性化」について──イギリス・ケンブリッジ大学の事例"、㈳大阪能率協会、「産業能率」No.430。
─── ［1995］"イギリスにおけるハイテク中小企業の簇生──いわゆる「ケンブリッジ現象」について"、大阪商業大学産業経営研究所、「産業経営研究所紀要」No.3。

【追記】
　本章は、先に発表した「イギリスにおける産学連携と創業支援の現況──「ケンブリッジ現象」に関連して──（上・下）」『世界経済評論』2007年5月号および6月号の一部を削除・修正し、改題したうえで転載するものである。

第7章
アメリカのベスト・プラクティスに学ぶ
インキュベーション・マネージャーの実像

田中一史

本章は、アメリカでのインキュベータの歴史を概観したあと、インキュベータ成功の鍵を握ると言われるインキュベーション・マネージャー（IM）の実像を報酬の点から明らかにする。また、現在、アメリカ国内で展開されているインキュベータのベスト・プラクティスの普及に向けた動きを紹介する。そのうえで、ケースとして全米で今、最も注目を集めているインキュベータのベスト・プラクティスを論述する。

1．アメリカにおけるインキュベータの概略

(1) インキュベータの略史
①アメリカ初のインキュベータは1959年に誕生

アメリカでの最初のインキュベータは、1959年にニューヨーク州のバタビア市で誕生した「バタビア・インダストリアル・センター」（The Batavia Industrial Center）とされている。同インキュベータは半世紀以上にわたって、今なお地元で活動している。

同インキュベータ設立のきっかけは、同市にあったあるカナダ系の農作機器メーカーの工場閉鎖による。当時、バタビア市は、この工場閉鎖にともない、大量の失業者が溢れ、かなり荒んだ状況にあったようだ。

このような状況を憂慮して、地元の不動産会社チャス・マキューゾ・アンド・サンのジョセフ・マキューゾ（Joseph L. Mancuso）氏が立ち上がり、地域経済の活性化と同工場の再利用を目的に、スペースの分割貸し出しといった考

えを思い付いたのである。同氏がそのように考えた背景には、地域経済の活性化なくして本業の不動産業の発展もないと思ったからである。また、同工場は85万スクエア・フィートと巨大であったため、同工場を占有してくれる企業を新規に見つけるのは難しいが、スペースを分割すれば、借り手が見つかるのではないかといった考えもあった。

したがって、アメリカ初のインキュベータは、もともとは商業ベースを念頭に置いた民間企業のイニシアチブによって誕生したもので、政府や自治体が地域経済の活性化に向けて設置したものではない。

政府や自治体主導のインキュベータはそのもう少しあとに数多く誕生した。1970年代から1980年代にかけて、アメリカでは北東部を中心に製造業離れによる経済危機が起こり、地域経済活性化のためのインキュベータが数多く誕生したのである。1975年には約20のインキュベータしか確認されていないが、1985年には約150に増加している。主にインキュベータは北東部および工業地帯に設置された。

② 1980年代半ば以降にインキュベータの理論づけが始まる

アメリカの研究者の間で、起業支援やイノベーションにおけるインキュベータの役割が注目されるようになってきたのは1980年代半ば以降である。アメリカの *Frontiers of Entrepreneurship Research* 誌は毎年、ビジネス・インキュベーションをテーマに会議の開催を決め、インキュベーション・ビジネスについて、体系的な論理づけを行うようになった。1985年の大会で、インキュベータとは、①市場価格より家賃を安価で提供する施設、②共有サービス、③ロジステック・サービスとビジネス・コンサルタントの三つの機能を持ち合わせていることが特徴との論文が発表された。それ以来、これらの三つの要素がインキュベータの必須条件となった。

そうしたなか、全米のインキュベータの連携組織として、1985年に、全米ビジネス・インキュベーション協会（National Business Incubation Association; NBIA）が創設された。現在、NBIAは1450以上の会員（インキュベータなど）を抱え、活動の場はアメリカ国内だけではなく、ヨーロッパやアジアなど、国際的に広がっている。

図表7-1　インキュベーション・プログラム実施数の推移

年	1989	1991	1995	1998	2002
プログラム数	390	425	497	587	950

(出所) Linder [2003] 5ページより。

(2) アメリカにおけるインキュベーション・プログラムの現状

NBIAの調べによると、北米では2002年時点で950のインキュベーション・プログラムが確認されており、その数は、年々増加傾向にある（図表7-1参照）。

これを設置者別に見ると、「大学」が全体の25％を占め、最も多く、次いで、「スポンサーなし」（19％）、「政府」（16％）、「経済開発公社」（15％）、「民間（企業、ベンチャー・キャピタルなど）」（10％）、「ハイブリッド型（複数のスポンサー）」（6％）などと続く。このようにアメリカでは、大学をはじめ政府など公的な色彩の強い実施主体が多く、民間はわずか10％という状況である。

2. インキュベーション・マネージャーの報酬

次世代企業の育成といった重要なメンターの役割を担うIMの年収は、他のプロフェッショナル・サービスに従事する人材と比べて高いのか、安いのか。

アメリカのIMの年収については1990年にビジネス・コンサルタント会社のクーパース・アンド・ライブランド（現プライスウォーターハウスクーパース）が第1回の実態調査を実施し、以来、不定期に行われてきた。2000年には同社の調査をNBIAが引き継ぐ形で実施され、最新調査では2005年の結果が公表されている[1]。それによると、2005年のIMの年収は7万2000ドル（中央値ベース）である（図表7-2参照）。前回行われた2000年の調査結果と比べて13.4％の増加である。また、平均年収は、7万7523ドルである。

一方、図表7-3は、IMの年収を年収別に区分したものである。それによると、最も多いレンジは「40,001～60,000ドル」で、全体の29％を占める。次いで「60,001～80,000ドル」で23％。なかには16万ドル以上の高額な報酬をもらうIMも散見される。

こうしたIMの年収を他の職種のエグゼクティブと比べると、高いのだろう

図表 7-2　IM の年間報酬の推移（中央値ベース）

年	ドル
2005	72,000
2000	63,500
1994	2005
1992	34,500
1990	36,000

（出所）Knopp［2005］3 ページより。

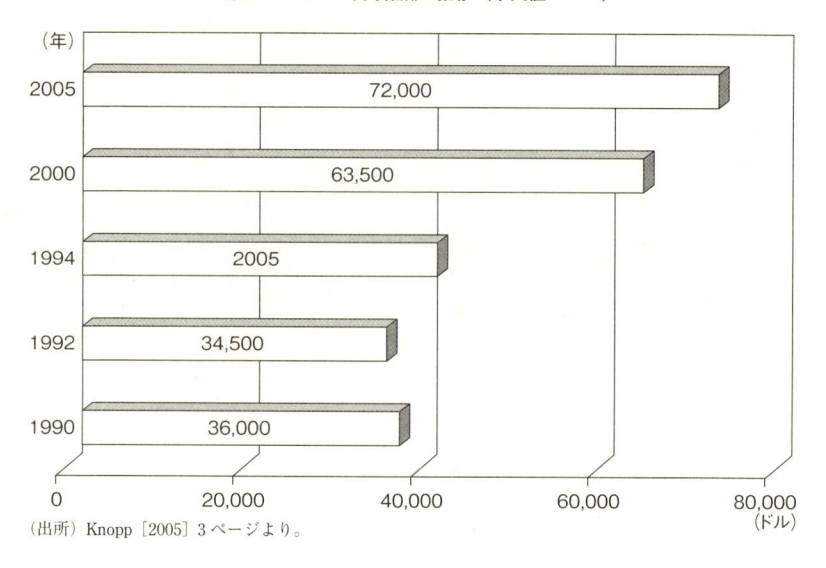

図表 7-3　IM の報酬別区分

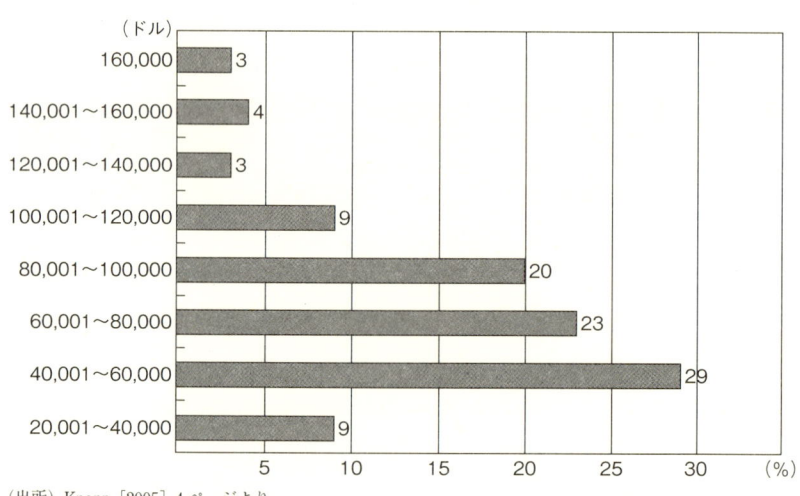

ドル	％
160,000	3
140,001～160,000	4
120,001～140,000	3
100,001～120,000	9
80,001～100,000	20
60,001～80,000	23
40,001～60,000	29
20,001～40,000	9

（出所）Knopp［2005］4 ページより。

か、あるいは安いのだろうか？　アメリカのインキュベータの約9割が非営利の公共的な意味合いが強いことを考慮すれば、他業種のエグゼクティブと比べて、高い報酬は考えにくい。米国労働省の賃金調査[2]によると、2005年5月時点での全米の組織管理者（General and Operations Managers）の平均年収は11万6280ドルと見積もられており、IMより約1.5倍高い報酬が支払われている。IMの報酬は、一般の組織管理者の半分程度の報酬しか得ていないと言える。こうした報酬の実態を憂慮して、NBIAは、関係方面に優秀なIMを採用・確保するためにも、他の業種に比べて見劣りしないような賃金体系を提供すべきであると主張している。

3. アメリカ流ベスト・プラクティスとは

① NBIAによる10の指針

　インキュベータをどのように運営し、クライアントにいかなる内容のサービスを提供するのが理想なのか。アメリカでは学界や研究者間、NBIAなどではこの是非をめぐっての議論が盛んである。事実、NBIAが主催する年次総会でも、このテーマで各種の部会が開催される。NBIAでは、成功のためのインキュベータの指針として10のチェック項目を発表している[3]。それによると、①資金面での実行可能性を備えた合理的なフィジビリティー・スタディーの実施とビジネスプランを有していること、②関係者がインキュベータの重要性は建物ではなく、サービス・プログラムの内容にあるとの認識をもつこと、③インキュベータ関係者への適切な報酬と支援者への恩恵があること、④インキュベータのスタッフ自身が起業家精神、非官僚的な態度、サービス従事者であるとの認識をもつこと、⑤IMはクライアントの長所、短所を理解し、成長のためのベンチマーク作成の手伝いができること、⑥インキュベーション・プログラムの定期的な評価を行うこと、⑦インキュベーション・プログラムに地域のネットワーク、資源、経済開発との整合性をもたせること、⑧IMは建物の管理に時間を費やすのではなく、クライアントのために時間を割くこと、⑨IMは継続的に学ぶ姿勢をもつこと、⑩IMは理想主義と現実主義の両方を兼ね備えること、といった点を挙げている。いずれの項目についても、インキュベー

ション関係者であれば、お馴染みの指針であろう。問題はそれらを客観的かつ論理的な根拠をもって実行できるかにある。客観的とは、インキュベータの関係者が実行しているつもりでも、クライアントやステークホルダー、タックス・ペイヤー（納税者）（公的インキュベータの場合）が評価しなくてはただの自己満足に終わり、最悪の場合は当該インキュベータの不要論が浮上してしまう。そこで、いかに当該インキュベータが初期の運営目的と合致しているかが重要となってこよう。

②インキュベータの評価

インキュベータの評価は、実施主体や運営目的によって違う。政府系であれば、地域における税収や雇用創出数などで測られる。営利企業が運営するものであれば、営業利益などの数字で測られる。また、両者ともに、インキュベータが提供する建物やサービスなどに対して、入居企業からの評価を導入しているところもあろう。問題はこうした指標を文書化して評価を継続して行っているかにある。アメリカのインキュベータであるからといって、すべて立派な評価システムを導入しているわけではなく、試行錯誤中あるいは関心が低いところもあるようだ。事実、NBIAが毎年優れたインキュベータに実績を称える「最優秀インキュベータ賞」も、こうした記録が過去数十年にわたってきっちり残されているか、また、それに基づき改善がされているかなどが選考のポイントの一つとなっている。

4. ケーススタディ

以下では、アメリカで数多く見ることのできるインキュベータのうち、独自性を有する施設についてその概要を述べていくことにしたい。

(1) ケース1：ウィリアム・ファクトリー・スモール・ビジネス・インキュベータ（ワシントン州タコマ市）

最初のケースは、ワシントン州タコマ市の再開発地域に施設を構える「ウィリアム・ファクトリー・スモール・ビジネス・インキュベータ」（William

第7章 アメリカのベスト・プラクティスに学ぶ——インキュベーション・マネージャーの実像　*187*

Factory Small Business Incubator）をとりあげる。同インキュベータは、2005年の全米ビジネス・インキュベーション協会（NBIA）の「最優秀インキュベータ賞」に選ばれるなど、全米屈指のモデルセンターとして知られる。同インキュベータの立地するタコマ市のポートランド・アベニュー・コリドー（Portland Avenue Corridor）は、同州のなかでも低所得者が多く住む街として知られている。入居企業の7割はマイノリティーか女性経営者である。

同インキュベータは80年代の不況のなかで、黒人の故ウィリアム・ファクトリー氏の尽力によって誕生し、地域における雇用創出や地域の活性化が目標に掲げられている。この目標は20年経った今も一度も変わることなく、脈々と引き継がれており、入居企業の多くは地元に根ざす建設関連企業などである。

①**運営資金について**

同インキュベータの2005年の営業収入は51万7187ドル。営業経費は31万799ドルである。営業収入の内訳は3分の1が入居企業からの家賃収入である。残りの3分の2は同インキュベータが建設企業の支援に注力していることによる。アメリカ政府の住宅・都市開発省（HUD）および米運輸省（USDOT）からの補助金もある。また、カウンティ（郡）や市からも多少の援助を得ている。営業経費については3分の1強が人件費で、残りの3分の1が施設の減価償却費および借入金の返済、3分の1が建物のメンテナンス、スタッフの交通費、コンサルタント費用などに支出している。

入居企業の家賃は、市場価格と連動している。ただし、全体のサービス利用を考えた場合、家賃はかなりの割安で、入居企業は、会議室や図書室（建設プロジェクトへの図面などが閲覧可能）などの共用施設の利用や、スタッフや外部メンターから無料で相談を受けられる。

一方、他のインキュベータと比べての競争優位については、マイノリティーに対する支援や建設業に強みを有しているところにある。同インキュベータの有するネットワークにより、入居企業は地域の建設プロジェクトに積極的に参画できる。

入居企業の受け入れ条件は、①ビジネスプランがあること、②発展可能な製品やサービスがあること、③地元企業であること、④フランチャイズ企業では

ないことなどである。入居企業の受け入れの可否はIMが直接、面接して決めている。これまでの入居企業の実績は220社以上が卒業。成功率は78％、年間平均約8社の企業が卒業している。入居企業は3年以内に卒業することになっている。

②インキュベータの評価手法

　インキュベータの評価は、地域における雇用創出と売上、税収などの指標も用いられている。現入居企業の雇用創出数は260人で、2005年度の売上は3000万ドル、納税額は600万ドルに上る。同インキュベータのIMであるティム・ストレーグ氏（Tim Strege）によれば、まずまずの成果である。

　ストレーグ氏の個人業績目標は、年間100人の新規雇用創出である。これは、入居企業と卒業企業による雇用創出の合計である。現在、隣の空地に450万ドルの総工費をかけた4階建てのインキュベータの新設を計画しているが、同センターが完成した暁には向こう3年間で500人の新規雇用創出を目標に置いている。なお、新インキュベータは、科学技術分野の起業家育成に焦点を当てたもので、既存の建設業などに焦点を当てたインキュベータとは一線を画す。

　一方、ストレーグ氏への評価は、現在8人で構成される取締役会で行われる。同取締役会は、地元の銀行家、会計士、政府関係者、地元の有力者などで構成されている。同取締役会は同氏の解雇や、新規IMの採用などの権限を有する。具体的な評価手法は、①施設の運営状況（赤字経営か否か）、②収入の増加、③スタッフの管理能力、④プログラムの達成度合い、⑤安全な職場環境の実現度合い、⑥計画遂行能力とガバナンス能力の六つの観点から総合的に評価される。

　ストレーグ氏の報酬はIMの全米平均並みの年間約7万7000ドルであり、社会保険などを除いた所得は約6万8000ドル。ボーナスは業績評価に応じて0から5000ドルの範囲である。

　ストレーグ氏によれば、理想的なIMは、インキュベータが非営利団体（NPO）の場合、政府部門と民間部門の両方でキャリアを積んだ人材が好ましいという。彼自身も、ハーバード大学で行政学修士や、ロンドン・スクール・オブ・エコノミクスでビジネス理論を学んだあと、タコマ市の副市長や民間企

図表7-4　WILLIAM M. FACTORY SMALL BUSINESS INCUBATORの概要

所　在　地	1423 East 29th St. Tacoma, Washington, 98404
設　　　立	1986年
施設の規模	オフィス・スペース(676㎡)／共有スペース(6,968㎡)
運営形態	地元自治体による運営
スタッフ数	4人
入居企業数	28社(2006年5月現在)
卒業企業数	220社
ホームページ	www.williamfactory.com

業のコンサルタントとしてキャリアを積んできた。故ファクトリー氏の要請により1994年からIMに就任している。ストレーグ氏は、IMに地元の支援者がいかにたくさんいるかがIMの成功の鍵を握ると言う。

(2) ケース2：ルイジアナ・ビジネス・アンド・テクノロジー・センター（ルイジアナ州バトン・ルージュ市）

ケース2は、ルイジアナ州の州都であるバトン・ルージュ市の郊外にある「ルイジアナ・ビジネス・アンド・テクノロジー・センター」(Louisiana Business and Technology Center)をとりあげる。LBTCはルイジアナ州立大学発のインキュベータであるが、大学発ベンチャーの支援だけではなく、同大学の立地するバトン・ルージュ市の経済開発も目標に掲げ、州の経済開発計画に沿ったプログラムを展開している点がユニークである。大学の教授陣らと連携して専用トレーラーで地域を巡回し、地元中小企業を対象にビジネス教室を開催していることが特筆される。同インキュベータも、2005年のNBIA「最優秀インキュベータ賞」に選ばれ、大学発のインキュベータが地元経済に果たす役割が注目されている。

同インキュベータのIMとして活躍するチャールズ・アゴスティーノ氏(Charles F. D'Agostino)は、かつては地元のビジネスマンであった。1970年にルイジニア州立大学から化学の学位、1972年に同大学から経営学修士(MBA)を取得した。1980年代に地元でインキュベータの構想が上った折、同氏は商工会議所の取締役会のメンバーであったが、同構想に感銘を受け当時携わっていた仕事を辞め、当初18カ月間の契約で設立のために奔走した。それから現在まですでに18年以上が経過し、同インキュベータのIMを続けている。

①インキュベータの運営形態

　同インキュベータの運営は、ルイジアナ州立大学、グレーター・バトン・ルージュ商工会議所、ルイジアナ公共施設庁との合弁企業という形態で運営されているが、元々は大学発のインキュベータである。収入の50％が入居企業からの家賃およびサービス料収入、40％が米航空宇宙局（NASA）およびルイジアナ経済開発局からの補助金、残りの10％が入居企業以外を対象に地元で行っている起業家支援のアウトリーチ（出先）・プロジェクトからの収入である。現在、収支はトントンであるが、赤字になった場合は大学からの補助金が出る仕組みとなっている。

　入居企業の受け入れ条件については、第1に、ビジネスプランがあること。ただし、完成したプランがない場合でも、入居後、3カ月以内に完成すればいいことにしている。入居後のビジネスプラン作成にあたっては、大学のMBAの学生を各企業に割り当て、ビジネスプランの完成を支援させることも可能である。第2は、ベンチャー企業であること。第3は、地域での雇用創出の可能性があること。第4は、当面の操業資金の目処が立っていること。第5は、地元企業であり、卒業後も地元に定着する意志があること。このような条件を全部で15項目挙げており、IMが入居候補者とのインタビューを通じて総合的に判断している。

　一方、卒業条件については、①入居企業が卒業後、十分に存続できること、②インキュベータからのサービス提供がマンネリ化していること、③オフィス・スペースが手狭になっていること、④他の不動産でも借りられるだけの資金が潤沢にあること、⑤空きの不動産物件があること。平均すると、入居企業は3年くらいで卒業している。

　これまでの入居企業の実績については、108社が卒業し2250人の雇用を創出している。成功率（卒業後の生存率）は84％と極めて高い。アメリカ中小企業庁（US Small Business Administration）によると、全米におけるベンチャー企業の5年後の生存率は約20％であることから、同インキュベータの卒業企業の成功率がいかに高いか理解できる。同インキュベータには20室の入居可能スペースがあるが、1社で複数の部屋を占有していることもあり、2006年6月時点では12社が入居している。バトン・ルージュにはエクソンの精製工場やダ

ウ・ケミカルの工場などが立地しており、化学産業が盛んである。このため、入居企業には化学品をはじめ、環境やIT関連企業が多い。

また、「アウトリーチ・プロジェクト」として、専用トレーラーを使って、地元の中小企業を対象に巡回ワークショップなどを開催している。これには毎年約300人が参加し、業種もレストラン業やアクセサリーの製造販売など多岐にわたっている。

②インキュベータの評価手法

インキュベータの評価については、毎年、取締役会にて活動報告が行われている。同インキュベータの目標である地域開発にいかに貢献したかを数字で示している。基本的には地域における雇用創出が第1の目標に掲げられている。また、売上などは、卒業企業のなかには回答したくないところもあるため、xドル〜yドルの間といったようにレンジで尋ねている。取締役会の会長は、ルイジアナ州立大学ビジネススクールの学部長で、他のメンバーは銀行家、会計士、弁護士などで構成されている。組織上では、取締役がIMの採用や解雇の権限、評価を行うことになっているが、実際にはIMが取締役会の人選を行っている側面が強いという。言わば、取締役会はインキュベータのアドバイザリー・ボードの役目を果しており、良い協力関係にある。

また、一般にIM自身が取締役会の人選を行うと、取締役会は形骸化し、IMへの正当な評価が難しくなる点が指摘されるかもしれないが、同インキュベータは、先に述べたように大学発インキュベータのため、人事や運営には大学の学部長が絶対的な権限を有しているのが特徴である。ただし、取締役会メンバーも、業績の悪いプロジェクトに名を連ねるのは本意ではないので、仮に同インキュベータのパフォーマンスが悪ければ、協力は得られないとしている。

③失敗と改善について

アゴスティーノ氏によると、企業の成長速度が読めず、満足な支援なくして短期間で卒業していった企業があることが過去の大きな失敗の一つと断言する。つまり、インキュベータとしてどのような企業が支援可能かを入居前に判断することが重要であるという。

図表7-5　Louisiana Business and Technology Centerの概要

所　在　地	8000 GSRI, LBTC Building 3000, Baton Rouge, LA 70820
設　　　立	1988年
施設の規模	4,366㎡
運営形態	大学およびコミュニティーによる運営
スタッフ数	10人
入居企業数	12社（2006年7月現在）
卒業企業数	108社
ホームページ	www.bus.LSU.edu/LBTC

　このインキュベータではないが、州内のインキュベータでIMをニューヨークから招き、組織づくりを行おうとしたが、そのIMは地元にネットワークがなかったことや地元の文化に馴染めないために、結局、短期間で去って行ってしまった。アゴスティーノ氏は、この事例を見て、IMは基本的には地元にネットワークのある地元出身者を採用すべきであるとの考えをもつようになったという。候補者がインキュベータの知識や経験がなければ、NBIAのワークショップやコンファレンスに参加させればよい。地元のネットワークは誰かが教えたりするものではない。

　また、アゴスティーノ氏は、入居企業の資金調達のために1日のうち多くの時間を費やしているという。資金調達は、地元のエンジェルから出資してもらうことが多いという。また、大学が運営する総予算3000万ドルのベンチャー・ファンドから資金を提供される場合もある。現在の入居企業の3社は大学から資金調達行っている。

(3) ケース3：ケンブリッジ・イノベーション・センター (CIC)

　ケース3では、全米最大のクライアント数を抱えるケンブリッジ・イノベーション・センター (Cambridge Innovation Center) を紹介する。同インキュベータは、マサチューセッツ工科大学 (MIT) に隣接する民間のインキュベータで、クライアントの約3割が同大学の卒業生である。ここでは、中途半端なビジネス・アドバイスは極力回避し、ベンチャー・キャピタル (VC) への紹介を信条としている。日本式の木目細かなサービスを強みとしている。

① IM は日本での留学経験者

　IM は最高経営責任者（CEO）の肩書をもつティモシー・ローウィ氏（Timothy Rowe）である。同氏は、アマースト大学政治学科を卒業し、在学中、同志社大学に 1 年間の留学経験を有する。大学卒業後は日本の留学経験を活かすために東京の三菱総合研究所に入社し、同研究所で 4 年間、技術戦略部の研究員として将来の技術動向を分析していた。その後、米国に帰って、マサチューセッツ工科大学（MIT）のビジネススクールに入り、卒業後はボストン・コンサルティング・グループに入社した。世界中のクライアントを相手に世界を飛び回っていた。出張の多い職場であったので、早く地元で家庭を築きたいと思い、32 歳で退職し、以前から興味のあった技術支援のインキュベータである CIC を友人と開設した。

　設立時の資金は、基本的には、創立者である同氏とパートナーの 2 人で出し合い、以前に勤めていたボストン・コンサルタントも資金を拠出してくれた。オフィスの内装費などは、アメリカの慣習でビルのオーナーが入居前に改装してくれたのでさほど掛からなかったという。運転資金についてはクライアントからの入居費で賄っているので、利益を計上することが可能であった。

　インキュベータの運営形態については、政府や大学の補助金はまったく当てにしなかった。なぜなら、政府や大学のインキュベータになると、運営委員会を組織しなくてはならないなど、制約が大きいからである。ローウィ氏は、自由に運営できるインキュベータがつくりたかったと述懐している。

　同インキュベータは、全米でも最大の入居者数を誇るが、インターネットのホームページの開設以外、外部に対しては一切営業・広報活動を行っていない。地元の起業家グループや大学（ハーバード大学やマサチューセッツ工科大学など）とのネットワークを有しており、クライアントはそこからや他の入居企業による紹介がほとんどである。

　ローウィ氏はどの分野に自分たちの競争優位性があるかを考えてみると、それは日本式のサービスを取り入れている点であると言う。つまり、顧客の要望に素早く対応することに強みがあると考えている。例えば、部屋を拡張したいとの申し出があれば、すぐに必要なスペースを提供するといったことである。ビジネス・アドバイスは一切しない。投資家でもないインキュベータがビジネ

ス・アドバイスをしても良いアドバイスができないとの考えからそうしている。ただし、ビジネス・アドバイスを望む企業があれば、入居企業のVCを紹介している。VCが資金を提供したいか否かが一番良いアドバイスだと考えているのである。

②インキュベータはホスピタリティー産業

インキュベータの成功の絶対条件はロケーションという。起業家が入居したい場所に立地すべきである。日本であれば、例えばIT産業の場合では渋谷や六本木といった立地という。次に、インキュベータはホスピタリティー産業であるため、入居者をお客様として考え、クライアントがいかに良い経験や満足を得るかに注力すべきである。また、VCも入居企業に含まれる方がよい。

入居企業の受け入れ条件については、その企業に対する評判を基準にしている。良い評判も悪い評判もわからない企業は問題なしとみなし入居を認めている。同インキュベータは、民間のインキュベータなので、このようなやり方で入居の可否を決めているという。一方、卒業基準もない。「卒業」という概念は政府などからの支援を得ている企業の場合で、このインキュベータでは家賃を払っていればずっと居られる。

同インキュベータではこれまで約250社を輩出しているが、売上などの業績が上昇基調にあって卒業した企業が60％、下降基調にあって卒業した企業は40％であった。上昇基調60％との数字は高いと自負しているとのことであるが、卒業後数年して縮小あるいは倒産した企業もあるので、正確な存続率が何％なのかは不明である。

ローウィ氏は1週間のうち1日は入居企業であるVCとともに仕事をしているという。同氏の1週間の勤務時間の20％に相当する。そして、60％はインキュベータのマネージメントに充てている。現在は同インキュベータのための経理ソフトを開発しているようだ。残りの20％は新規入居希望者の応接などに充てている。

図表7-6　Cambridge innovation Centerの概要

所 在 地	One Broadway, 14th floor, Cambridge, MA 02142
設 立	1999年
スタッフ数	15名
入居企業数	135社
卒業企業数	約250社
ホームページ	http://www.cictr.com/

(4) ケース4：サンノゼ・ソフトウェア・ビジネス・クラスター（SBC）（カリフォルニア州サンノゼ市）

　ケース4では、クライアントをシリコンバレーのソフトウェア企業に特化させたサンノゼ・ソフトウェア・ビジネス・クラスター（San Jose Software Business Cluster；SBC）をとりあげる。同インキュベータは、地元大学であるサンノゼ州立大学がサンノゼ市などの援助により運営しているが、入居企業には大学発ベンチャーは少なく、地元のベンチャー企業およびシリコンバレーでの可能性を求めて他の地域からやってきた起業家が多い。2000年のITバブル崩壊を契機に、入居企業数の大幅減少を経験したが、現在でもソフトウェア企業の育成で名声を保っている。

①大学は市からの事業受託者

　運営予算の45％は入居企業からの家賃、45％はサンノゼ市からの補助金である。サンノゼ市は毎年100万ドルを施設運営のための補助金として交付している。残りの10％は、カリフォルニア州からの補助金である。大学からは資金は出ていない。同インキュベータの目的は、技術をベースとしたサンノゼ市の地域開発である。

　入居企業の家賃は、市場価格よりやや割安である。当地の平均相場は1カ月当たり2.75～3.00ドル／100平方フィートであるが、同インキュベータの家賃は同2.50ドルである。会議室の使用やIMからのアドバイスには課金しない。また、月ベースの更新を前提としている。他の不動産は数年契約（通常5年契約）のため、ベンチャー企業にとって契約は難しい。市場価格よりも割安に家賃を設定しているのは、入居企業の必要性を考えてのことであるが会社経営のための人材を雇用するために資金が必要との考えに基づいている。

入居企業の受け入れ条件については、ビジネスプランがあり、製品もしくは商業化一歩手前の製品があること。技術開発段階の企業は受け入れない。また、入居企業の利用期間は 24 カ月と限っている。

　同インキュベータでは、これまで 110 社以上が卒業している。「成功率」は 80％になる。「成功率」の定義は、卒業 2 年後の存続率を基準としている。卒業企業の 75％はサンノゼ市に立地している。また、VC からの資金調達額は 6 億ドルに上っている。

　なお、卒業企業のデータについては、2 年に 1 度、サンノゼ市の税務当局に出かけて、企業の課税番号をもとに売上や従業者数を調べている。卒業後、企業の所有権が変わることもあるため、そうする必要があるという。約 60 社を対象に調査を行っている。

② IM の評価について

　同インキュベータの IM は、マネージング・ダイレクターのチャック・エリクソン氏（Charles E. Erickson）が務める。同氏は、イリノイ工科大学の電気工学の学士を取得したあと、シカゴ大学の大学院に進んだ。その後、約 35 年にわたって、ソフトウェアおよびハードウェア企業の経営などに携わった。また、この間、ビジネス・コンサルタントとして約 20 のインターネット関連のベンチャー企業育成に関わった。同インキュベータの共同運営者であるジム・ロビンス氏（インキュベータのコンサルタント）からここの IM をやらないかとの誘いもあって 7 年前から携わっている。同インキュベータはサンノゼ州立大学が運営していることから、同氏の身分は同大学の職員ということになっている。

　IM であるエリクソン氏が気を付けている点として、入居企業に安易に顧客を紹介しないことが挙げられる。それは、スタートアップ企業に必要な真のアドバイスとは顧客の紹介ではなく、顧客を獲得するためのスキルを身に付けさせることであるという同氏の考えに基づく。同氏には、とくに創業したばかりのエンジニア出身の社長からマーケティングのための人材を雇いたいとの相談が寄せられるようだが、これに対しては創業者自らがセールスマンにならなくてはいけないとアドバイスをしている。自らがセールスマンになれば、顧客のニーズや市場動向を把握できるほか、ビジネス全体を見渡せるといったメリッ

第7章 アメリカのベスト・プラクティスに学ぶ——インキュベーション・マネージャーの実像　*197*

図表7-7　San Jose Software Businessclusterの概要

所　在　地	Two North First Street, Fourth Floor, San Jose, CA 95113
設　　　立	1995年
施設の規模	2,973㎡
運営形態	市が大学に事業を委託
スタッフ数	4人
入居企業数	14社（2006年8月現在）
卒業企業数	110社
ホームページ	www.sjsbc.org/cluster/index.html

トがあるためである。

　IMとしての業績は外部に対しては地域における雇用創出と税収増加をもって評価されている。内部的には入居企業数と卒業企業数のバランスや入居期間中の企業の進展度合いなどが指標に使われている。また、IMの目標はインキュベータの目標とも重なっており、毎年12月に開催される取締役会で年間の活動を報告している。ただし、取締役会のメンバーがインキュベータの成果を判断することは稀で、むしろ一緒になってどのようにインキュベータを運営していくか、話し合いの場となる。したがって、取締役会でIMの評価は行われない。また、報酬も固定給で、ボーナスは支給されていない。

5. 結　論

　筆者は、2002年3月から2006年9月までの約4年6カ月の間、アメリカのサンフランシスコ市およびシリコンバレーに居住していたが、その間、数多くのインキュベータ関係者と出会い数多くの意見交換を行った。前述のケースは、その代表的なものを一部紹介したものであるが、成功しているインキュベータでの共通点の多くは、情熱とビジョンをもったIMとそれを支えるスタッフが常に存在していることである。そして、こうしたインキュベータのIMは、オープンで、コミュニケーション能力が素晴らしい。だからこそ、周りに数多くのサポーターを集めることができて、自ずと地域経済の中核的な役割を担うようになっている。アメリカのインキュベータから学ぶことがあるとすれば、彼らの有する情熱や地域社会におけるビジョンの共有ではないかといったことを本章の結論とし、これを問題提起ともしたい。

【注】
1）2005年調査は、アメリカの165名のIMから有効回答を得た。このうち120人が専任（フルタイム）で、45人がパートタイムである。
2）U.S. Department of Labor, "May 2005 National Industry-Specific Occupational Employment and Wage Estimate", http://www.bls.gov/oes/current/naics2_55.htm#b11-0000 より。
3）NBIA, "A Comprehensive Guide to Business Incubation", 2004, pp.26-27.

【参考文献】
Bearse, P.［1993］*The Evaluation of Business Incubation Projects*, National Business Incubation Association.
Erlewine,M. and Gerl,E.［2004］*A Comprehensive Guide to Business Incubation, Completely Revised 2nd Edition*, National Business Incubation Association.
Knopp. L.［2005］"2005 Compensation Surven of Incubation Executives", Research Series, National Business Incubation Association.
Lewis, D. A.［2002］"Does Technology Incubation Work ?", *A Critical Review of the Evidence*, Research Series, National Business Incubation Association.
Lewis, D. A.［2005］"The Incubation Edge", *How Incubator Quality and Regional Capacity Affect Technology Company Performance*, Research Series, National Business Incubation Association.
Linder, S.［2003］"2002 State of the Business Incubation Industry", Research Series, National Business Incubation Association.

【追記】
　本章の記述内容にはIMの略歴など個人に属する事柄が数多く含まれているが、これらの記載についてはいずれも御本人の承諾を得ていることをここに明記したい。インタビューに応じていただいた皆様に感謝申し上げます。

第8章
日本型インキュベートの実現に向けて

池田　潔

　本書は、イギリスやアメリカのインキュベート機能についても触れながら、わが国ビジネス・インキュベーション施設が創設された背景やインキュベーション・マネージャーの特徴、主要施設の現状などについて触れてきた。最後となるこの章では、これまで議論してきたことについて簡単に振り返るとともに、日本型インキュベートの実現に向けた課題について触れてみよう。

1. これまでの議論の概要

　第1章では、わが国インキュベータについて概観したが、歴史的に見て、今日のビジネス・インキュベーション（BI）と類似した機能をもつ施設である貸工場の存在をとりあげた。すなわち、都市型産業集積地における貸工場の立地は、独立心旺盛な中小企業従業員の受け皿としてとしての位置づけと、そこに入居することで周囲に立地する中小企業群との間で地縁関係が形成され、仲間取引を含むさまざまな取引情報の授受、あるいは、加工方法についての相談などがごく自然に行われるなど、入居企業が一人前になるためのインキュベート機能が見られた。もっともこの貸工場が建設されたのが、日本の高度成長期[1]で、さまざまなものづくりに対する旺盛なニーズがあり、それに応えるかたちで新規企業が生み出されてきたという時代背景には注意する必要がある。いずれにせよ、地域で必要とされる企業が地域のなかで創出され、創出された企業が地域産業の成長を牽引し、次なる創業予備軍を支援する形の好循環を形成したのである。

これら貸工場を旧インキュベータとすると、新インキュベータである今日のBIは、欧米の先進モデルを範とした外生的なものだった。すなわち、わが国経済が成熟化するなかで廃業率が開業率を上回る状況が続いており、意識的に新規創業を増やす必要があったこと、また、それまで落ち込んでいたアメリカ経済がベンチャー企業の隆盛により再び活気を取り戻したが、それを創出させる機関としてBI施設があったことがある。こうして、わが国でも意識的に新規創業を創出させることが重要であるとの認識から、1999年には新事業創出促進法が施行され、また2000年度に経済産業省がビジネス・インキュベーション施設補助金制度（BI補助金）を予算化したことで、全国各地でBI施設が建設された。ここでの問題は、いかに既存企業との関連をもたせ、地域活性化とつなげていくかという点で、この議論は後の第3章や4章と関わってくる。

次に第2章では、インキュベーション・マネージャー（IM）について議論した。BIが単なるハコではなく本当に機能するかは、IMによるところが大きい。アメリカでもシリコンバレーで九つものBIを成功させ、"ベンチャーの母"と異名をとるバーバラ・ハーレイ（Barbala Harley）のようなIMがいるが、こうした個人技をいかに組織として対応し継続させていくかが問題となる。具体的には、野中郁次郎のSECIモデルを援用し、IMのもつ暗黙知を形式知化し、組織的に対応することの重要性を議論した。

第3章では、BIが地域活性化の有力な手段となることを位置づけたうえで、実際にBIに入居した企業の売上や雇用、卒業企業数や地元定着率などの成果について見た。調査結果からは着実に成果が上がってきていると見られるが、BIが事業として掲げる目標と達成度との間にギャップがあることも明らかとなった。そのなかで、BIの設置者（多くは自治体）とIMとの間にBI事業に関してどの点を最も重視するかについて違いがあることがわかった。IMの側は入居企業の育成に力点を置いているのに対し、設置者側はそれに加え、地域活性化や地域企業との関連性にも力点が置かれていた。設置者が地域活性化の視点でBIに期待するのは当然だとしても、現状では地域活性化のプログラムである地域プラットフォームのスキームがうまく機能していないことに問題がある。また、BIが十分に機能するには、十分な才能をもったIMの存在が重要だが、現状はまだまだIMの数が不足しており、プロとしてのIMを多数育成

配置していくことや、創業段階の支援に加え、BI を卒業した企業に対するポスト BI 政策の拡充も重要である。

　第4章では、インキュベーションの発展段階モデルを提示した。すなわち、設立されたインキュベーションがうまく機能するため、インキュベーションの基本的業務の充実を図る「自立化」段階、自立したインキュベーションが地域プラットフォーム構想のもとで、他のインキュベーションや他の支援機関とネットワークを図り、単独のインキュベーションでは実現困難な地域インキュベーションを実現しようとするための「ネットワーク化」段階、さらに、特定の産業を中心に企業集積を図るための「クラスター化」段階がある。もちろん、個々のインキュベーションでは、クラスター化を図ることを計画されておらず、地域内の新規起業と雇用創出のために設置されているものもあり、それらは最初の自立化段階やネットワーク段階までの充実を図ることが求められている。

　第5章は日本を代表する 10 のケースをとりあげている。そこでは個性豊かに活動を繰り広げる IM の姿や、国家プロジェクトとして設置された地域活性化の拠点として、あるいは BI の現状と課題などについて触れられている。

　続く第6章と第7章では、イギリスとアメリカについて論述している。イギリスはケンブリッジ大学周辺での新規創業が、ケンブリッジ大学でのスピンオフによって始まり、それが呼び水となって世界中から研究所が立地し、また同大学での産学連携や創業支援が活発になったこと、アメリカは IM の年収なども紹介しながら、成功している BI の共通点として IM の情熱とそれを支えるスタッフの存在を挙げている。

2. 日本型インキュベータの特徴

　日本型インキュベータについて見る前に、今日見られる日本のインキュベータが"日本的"であることをまずおさえておこう。

(1) 公的施設として建設された日本のインキュベーション施設

　第7章でも触れられているように、世界で最初のインキュベータ施設は、

1959年にアメリカ・ニューヨーク州のバタビアという町につくられたマンキューソ・ビジネス・インキュベータ（施設名はバタビア・インダストリアル・センター）とされる。元々は農機具の製造工場であったが、空家となった建物をマンキューソ氏が買い取り、間仕切りして共同事業所として多数の企業や創業者に貸し出した。借手の大半がそれまで事業経験のない失業したばかりの労働者だったので、マンキューソ氏は大事な店子の事業が上手くいくよう、資本を調達したり事業ノウハウを授けたり、機械や従業員を融通したり、彼らの事業が上手くいくために必要なあらゆる援助を施した（星野［2006］158〜162ページ）。

　マンキューソ氏は、あくまで家賃収入を目当てとする事業として始めたのであり、決して"慈善事業"として始めたわけではない。したがって、間仕切りしたあと、店子にインキュベートをして成長させ、事業収入を確保したのであり、インキュベート事業の裏側には家賃収入を得るという「ビジネスモデル」が仕組みとして組み込まれていた。

　わが国でも旧インキュベータと位置づけた貸工場を見ると、東大阪で起源とされるところは工場を分割して利用したとあり[2]、バタビア・インダストリアル・センターと同じく既存の施設を改装して利用したことがわかる。また、その後の新設貸工場も、農家の副業として建てられたところが多く、農家にとっては大切な収入源だったことから、貸工場建設はやはりビジネスとして行われた。バタビアと異なるのは、マンキューソ氏のように店子の世話をしたのが貸工場を建設した農家ではなく、周囲で操業する同じ中小企業経営者や商工会議所の経営指導員だったことである。しかし、インキュベート機能を外部に頼っていたとはいえ、貸工場そのものは創業熱の高い地域にとってなくてはならない存在だった。

　これに対し、"新インキュベータ"の多くは国や地方が予算措置をして新規に建物を建設したところに特徴がある。すなわち、近年のインキュベーション施設が多数設立された背景には、廃業率が開業率を上回りわが国産業・経済の活力が低下するなか、新規創業を促し、新たなイノベーションを創出するという国家的課題の解決に向けてつくられたのである。この意味で、旧インキュベータが自然発生的だったのに対し、この"新インキュベータ"は政策オリエ

ンテッドであったと位置づけることができる。

　こうして建設されたインキュベーション施設は、入居者からの入居費用やセミナーの開催などの事業では単年度黒字にするのがやっとで（実際にはそれすらもままならないところが多い）、建設費にかかった費用を利息分も含めて毎年返済していかなければならない民間企業の立場からは想像できないほどの巨額の累積赤字を抱えたままになっている。入居企業が将来的に大きく成長し、税収や雇用の面で地域経済や産業に大きく貢献することの期待から多数の新インキュベータが建設されたが、建設費も含めてトータルでプラスにしようという発想は希薄だった。わが国の公共施設は公益に資するため、多額の公的予算が割り振られ、新規に建物を建設することから始まることが多いが、新インキュベータはこの意味で"日本的"なのである。

　今日、多くの公共事業があり方を問われ、運営方法等の見直しを迫られているが、第5章で見たBICあさひや、MINATOインキュベーションセンター（東京都港区）にように、廃校となった小学校を施設に転用するなど、使われなくなった公共施設の再利用を進めることや、後述するように、当該地域の総合計画のなかで、長期的な視点からインキュベーション施設を位置づけ[3]、時々にあり方を検討しながら設定されたアクションプランに基づき事業を実施していくことが求められよう。

(2) IMによるきめ細かなサービスと曖昧な仕事の領域

　次の点も"日本的"である。すなわち、インキュベート事業に際し、IMが入居企業に対しきめ細かなサービスを提供している点である[4]。海外でも有名なIMがいるところは属人的サービスを提供していることから、他の国のIMと大差ない可能性もある。しかし、日本人は曖昧な文化のなかで生きているとされ、例えば仕事の境界線一つ取り出しても、ここからそこまではウチの課の守備範囲で、そこから先は隣の課というように明確な線引きはされていないことがある。あるいは、一応の線引きらしきものはあってもグレーな部分が必ずあり、それに対しては自分の仕事として進んでやってしまうことがある。

　IMの業務についても、ここからそこまでとはっきりとしていないことが多く、IM個人もまた、入居企業のために何でも彼でも引き受け、こなしている

ことが多い。また、たとえ線引きがあってもそれ以上にやってしまうことを周囲が評価している側面もあり、そこに日本的なインキュベートの特徴がある。

3．日本型インキュベータとその課題

　上記で見たように、日本のインキュベータは極めて日本的な特徴を有している。この日本的と呼ばれる特徴は、日本の歴史・風土・文化などから育まれてきたものであり、それを活かした日本型インキュベータの構築が望まれる。そこで、日本的特徴を土台としながら、日本型インキュベータとして何が望まれるか、課題について考えてみよう。本書で明らかにしたように、インキュベータに期待する機能として開業率を高めるための新規創業を増加させることに加え、新規創業企業が地域の既存企業とも取引をすることや産業クラスターを形成することで地域を活性化させることがある。以下では、インキュベーション施設の設置によって地域活性化を図ることを議論の中心に据え、日本型インキュベータの課題について考察する[5]。

(1) 地域との一体化

　日本型インキュベータの一つの理想型は、地域活性化に寄与していた旧インキュベータに求めることができる。旧インキュベータは高度成長時代という時代背景のもとで数多く建設されたが、それらは地域の発展になくてはならないものとして機能した。すなわち、親方のもとで修行してきた熟練技能工たちがスピンオフする際の受け皿として機能したことで（それらの多くは高度成長時代のあらゆるものが右肩上がりのニーズを示すなかで、地域企業が要求する部品作りや加工であった）、地域産業や経済の発展と不可分であった。ただし、ここで地域産業や経済の発展と不可分であったというとき、時代的背景とともに、貸工場の棟数に着目する必要がある。東大阪商工会議所の調査によれば、東大阪市の貸工場の棟数は昭和40年ごろから増え始め、45年には年間70棟が建つほどに急増し、52年の東大阪における民営貸工場の棟数は502棟を数えた。また、その貸工場内に立地する事業所の数は2200工場で、これは東大阪市全製造業の23.4％を占めた（湖中［1995］138ページ）。

1棟ごとの貸工場に入居する企業数は今日のインキュベータと比べると少ないが、貸工場が地域に多数点在することで身近な存在として、また、地域企業との日常の接触を行いやすくさせたことがある。すなわち、今日の新インキュベータのように"立派"な建物でなく、平屋でコンクリートブロック造りといったそれほど立派とは言えない外観の建物であることが、地域企業などが訪問する際の敷居を低くし出入りしやすいことに一役買っていると考えられる[6]。入居企業も地域の産業活動のなかに埋め込まれるなど、地域と一体化することで、地域企業との有機的つながりを深めたのである。

　この点、新インキュベータは地域において貸工場ほどの数はなく、地域企業からすれば身近な存在とは言いにくい。また、立派な外観の建物も出入りするのに心理的抵抗を強めていることが考えられる。したがって、新インキュベータが地域との関わりを深めるためには訪れたくなるような場（雰囲気）づくりや、訪問を促す仕組みづくり、地域企業と入居企業との接点となるIMの役割が重要となる。

(2) 地域企業が入居企業のインキュベートを支援

　インキュベータに入居する企業のインキュベートを支援するのがIMである。しかし、IMの絶対数が不足していることや、個人でできることには限界があることから、地域企業をインキュベート事業に巻き込み、IMと一体になって活動することが考えられる。たとえばSOHOしずおかでは、「赤ちゃん用だっこひも」の北極しろくま堂㈲や「スポーツ弁当」のオフィスしょくスポーツなど、いくつもの企業を"全国区"に仕立てているが、それにはIMの努力とともに、IMのもつネットワークを活用して、入居企業が求めるホームページ作成、デザイン、広告、器材調達などで支援できる地域企業を見つけていることがある。地域企業も多少価格を低めに設定することはあってもあくまでビジネスとして行っており、入居企業の成長とともに自らの売上も伸びるというWin-Winの関係がそこには見られる[7]。また、いわゆる専門家による相談、指導ではなく（もちろん、これも受けている）、実際に事業を行っている経営者がさまざまな相談に乗るなど支援しているところに特徴がある。

　ところで、貸工場が地域経済活性化に有効だった理由の一つに、貸工場が地

域のなかに多数点在し、地域企業との連携を深めていたことがある。そこで、インキュベート施設が地域企業との距離や敷居を低くするため、BICあさひやMINATOインキュベーションセンターのように廃校となった小学校を活用するなど、利用されなくなった公共施設の活用促進が重要である。

(3) 地域総合計画のなかでインキュベート事業の位置づけ

彩都バイオインキュベータは、彩都ライフサイエンスパークの一角にあり、大阪北部地域にバイオクラスターを形成するため国家的プロジェクトの一環として計画・運営されている。このように、当初からクラスターを形成するため、特定業種に絞り込んで入居企業を募っているインキュベータは別として、多くのインキュベータは業種を絞り込んで入居企業を選びインキュベート事業を行っているわけではない。地方においても廃業率が開業率を上回る状況下で、業種のえり好みなどしている余裕はなく、ともかく新規創業企業を増やし、雇用拡大を図ることが先決となっているからである。しかし、そうした延長線上に特定産業を中心とするクラスターが形成されないことも事実である。そこで以下では、インキュベート事業の延長にBIを核とするクラスターの形成を念頭に置いた際の課題について考察する。

インキュベート事業の重点項目として、IMは入居企業の育成を重視するのに対し、設置者はそれに加え地域活性化にも重点を置いている点で異なっていた。IMにとっては地域活性化といっても、何をすれば地域活性化につながるのか、具体的な指標がつかみにくいことがある。例えば、入居企業の育成であれば、売上金額や雇用者数など数値で明確に把握できるのに対し、地域活性化は入居企業の成長によって引き起こされることは事実としても、例えばシリコンバレーのように、誰の目にもはっきりわかるまでには相当な時間がかかること、さらに、その初期段階を捉えて効果を測定することは、地域の範囲が大きければ大きいほど難しいことがある。

したがって、そうした困難を理解したうえで、インキュベート施設の設置者である地方自治体は、地域で策定される"総合計画"のなかにどのような業種のクラスター化を図るのかといったことや、アクションプランのなかにタイムスケジュールとともにインキュベート事業を位置づける必要がある[8]。

4. 日本型インキュベートを活用した地域活性化の方向：結びに代えて

　終章となる本章では日本型インキュベートの実現に向けて考察した。最後に、日本型インキュベートを活用した地域活性化の方向を探ることで結びに代えたい。

　近年、全国各地で見られたインキュベーション施設の設立は、その背景に、廃業率が開業率を上回り、また、既存企業や産業の多くが成熟化するなか、次代を担う企業や産業の創生と、それによる地域活性化を図ることがあった。こうして設立されたインキュベーション施設のなかには、多くの卒業企業を生み出すなど、初期の目標を達成しつつあるものもある。しかし、地域活性化の点はどうだろうか。

　面的な広がりをもった地域を活性化するには、関連産業や大学などの研究機関を巻き込み、それらが有機的に連携し合ったクラスター化を図ることが一つの有効な方法である。クラスター化に向けた取り組みとしては、支援機関による地域プラットフォームの形成により、さまざまな企業活動の活発化と地域活性化が企図された。しかし、これまでのところ計画どおりの成果は上がっていないようである。これには、中心メンバーの一つであるインキュベーション施設の歴史が浅いことに加え、プラットフォームを構成するメンバー間の連携が不十分なことがある。

　ところで、今回とりあげたケンブリッジでは、大学の高いレベルの研究成果を求めて世界中からハイテク企業が集まり、クラスターが形成されているとの記述があった。また、シリコンバレーでも大学をスピンオフして設立したベンチャー企業が、それらを盛り立てるエンジェルやベンチャーキャピタルなどの支援とも合わさり、ITやバイオの一大クラスターが形成されている。

　こうした彼我の違いは何によるのだろうか。彩都のように、はじめからバイオを中心としたクラスターを形成することを目指した仕組みづくりを行っているところは別として、今回とりあげた多くのインキュベーション施設ではそもそも入居企業がバラエティに富んでおり、特定業種を中心とするクラスターを形成していくには懸隔がある。そうであるなら、東大阪が"旧インキュベー

タ"の展開により、「機械金属関連業種」というやや幅広の産業集積が形成されたことを参考に、少しばらつきはあるが複数業種を活性化していくことが考えられる。このとき、それぞれに取引関係が発生するような業種であれば、あるいは、IMなどによってそのような仕組みを構築することで、ミニクラスターを形成することが可能となる。そのためには、インキュベーション施設を一つの核として、IMや産学連携コーディネータらが協同しながら、大学などの研究機関、関係企業とのきめ細かいマッチングを行い、また、地域の支援機関や支援制度などを活用する地域密着型の取り組みが重要である。

【注】
1) 東大阪の貸工場は昭和30年代の後半から増加し、50年代後半から設立数は急速に落ち込んでいる（大西［1989］11ページ）。東大阪地域で貸工場の第1号は布施市にあった機械製造業の佐伯工業（のちに佐伯興業）が廃業するにいたり、昭和38年に工場を分割して工場主に貸したのが最初とされている。また、昭和45年の大阪万国博覧会の開催に向けて幹線道路が建設されたのを機に、農家が農地を貸工場として独立心の高い中小企業家に提供したことも指摘されている（湖中齊［1995］137ページ）。
2) 注1参照。
3) 単年度でインキュベート機能の地域経済への影響を論じても無理が生じるので、短期、中期、長期の時間軸のなかで地域経済にどのようなプラス効果をもたらすのかの成果を測定し、運営方法などの見直しをすることが必要となる。
4) 例えば、神戸産業振興財団のケースで見たように、そこでIM的役割を果たしている西嵜康彦氏は、入居企業同士がお互いに何をしている企業なのかを知ってもらい、あるいは仲間同士で抱えている悩みを相談し合ったりできるよう、まず、個々の入居者のドアを開放するよう勧めたという。これなどは多分、どこにもそうせよなどとは書かれたものではなく、西嵜氏自身のBIとして理想像から発せられたものと思われる。
5) もちろん、すべてのインキュベーション施設がクラスター化を図るために設置されているわけではない。この点については第4章で触れられているように、インキュベーションには発展段階があり、自立化を図った段階で終わるものもあれば、ネットワーク化を図った段階で終わるものもある。
6) 少子化で廃校になった小中学校などをインキュベータとして利用するケースあるが、昔、通った学校であれば、出入りするときの心理的敷居は低くなると考えられる。
7) 2004年には、「SOHOしずおか」から起業した起業家を中心に「NPO法人SOHO・アット・しずおか」が設立され、起業家による起業するヒトのための支援事業を行っている。詳しくはhttp://www.npo-soho.jp/index.htmlを参照のこと。
8) ここでは、クラスター化を図るインキュベーション施設に限定して言及したが、例えばインキュベーションの発展段階において、自立化だけで終わるインキュベー

ション施設やネットワーク化段階までで終わるインキュベーション施設であっても、地域の総合計画のなかにきっちりと位置づけることは同じく重要である。

【参考文献】
大西正曹［1989］「東大阪の貸工場」『調査と資料』第68号、関西大学経済・政治研究所。
湖中齊［1995］「東大阪の中小企業——中小企業の街から発信」。
星野敏［2006］「最新ビジネス・インキュベーション——世界に広がった地域振興の智恵」同友館。

索　引

あ

尼崎リサーチ・インキュベーションセンター　*145*
アメリカン・リサーチ・ディベロップメント（ARD）　*106*
アントレプレナーシップ　*110*
暗黙知　*27-31, 100*
医薬基盤研究所　*112*
岩手ネットワークシステム（INS）　*iii, 73-75*
インキュベーション
　——事業の限界　*148*
　——のクラスター化　*iii*
　——の自立化　*iii*
　——のネットワーク化　*iii*
　——の発展段階モデル　*56, 64*
インキュベーション・マネージャー（IM）　*i-iii, v-vi, 3, 10, 12, 13-16, 19-31, 40-42, 44, 45, 47-48, 52, 75, 81-82, 84, 89, 98, 101, 115-116, 118, 120-121, 123, 126, 127, 130, 133-135, 140, 142, 152, 181, 183, 185, 188-193, 195-197, 200-201, 203, 206, 208*
　——研修　*25-26, 29, 81*
　——の職務権限　*21*
　——のスキル　*30*
インキュベート機能　*13, 19, 21, 23, 202*
インキュベート能力　*30-31*
インターネット・データセンター（IDC）　*141*
ウィリアム・ファクトリー・スモール・ビジネス・インキュベータ　*186-189*
ウルフソン・ケンブリッジ・インダストリアル・ユニット　*168*
エンタープライズ・リンク　*175*
扇町インキュベーションプラザ（メビック扇町）→メビック扇町
大阪起業家ミュージアム　*119*
大阪産業振興機構　*3, 130*
大阪産業創造館「創業準備オフィス」　*iv, 118-127*
大阪市都市型産業振興センター　*120*
大田インキュベーションシステム　*81*
大田区産業振興協会　*81, 84*
大田区BIシステム　*83*
オンリーワン企業　*iii, 77, 79*

か

外生的インキュベータ→新インキュベータ
科学に基礎を置く産業　*169*
貸工場　*i, iv, vi-vii, 11-12, 127, 136, 199-200, 202, 205*
神奈川科学技術アカデミー（KAST）　*86-87, 88*
神奈川口構想　*92*
神奈川高度技術支援財団（KFC）　*86-87*
かながわサイエンスパーク（KSP）　*iii, 2, 37, 39, 85-94*
関西ネットワークシステム（KNS）　*124-125*
起業家教育プログラム　*110*
起業教育　*163*
企業誘致　*3, 36, 60, 70*
北九州テレワークセンター　*40*
旧インキュベータ　*ii, 11-12, 200,*

202-203, 207
京都エンタープライズ・ディベロップメント（KED）　106
京都市高度技術研究所（ASTEM）　102, 106-110
京都市産業技術研究所工業技術センター　102
京都産業情報センター　106-107
京都府産業支援センター　102, 110
京都リサーチパーク（KRP）　iv, 102-110
近畿バイオインダストリー振興会議　116
クラスター化　201
クラスター計画　53, 55, 58, 64
クリエイション・コア東大阪　iv, 1, 127-136
ケイエスピー　39, 86-87, 91-92
形式知　27-31, 100
ケンブリッジ・イノベーション・センター（CIC）　192-194
ケンブリッジ・MIT研究所　174
ケンブリッジ・エンタープライズ　168
ケンブリッジ現象　ii, v, 163-177
ケンブリッジ・サイエンスパーク　169-171
ケンブリッジ大学起業学習センター（CfEL）　174-176
ケンブリッジ・ネットワーク（CN）　175
小出モデル　100
工場アパート　i
公設公営　13, 151
公設民営　13, 113
神戸医療機器開発センター　60
神戸医療産業都市構想　59-64
神戸インキュベーションオフィス　60
神戸健康産業開発センター　60

神戸国際ビジネスセンター　60, 63
神戸市産業振興財団　37, 41, 59, 62, 64, 144-145, 151
神戸市産業振興センター　v, 59, 62, 64, 144-153
神戸挑戦企業等総合支援事業　148
KOBEドリームキャッチプロジェクト　v, 63, 148-153
神戸バイオメディカル創造センター　60
神戸ビジネスプラン評価委員会　149, 152
コーディネーター　71-73, 75-76, 130
コーディネート活動　72, 75
コラボレーション　123, 133
コンサルティング　151

さ

彩都バイオインキュベータ　iv, 45, 111-118, 206
彩都バイオヒルズセンター　117
彩都ライフサイエンスパーク　iv, 111-112
堺産業振興ビジョン21　139
堺市産業振興センター　141
さかい新事業創造センター（S・CUBE）　v, 136-144
サプライセンター　115
サブリース方式　114
産学連携　v, 84, 129, 133, 134, 140, 142, 163, 175, 176
産業クラスター　3-4, 16, 55, 112
　——計画　3, 13, 52
サンノゼ・ソフトウェア・ビジネス・クラスター　195-197
シェアードオフィス　80, 81, 86, 89
静岡県中部地区SOHO推進協議会　94

索　引　213

システムハウスセンター神戸　*39*
自生型インキュベータ→旧インキュベータ
島屋ビジネス・インキュベータ　*40*
ジャッジ・ビジネス・スクール　*173-174*
JANBO（日本新事業支援機関協議会）　*5, 11, 14, 15, 19, 24-27, 38, 72, 41*
重層的なネットワーク構造　*151*
シリコンフェン　*164*
新インキュベータ　*ii, 12-13, 13-15, 200, 202-203, 205*
新規創業　*ii, 11, 37, 82, 83, 130, 200*
新事業創出促進法　*3, 6, 38-39, 46, 52, 139*
新連携　*46*
スター・サービス　*172*
SECIモデル　*27-29, 200*
製造研究所（IfM）　*175*
先端科学技術支援センター　*145*
セント・ジョンズ・イノベーション・センター（SJIC）　*172-176*
全米ビジネス・インキュベーション協会（NBIA）　*4, 182-183, 185-186, 187, 189, 192*
創業ステージ　*120*
創業都市構想　*101*
SOHO　*94, 95, 98-99, 101, 144*
SOHOしずおか　*iv, 23, 45, 94-101, 205*
────モデル　*99-101*
属人的能力　*iii, 75*
属人的要素　*23, 24*
組織的な能力の構築　*151*

た
大学発ベンチャー　*3, 15, 106, 112, 114, 117, 134, 168*

────1000社構想　*38-39*
大学連携型起業家育成施設　*112*
第3の使命　*167*
台東デザイナーズビレッジ　*79*
第二創業　*iii, 1, 15, 37, 42, 51, 82, 130, 134, 139, 148*
地域インキュベーション　*51, 53, 55-56, 57, 62, 102, 148, 151, 169*
地域クラスター　*51-52, 55-56, 57, 59, 64-65*
地域産業集積活性化法　*2*
地域振興整備公団　*39*
地域に奉仕する産業　*35-36*
地域の自律的発展　*51*
地域プラットフォーム　*3-4, 46, 52-53, 55, 57, 107, 200*
地域を形成する産業　*35-36*
知的クラスター　*4*
────創生事業　*3, 52-53, 59, 107, 112*
中小企業経営革新支援法　*3*
中小企業新事業活動促進法　*4*
中小創造法　*3*
テクノハブイノベーション川崎　*89*
テクノ・ポリス法　*2*
東京都中小企業振興公社　*3*
都市型産業集積地　*199*
都市再生プロジェクト　*112*
トリニティ・カレッジ　*170*

な
内発的発展　*36*
NAVI（ビジョンビジュアルナビゲータ）　*24*
2007年問題　*48*
日本型インキュベート　*vi, 199*
日本新事業支援機関協議会（JANBO）→JANBO
任期制　*22*

暖簾分け制度　*119*

は
パートナーシップ・グループ　*168*
バイオグリッド・プロジェクト　*112*
バイオビジネスコンペJAPAN　*112*
バタビア・インダストリアル・センター
　　i, 181, 202
花巻工業クラブ　*73, 75*
花巻市起業化支援センター　*iii, 1, 29, 40, 69-77*
ハビタット機能　*108*
はままつ産業創造センター　*101*
浜松モデル　*101*
東大阪市中小企業振興会　*130*
東大阪市立産業技術支援センター　*128*
ビジネス・インキュベーション施設補助金制度　*200*
BICあさひ　*iii, 77-85, 203, 206*
ファブレス企業　*136*
フェイス・ツー・フェイス　*126*
プレ・インキュベーション　*iv, 6, 13, 47*
ベンチャー企業　*i-ii, iv, 5, 19, 40, 42, 71, 90, 102, 144, 163, 164, 176, 195*
ポスト・インキュベーション　*iii, 6, 8-10, 11, 13, 47*
ポストBI政策　*201*

ま
マイコンテクノハウス京都　*39, 106*
マンキューソ・ビジネス・インキュベータ　*202*
MINATOインキュベーションセンター
　　1, 24, 79, 203, 206
南大阪地域大学コンソーシアム　*141, 143*
民活法　*iv, 2, 39-40, 85, 104*
メイン・インキュベーション　*iv, 6-7, 11, 13, 47*
メビック扇町　*iv, 40, 45, 57, 118-127*

や・ら・わ
USCC（University City Science Center）
　　102, 104
リサーチ・コア　*2*
ルイジアナ・ビジネス・アンド・テクノロジー・センター　*189*
ワンストップ　*v, 110, 130, 132, 148*

【執筆者】（五十音順）

秋山　秀一（あきやま　しゅういち）　第5章3
　奈良大学社会学部准教授（マーケティング論）。
　1968年生まれ。2001年神戸大学大学院経営学研究科博士課程前期課程修了。『多様化する中小企業ネットワーク』（分担執筆、ナカニシヤ出版）など。

池田　潔（いけだ　きよし）　第2章、第3章、第8章
　兵庫県立大学経営学部教授（ベンチャー経営論・地域振興論）奥付編者紹介参照。

梶川義実（かじかわ　よしみ）　第5章2
　財団法人日本立地センター新事業支援部長兼日本新事業支援機関協議会（JANBO）事務局長代理（地域経済政策論）。
　1959年生まれ。1985年横浜国立大学大学院経済学研究科修士課程修了。『ビジネス・インキュベーション総覧2003』（分担執筆、日外アソシエーツ）など。

湖中　齊（こなか　ひとし）　第5章8
　大阪商業大学名誉教授・同エクステンションセンター長（中小企業論・地域産業論）。
　1935年生まれ。1958年大阪商業大学商経学部卒業。『産業集積の再生と中小企業』（共編著、世界思想社）、『多様化する中小企業ネットワーク』（共編著、ナカニシヤ出版）など。

定藤繁樹（さだとう　しげき）　第5章5
　関西学院大学専門職大学院教授（ベンチャービジネス論）。
　1951年生まれ。1975年京都大学法学部卒業。1996年神戸大学学院経営学研究科博士課程前期修了。『ベンチャー企業経営論』（分担執筆、有斐閣）、『新時代のコミュニティ・ビジネス』（分担執筆、御茶の水書房）など。

田中一史（たなか　かずふみ）　第7章
　独立行政法人　日本貿易振興機構　総務部　主幹（映像メディア、ウエッブマスター）（米国ベンチャービジネス論）。
　1967年生まれ。1990年明治学院大学国際学部国際学科卒業。『新版ビジネス・経営学辞典』（分担執筆、中央経済社）、『メイド・イン・チャイナへの欧米流対抗策』（分担執筆、ジェトロ出版）など。

西井進剛（にしい　しんごう）　第4章、第5章4・10
　　兵庫県立大学経営学部准教授（地域経営論・知識経営論）。
　　1974年生まれ。2004年神戸商科大学大学院経営学研究科博士後期課程単位取得退学。『ケースブック　戦略的マネジメント』（分担執筆、白桃書房）など。

文能照之（ぶんのう　てるゆき）　第5章1・7
　　近畿大学経営学部准教授（ベンチャー企業論）。
　　1963年生まれ。2003年大阪大学大学院国際公共政策研究科博士後期課程修了。博士（国際公共政策）。『ベンチャービジネス論』（共編著、実教出版）、『新連携時代の中小企業』（分担執筆、同友館）など。

前田啓一（まえだ　けいいち）　第1章、第6章
　　大阪商業大学経済学部教授（中小企業論・国際経済論）奥付編者紹介参照。

町田光弘（まちだ　みつひろ）　第5章6・9
　　大阪府立産業開発研究所主任研究員（中小企業論・産業集積論）。
　　1965年生まれ。1990年大阪大学経済学部卒業。『中小企業と知的財産』（分担執筆、同友館）など。

【編 者】

前田啓一（まえだ　けいいち）
　　大阪商業大学経済学部教授（中小企業論・国際経済論）。
　　1951年、京都市生まれ。1983年、同志社大学大学院博士課程（後期）満期退学。大阪府立産業開発研究所主任研究員などを経て、現職。博士（経済学）。著書・編著に『多様化する中小企業ネットワーク』（湖中　齊・粂野博行との共編、ナカニシヤ出版、2005年）、『岐路に立つ地域中小企業』（ナカニシヤ出版、2005年）、『産業集積の再生と中小企業』（湖中　齊との共編、世界思想社、2003年）、『戦後再建期のイギリス貿易』（御茶の水書房、2001年）、『EUの開発援助政策』（御茶の水書房、2000年）。

池田　潔（いけだ　きよし）
　　兵庫県立大学経営学部教授（ベンチャー経営論・地域振興論）。
　　1957年、池田市生まれ。1979年、大阪市立大学経済学部卒業。大阪府立産業開発研究所主任研究員、北九州大学産業社会研究所助教授を経て現職。この間、経済企画庁、アジア経済研究所に出向。著書・編著に『ベンチャー・ビジネス論』（太田一樹・文能照之との共編、実教出版、2007年）、『地域中小企業論』（ミネルヴァ書房、2002年）。

日本のインキュベーション

2008年3月10日　初版第1刷発行

定価はカヴァーに表示してあります

編　者　前田啓一・池田　潔
発行者　中西健夫
発行所　株式会社ナカニシヤ出版
　　　〒606-8161　京都市左京区一乗寺木ノ本町15番地
　　　　　　　　Telephone　075-723-0111
　　　　　　　　Facsimile　075-723-0095
　　　　　Website　http://www.nakanishiya.co.jp/
　　　　　Email　iihon-ippai@nakanishiya.co.jp
　　　　　　　　郵便振替　01030-0-13128

装丁＝白沢　正／印刷・製本＝ファインワークス
© K. Maeda, K. Ikeda, et al., 2008
Printed in Japan.
＊落丁・乱丁本はお取り替え致します。
ISBN978-4-7795-0228-6　C3033

企業の一生の経済学
中小企業のライフサイクルと日本経済の活性化
橘木俊詔・安田武彦 編

企業はどのようにして誕生し、成長・成熟し、衰退・退出、あるいは再生していくのか。それらを制約する要因は何か。主として日本の中小企業を対象に、企業のライフサイクルを経済学的に分析する。

三三六〇円

多様化する中小企業ネットワーク
事業連携と地域産業の再生
湖中齊・前田啓一・粂野博行 編

地域中小企業再生の道は異業種交流とネットワークにあり! 東大阪における詳細なフィールド・ワークをもとに、学際的観点から、低迷に喘ぐ地域産業再生のための具体的提言を行う。

二五二〇円

岐路に立つ地域中小企業
グローバリゼーション下での地場産業のゆくえ
前田啓一 著

急速なグローバル化の波に翻弄される地域中小企業はこのまま衰退していくしかないのか。長年にわたって「ものづくり」の現場でのヒアリングを重ねてきた著者が、その将来を展望する。

二三一〇円

柳傳志
聯想（レノボ）をつくった男
徐方啓 著

レノボはいかにして世界的企業となったのか。IBMのパソコン事業を買収し、世界に衝撃を与えたレノボと、その創業者・柳傳志の知られざる素顔に、綿密な現地取材とインタビューをもとに迫る。

二六二五円

表示は二〇〇八年二月現在の税込価格です。